UYANIŞ REHBERİ
RÜYADAN UYANIŞA GİDEN YOL

Yazar
Aasma Estefan

Editor
Dilek Yumru

Kapak tasarım
Dilek Arısoy

Yayınevi
Comso Publishing - USA
Yazardan Direkt – Turkey

ISBN: 978-605-9385-49-7
1.Baskı: Ağustos 2018

Uyanış Rehberi

ÖNSÖZ

Hiç kendinizi bu dünyaya ait değilmiş gibi hissettiniz mi? Çevrenizde yaşananları anlamakta zorlanıyor musunuz? Dünyaya, sanki bir perdenin arkasından bakıyormuş gibi mi hissediyorsunuz? Bu dünya bana göre değil, olayları ve insanları anlamakta zorlanıyorum dediniz mi? Dünyayı terk etmeyi düşündünüz mü? Sisteme karşı gelip sokağa çıkıp delicesine bağırmak istediniz mi? Uyumsuzluğunuzun arttığını ve kimsenin sizi anlamadığını düşündünüz mü? Kendinizi hiç yapayalnız hissettiniz mi? Önceden zevk aldığınız ve önemsediğiniz her şeyin artık bir anlamı olmadığını anladınız mı? Para, mal, mülk, ev, araba sahibi olmanın bir önemi olmadığını farkettiniz mi?

Eğer bunları yaşıyorsanız siz de uyanıştasınız ve artık üçüncü boyut realitesinden çıkıyorsunuz. Muhtemelen dört veya beşinci boyut frekansına doğru yükseliyorsunuz. Enerji bedeninizin titreşimi artmıştır. Üçüncü boyut realitesinin temeli olan egolar, korkular, kaygılar ve sınırlı inançlar artık size anlamsız gelir. Onlar sizin frekansınızı düşürür ve kendinizi rahatsız hissedersiniz. Bu yüzden o realiteyi yaşatacak kişilerden ve ortamlardan kaçıp ya kendinizi eve kapatırsınız ya da doğaya koşarsınız. Yalnızlık en büyük dostunuz olur. Sizi saf sevgi, barış, huzur ve birlik temelindeki kişiler ya da ortamlar mutlu edebilir. Artık karanlığı aydınlatan bir fenere dönüşmüşsünüzdür. Durumunuzdan şikâyet etmeyin, biraz daha sabredin. Acılarınız, uyanış hızlandıkça daha da azalacaktır. Nötrleşeceksiniz ve gün gelecek sadece koşulsuz saf sevgiyi hissedeceksiniz. Sizler sevgiyi, ışığı yaymak ve dünyanın yeni çağını inşa etmek için buradasınız. Bilerek ve isteyerek bunu başaracağınıza inanarak geldiniz.

Dünya değişiyor, enerjiler değişiyor, bütün varlıklar bir uyanış ve yükseliş yaşıyor. Kim olduğunuzu hatırlayın ve görevinizi yapın!

Yazardan Teşekkür Notu

Bu kitabımı yazarken benden yardımlarını ve desteklerini esirgemeyen eşime, tüm 'Yaşam Çiçeği' üyelerine, arkadaşlarım Summer ve Ayşegül'e, düzeltmeler için Dilek Yumru'ya, resim yaparak destek veren can dostlarım; Sibel Kıran, Dilek Arısoy, Gamze Çetin ve Elif Ulagay'a içten teşekkürlerimi iletiyorum.

Aasma Estefan

GİRİŞ

Ben Kimim?

Emekli bir öğretmenim. Spiritüel konularda hiçbir fikrim yokken, 2014 yılında perdenin diğer tarafından gelen bir müdahele ile ani bir uyanış yaşadım. Odamda yoga ve meditasyon sonrası yerde uzanmış dinlenirken odanın kuzey tarafından şeffaf, enerjiden bir portal açıldı ve içinden 8-9 kişiden oluşan hologram bedenli insanlar çıkarak beni ziyaret ettiler. İçlerinden bazıları ölmüş yakınlarımdı. Bu ziyaret boyunca ben derin meditasyon halindeydim. Neler olduğunu görüyordum, biliyordum ancak bedenimi oynatamıyordum. Bilincim yerinde, olanları izliyordum. Gelenlerden iki tanesi önceden tanıdığım iki spiritüel yaşlı kadın görünümündeydiler ve yıllar önce ölmüşlerdi.

Bu hologram bedenli ziyaretçiler etrafıma toplandılar ve bana baktılar. Sonra yaşlı kadınlar bana doğru gelerek, yerde uzanan bedenimin yanına oturdular. Bir tanesi sağ elimi, bir tanesi de sol elimi tutarak bana şeffaf bir enerji transferi yaptılar. Bu enerji, bedenimde yayılırken kendimi holografik şekilde görmeye başladım. Fizik beden gitmiş, yerine kristal gibi şeffaf bir beden gelmişti. İçimdeki organlar görünmüyordu. Sonra sağ tarafımdaki kadın, eliyle kök çakrama dokunarak oradan diğer çakralarıma enerji akışını başlattı ve kundalinim yükseldi. Bu temasla bedenimde garip bir titreşim ve karıncalanma hissettim. Damarlarımda kan yerine beyaz bir enerji aktığını gördüm. Derken müdahele tamamlandı ve ziyaretçiler, birkaç mesaj verdikten sonra geldikleri yerden geri gittiler.

O gece uyuduktan sonra, sabaha karşı 3-4 gibi aniden hafifçe kendime geldim ama gözlerimi açmamıştım. Uyku ile uyanıklık arası bir haldeydim. Birden üçüncü göz alanımda bir sarı ışık göründü. Önce nokta halindeyken, giderek yuvarlak şekilde büyüdü ve bütün üçüncü göz alanını kaplayarak renkli bir ekrana dönüştü. Ardından çeşitli yerler, doğa görüntüleri ve kişiler geldi ekrana. Bu kişiler bana bakıp gülümsüyorlardı ama kim olduklarını bilmiyordum. Telepatik olarak benimle iletişim kurmaya çalışıyorlardı bu ekrandan ama ben onları duyamıyordum. Birkaç saat bu şekilde izleme yaptım. Hâlâ ne olduğunu anlayamıyordum. Nasıl böyle birşey mümkün olabilirdi ki… Karşımda tv ekranı ya da bir web sayfası gibi bir ekran duruyordu. Bir süre izledikten sonra uyuyakaldım. Birkaç saatlik uykuya rağmen ertesi gün çok enerjiktim. Hiç yorgun hissetmemiştim.

Ertesi gece ve diğer geceler boyunca hemen hemen aynı saatlerde ekran açıldı ve ben yarı uyanık şekilde izleme yapmaya başladım. Renkler çok canlı ve güzeldi. Birkaç günlük acemilikten sonra soru sormaya başladım ve sorduğum soruların cevapları ekrandan görüntülü ya da yazılı olarak gelmeye başladı. Yavaş yavaş bu işi sevmeye ve alışmaya başladım. Derken yazılı ve görsel eğitimlerim başladı. Ekrandan bana kodlarla, rakamlarla, geometrik şekillerle yüklemeler yapılıyordu. Takip edemeyeceğim kadar hızla akan yazılar, bilgiler yükleniyordu. Bazı geceler kendimi farklı dillerde yazılar okurken yakalardım. Matrix filmindeki gibi yüklemelere tanık oldum. Ben uyurken odama yollanan küçük ışık küreleriyle yüklemeler yapıldı.

Altı ay kadar yoğun bir yükleme ve eğitimden geçtikten sonra, artık ekranda görünenlerle telepatik olarak konuşmaya ve onları duymaya başladım. Kendi kişisel akaşama ve dünyanın akaşasına girerek bilgi sorgulaması yapıyordum. Öyle bilgiler öğrendim ki bildiğimiz şeyleri altüst edecek türdendi. Bazen kim olduğunu bilmediğim üstatlardan bazen de Tibet rahiplerinden eğitim alıyordum. Astral planda müdahale yapmayı, korunmayı, savaşmayı ve görünmez olmayı öğrendim. Eğitimim hâlâ devam ediyordu ama bana yüklenen bilgilerin yüksek enerjisi, onları dışarı akıtmadığım için içeriden beni rahatsız etmeye başlamıştı. Bilgiler üzerimde bir yüke dönüştü. Çünkü onlar bana, yazmam ve paylaşmam için yükleniyordu. Bu konuda bir misyonum olduğunu anladım ve internet üzerinden blog açarak yazmaya başladım.

Yazdıklarım ekrandan öğrendiklerime ve okuduklarıma dayalı idi. Doğru mu yanlış mı diye bir sorgulamaya girmeksizin geldiği gibi yazmaya başladım. Zamanla bana gelen bilgilerle örtüşen yazılar, kitaplar çıktı karşıma ve bana gelen bilgilere güvenim arttı. Blog, oldukça ilgi gördü ve uyanış yaşayanlara ışık oldu. Frekansı yüksek bilgiler olduğu için, okuyanlarda pozitif bir etki yaratıyordu ve kendilerini iyi hissediyorlardı. Zamanla bilincim büyüdükçe bilginin frekansı da yükseldi. Ekrandan bazen cümleler, bazen görüntüler, bazen de kitap sayfası gibi bilgiler akıyordu. Aklımda kalanları blogta yazıyordum. Yazmaya da devam ediyorum. Eğitimler vererek, insanların uyanışına yardım ediyorum. Koşulsuz sevginin dünyaya yayılışına ve kardeş parçam olan ruhların uyanmasına bir parça katkım olması beni çok mutlu ediyor.

Sevgiler!

Aasma Estefan

1.BÖLÜM

Biz Kimiz ve Niçin Dünyaya Geldik?

Tanrı'dan kopan biz küçük tanrı parçacıkları, büyümeyi öğrenmek amacıyla çeşitli katmanlarda veya boyutlarda eğitim almaya gideriz. Dünya annenin kucağında eğitim almak isteyenlerimiz, uzun bir tünelden geçerek düşük yoğunluktaki bu okula inerler. Burada kimimiz hızlı büyüyüp yuvaya erken dönerken, kimimiz de bu eğitimini binlerce yılda tamamlar. Ama eninde sonunda hepimiz büyürüz ve yuvaya döneriz. Evrimleşme hep ileriye doğru olur.

Deneyimlerimiz, seçimlerimiz ve derslerimiz hep bize bir şeyler öğretir. Her bir yaşamımızdaki deneyimlerimiz, bir sonraki yaşamımızdaki olacakları belirler. Ruhun hedefi öğrenmek, bilincini büyütüp kaynağa geri dönmektir.

Kaynak, her şeyin kendisinden var olduğu bir enerji bütünüdür. Bu enerjinin bir parçası olan biz tanrı parçacıkları, ibadet veya meditasyonla tanrısallığımızı yeniden hatırlayarak boyutlar arası dolaşabilir, duvarlardan geçebilir, zamanda yolculuk yapabilir, diğer boyutlardan varlıkları görebilir ve solucan deliklerinden yolculuklar yapabiliriz. Her birimiz birer mucizeyiz.

Evrendeki her şey gibi biz de sadece enerjiyiz ve yok olmuyoruz. Bir yere kaybolmuyoruz. Ölüm diye bir şey yok. Ölen sadece bedenimizdir. Ölüm enerji için geçerli değildir. Enerji sonsuza kadar vardır. Gelişimiz ve geri dönüşümüz hep 'kaynak'tır. Bizler bir bütünün küçük kardeş parçalarıyız. Allah, Tanrı, Yaratıcı, Yaradan, Öz, Büyük Ruh ve Kaynak gibi tanımlamaların hepsi aslında aynı şeydir. 'O' bizim de bir parçası olduğumuz en büyük sınırsız ve sonsuz enerji kaynağıdır.

Bütün evrenlerin oluşması "O"nun ilahi planıdır. Çocuklarının eğitimi, büyüyüp gelişmesi için mükemmel şekilde dizayn etmiştir. Her boyuttaki evrimimiz başkadır. Bizler gittiğimiz boyut ya da katmandaki enerjiye, titreşime ve yaşam koşullarına göre şekilleniriz. Fizik bedenimiz, 'ruh' dediğimiz enerji bedenimizi korumak için gerekli bir elbise gibidir. Bu elbise dünyaya ve üçüncü boyuta göre düzenlenmiştir. Burada insan görünümündeyken bir başka boyutta farklı bir görünümde olabiliriz. Çünkü evrimleşen bedenimiz değil, ruh dediğimiz enerjidir. Ancak bildiğim kadarıyla 5. boyutta da şimdiki görüntümüzle görüneceğiz ama bedenimizde eterikleşme başlayacak. Sonrasında nasıl bir formda görüneceğimizi bilmiyorum ama tahminimce eterikleşme daha da hızlanır ve formumuz titreşimimiz yükseldikçe değişebilir. Ruh (bilinç) büyüdükçe içine girdiği şekil de büyüyor. Bu yüzden rüyalarımızda veya durugörülerimizde gördüğümüz evliya, peygamber veya melekler diye tanımladığımız yüksek boyut üstatları, çok uzun boyludurlar.Bizlere 3-4 metre boyunda görünebilirler.

Her ruhun dünyadaki yolculuğu boyunca rehberleri ve yardımcıları olur. Kimimiz onları yüksek benliğimiz, kimimiz melekler, kimimiz de rehber ya da evliyalar olarak tanımlıyoruz. Bizler uyurken hep eğitiliriz ve onlarla hiç korkmadan iletişime geçeriz. Uyanıkken bizi onlardan uzak tutan tek şey tabii ki korkularımız ve etrafımıza ördüğümüz duvarlarımızdır. Bize eşlik eden ruhsal öğretmenlerimiz her toplumun kültürüne, dinine veya inancına göre bize farklı şekillerde görünebiliyorlar. Amaçları bizi korkutmadan, kendilerini inanılır, güvenilir kılarak gelişimimize yardımcı olmaktır.

Örneğin; biz Müslümansak evliya, din alimi veya peygamber şeklinde görünebilirler... Hristiyansak, İsa veya Meryem Ana şeklinde görünebilirler. Museviysek, Musa peygamber olarak görünebilirler. Tibet, Çin, Hint dinlerinde de onların inançlarına ve kültürlerine uygun kişiler şeklinde görünebilirler. Bu görünmeler rüyada olabilecegi gibi uyanıkken hologram beden şeklinde de olabilir. Bazen de gerçek fizik beden içinde kısa süreli ziyaretler şeklinde hayatımıza girebilirler. Onlar rehberlik ettikleri insanların bilincine göre davranırlar.

Kişisel alanımızda gördüğümüz eterik bedenlilerin negatif veya pozitif enerjili olup olmadığını anlamamızın tek yolu, bizde hissettirdiği duygulardır. Pozitif varlıklar sadece sevgi, coşku ve yüksek titreşim hissettirirler. Negatif varlıklar ise huzursuzluk, korku ve titreme hissettirirler. Bu konuda biraz da kendimize ve iç sesimize güvenelim. İçeriden gelen ses yanılmaz.

Evrende Yalnız Değiliz

Evrende, sayılamayacak kadar çoğunlukta evrenler, boyutlar ve katmanlar vardır. Bu boyutlar ve evrenler farklı frekansta oldukları için birbirleriyle enerji perdesiyle ayrılmışlardır. Her birinde de kendi frekansına ve titreşimine uygun olan varlıklar yaşamaktadır. Yani evrende kesinlikle yalnız değiliz. Fakat bu bilgi insanlardan bilinçli olarak gizlenmektedir. Çünkü bilincimizi geliştirmemizi ve dünya dışı varlıkların farkına varmamızı istemiyorlar. Hatta bu tür bilgileri saçma bulup ilgi çekmemesi için alaya alıyorlar.

Dünyayı yöneten elitler, uzun yıllardan beri dünya dışı zeki varlıklardan haberdardırlar ve onlarla anlaşma yaparak, özel yerlerde üsler verip karşılığında teknoloji yardımı almaktadırlar. Ancak bu elitler, insanlık üzerindeki güçlerini kaybetmemek için bu bilgiyi halktan gizliyorlar. Çünkü başka gezegenlerde yaşayan zeki varlıklar (halk deyimiyle uzaylılar) açığa çıktığında insanlık; dinleri, kölelik sistemini ve yöneticilerinin insanlığa yaptığı zulmü sorgulamaya başlayacak, farkındalığı artacak ve uyanmaya başlayacaktır. Bu da uyanan insanlarda, köle düzenine son verme isteği uyandıracaktır. Tabii ki özgür, vergi vermeyen, kandırılamayan bir insan ırkının, zengin üst tabakaya faydası olmayacağından!.. Bu düzeninin devamı için her şeyi yapıyorlar. Uyanışa karşılar.Bu yüzden de bildiklerini bizimle paylaşmıyorlar.

Geçmişte dünyayı ziyaret eden birçok dünya dışı varlığa, ilkel insanlar tarafından melekler ya da tanrılar olarak tapıldı. Dinler ve inançlar bu şekilde oluşmuştur. Esasında gelen dünya dışı varlıkların amacı, bilgi vermek, yol göstermek, insan gelişimine yardımcı olmaktı. Ama ilkel insanlar onları tanrı ya da melekler olarak nitelendirdiği için nesillerden nesillere ekleme bilgilerle, bu dünya dışı varlıkların ziyaretleri dinselleştirildi ve bazı çevrelerce insanlar üzerinde güç sahibi olmak için kullanıldı. Bu dönem kapanıyor artık. Dinlerle kontrol dönemi sonlanıyor. Bireyler, gerçekleri öğrenecek, özgürlüğünün ve gücünün farkına varacak.

Önümüzdeki yıllarda evrende hiçbir zaman yalnız olmadığımızı anlayacağız. Aniden dünyanın her yanında, gökyüzünde on binlerce uzay gemisi (UFO) görürseniz, şok olmayın! Çünkü olacaklar yıllardır bizden gizlendi. Büyük bir temas, ifşaat planlanıyor ve insanlık buna hazırlanıyor.

Aslında hiçbirimiz dünyada özgür değiliz. Bir kölelik sisteminin içinde, illüzyonda yaşıyoruz. Bildiğimiz tek şey nefret, ego, güç, şiddet, şehvet, terör, sigara, uyuşturucu, alkol, tv, korku dolu dini inançlar ve batıl inanışlar.

Dünyayı yöneten elitler, desteklediği hükümetler aracılığıyla bizi uyutuyorlar ve zihnimizi dışarıdan programlayarak kontrol ediyorlar. Bütün savaşları ve terörü yaratanlar bunlar. Onların amacı, negatif enerjiyi artırıp korku ve acizlik aşılayarak insanları düşük frekansta tutup uyanışlarını engellemektir.

Binlerce yıldır içinde yaşadığımız bu illüzyondan, bizi özgürleştirmek için şu an ışık ve karanlık arasında büyük bir savaş var ve bu savaşın, ışığın zaferiyle sonlanmasına az kaldı…2018 elitlerin saltanatlığının bitiş yılıdır.

Bize de burada büyük bir sorumluluk düşüyor. Doğrulara ulaşmak için biraz çaba göstermeliyiz. Tv izlemeyi bırakmalıyız. Televizyon, bir uyutma aracıdır. Onu izleyerek zaman kaybedeceğimize, kitap okuyup internetten araştırma yapmak daha faydalı olacaktır. Artık içimizdeki umutsuzluğa ve negatifliğe son verip güzel düşünelim, pozitif olalım. Doğa yürüyüşlerine çıkalım. Her gün belirli sürelerde telefonumuzu kapatıp kendimizle baş başa kalalım ve nefesimizi dinleyelim. Dışarı çıkıp bir parkta oturalım, çiçekleri koklayalım. Ayaklarımızı bir dere ya da havuzun suyuna koyalım. Toprağa çıplak ayak basalım. Bitki yetiştirelim, hayvan sahiplenelim ya da besleyelim... Bunları yapmaya başladıktan sonra kendimizdeki değişimlere inanamayacağız. İşte o an özgürlüğümüzü ilk defa keşfetmeye başlayacağız. Yaşamın gerçek tadını alacağız ve uyanacağız…Yaşasın Özgürlük!

Mitlerdeki Gizli Gerçekler ve Dünya Dışı İzler

Mitolojide geçen varlıklar gerçekten var oldular. Dev insanlar, periler, kanatlı Pegasus atı, tek boynuzlu beyaz at (Unicorn), uçan dev ejderhalar, Simurg kuşu (feniks ya da Anka olarak da bilinir), yılan saçlı Medusa, yarı insan yarı hayvan varlıklar, kuş adamlar, kedi insanlar, tek gözlü devler vb… Hepsi bir zamanlar dünyadaki yaşam koşullarına göre yaşamış ve sonradan ya soyları tükenmiş ya da dünyayı terk etmiş varlıklardır. Çoğunu akaşik kayıt sorgulamasında gördüm. Dev adamlar en az beş-altı metre boyundaydı. Bir keresinde üçüncü göz ekranından en az dört-beş metre boyunda dev bir insan ile yanında şimdiki insan boyunda bir kadının uzandığını görmüştüm. Sonra o dev ırkların yok oluşunu gördüm. Bazı dev hayvanların ve dinozorların gökyüzünden silindir şeklindeki gemilerden açılan lazer ışını gibi bir ışınla yok edildiklerini izledim. Çünkü insan neslini tehdit ediyorlardı ve küçük, büyük canlıları yiyerek yok ediyorlardı. Bu nedenle dünya dışı ırklar tarafından yok edildiler.

Mitolojilere konu olmuş birçok olayda dünya dışı izler vardır. Örneğin; Oğuz Kağan Destanı, Gılgamış Destanı, Cengiz Kağan vb.

1-Oğuz Kağan Destanı: Oğuz Kağan, cesur ve güçlü bir gençtir. Bir gün ormanda gezerken, önce karanlık olur sonra gökyüzünden şimşekler çakarak korkunç bir gürültü ve sarsıntı ile yeryüzüne doğru inen mavi bir ışık topu görür. Göz kamaştıran bu ışığın içinden çok güzel bir kadın çıkar ve Oğuz Kağan, başında parlak bir yıldız olan bu güzel bayanla evlenir, çocuklar yapar. Benim fikrime göre bu mitte, gökyüzünden gelen bir dünya dışı varlıkla yaşanmış bir beraberlik ve bundan doğan melez çocuklar anlatılıyor. Kısacası dünyaya tohumlanan yeni bir dünya dışı melez ırkın tasviri yapılmış.

2- Diskler ve Aynalar: Çin'de 1938 yılında bir mağarada bulunan kemikler ve yüzlerce metal disk, ne olduğu anlaşıldıktan sonra aniden ortadan kaldırılmış. Diskler en az 12000 yıllık ve granitten daha sağlam. Bulunan kemikler, kafatası kocaman olan küçük bedenlere ait. Diskler incelendiğinde, üzerinde ancak özel merceklerle büyütülerek okunabilen hiyeroglifler bulunmuş. Bu hiyerogliflerden elde edilen bilgiye göre bir mit anlatılıyor. Bu mite göre farklı bir gezegenden bir gemi bozularak dünyaya düşer. İçindekiler, düştükleri yerde gemilerini tamir edemedikleri için geri dönemezler ve dünyada takılı kalıp zamanla ölürler. Bu disklerdeki hikâye 'mit' olarak kayıtlara geçirilmiş (Dropa diskleri diye araştırabilirsiniz).

Benzer diskler Sümerlerde, Peru İnkalarında, Mayalarda, Mısırlılarda ve daha birçok medeniyette çeşitli heykel ve duvarlarda kullanılmış. Peru kültüründe anlatılan başka bir mite göre İnka İmparatorluğu'nu kuran liderleri Pachakuti, bir gün göl kenarında gezerken, aniden gökyüzünden göle doğru küçük bir disk düşer. Hemen suya girer ve o diski alır eline. Diskin ortasında bir ayna vardır ve o aynada birden insana benzemeyen (mite göre canavar) birisi belirir. Ona "Bütün savaşları kazanacaksın ve büyük bir imparatorluk kuracaksın." der. Pachakuti gerçekten de on yıl içinde yaptığı bütün savaşları kazanır ve topraklarını genişleterek İnka İmparatorluğu'nu kurar. Mite göre, hayatı boyunca o aynayla birlikte yaşamış. Her zaman üzerinde taşımış. Gelecekle ilgili ne zaman bir şey bilmek istese o aynaya sorar ve ona göre davranırmış. Bütün kararları aynaya danışarak yaparmış. Gücünü ondan alırmış. Hatta savaşlarda koca kayaları uzaktan hareket ettirerek havaya kaldırıp sonra da düşman askerlerinin üzerine düşürürmüş.

Diğer birçok kültürde gökyüzünden gelen ateş toplarına ve güneş şeklinde tasvir edilmiş disklere yer verilmiştir. Aklıma birden Pamuk Prenses ve Yedi Cüceler masalındaki cadı geldi. Cadı hep siyah giyinir ve çirkindir. Aynaya bakar soru sorar ve sorunun cevabını da aynadan görüntülü, sesli olarak alır. Bu masal çok eski olmasına rağmen, şu an kullanılan teknolojiye yakın bir anlatım yapılmış. Biraz farklı açıdan düşünürsek iç sesimiz bize mutlaka bir şeyler gösterecektir. Bu masal ve Peru mitindeki aynalar, şimdiki görüntülü cep telefonları gibi teknolojik bir alet olabilir mi? Ayrıca yine Peru'da kayaların içine oyulmuş 'T' şeklinde bir kapı var. Yerel halkın anlattıklarına göre orası başka boyutlara açılan bir kapıymış. Tanrılar bir disk kullanarak bu kapıyı açarak gidip gelirlermiş. Bu kapıda da yine bir disk vardır ve o disk kapıyı açan bir çeşit anahtardır.

Bazı Güney Amerika kültürlerinde, üzerinde hiyeroglifler olan altından yapılmış güneş diskleri vardır. Aztek, İnka ve Maya kültüründe bu güneş diskleri, insanın yaratılışından beri vardır. Diskler bütün canlıları yaratan Tanrı'yı sembolize etmektedir. Hikâyeye göre Tanrı önce güneşi, sonra ay, sonra da kadın ve erkeği yaratmıştır. Tanrı insanı yarattıktan sonra ilk iş altın diskin yapılmasını istemiş. İnka hikayesine göre güneş disklerinin yapıldığı altın, yukarıdan cennetten gelmiştir ve Tanrı'yla iletişim kurmak için yapılmıştır. Yine hikâyeye göre Tanrı gökyüzünden gelirken ateş ve duman saçarmış. Dünyaya gelince insanlara elementleri, şamanlığı ve matematiği öğretirmiş.

İnkaların hikayesine göre güneş disklerinin hava olaylarını değiştirmeye, deprem, sel ve yağmur gibi doğal felaketler yaratmaya gücü varmış. Yerliler, altın güneş disklerine tapıp yardım isterlermiş.

Görünen o ki her şey yanlış anlaşılmadan ibaret olabilir. Bahsedilen altın güneş disk, bir çeşit dünya dışı varlıklarla iletişim kurma aracı olabilir. Hikâyeye göre İnka yerlileri bu diskin, İspanyolların eline geçmesinden çok korkarlarmış.

Bu da o altın diskin gücünün çok önemli olduğunu gösteriyor. Yani büyük ihtimalle o bir çeşit teknolojik aletti. İspanyol saldırısından hemen önce disk ortadan kaybolur. Söylentilere göre bu disk hâlâ dünyada ve aranıyor. İnka yerlilerinin hikayesine göre güneş diski yeraltındaki tünellerden kaçırılarak, İspanyolların asla bulamayacağı, dağların zirvesindeki kayıp İnka köyüne götürülmüş. Geldiği yere, tanrıya geri dönmüş. Kimi söylentilere göre de İnka tapınağıyla birlikte suya gömülmüştür. Dünyanın birçok yerinde, antik kültürlerde disklere ve güçlerine yer verilmiştir.

Tarihimizi Şekillendiren Dünya Dışı İzler

(Akaşik kayıt sorgulamasından edindiğim bilgilerle yazılmıştır.)

1-Mısır piramitleri ile ilgili bir görüntüde bütün piramitlerin kar beyazı olduğunu, tepesinde altından yapılmış başlık olduğunu ve yanlarında altından silindir şeklinde plakalar olduğunu izledim. Etrafta insan yoktu ama piramitlerin etrafında uçan altın renginde silindir şeklinde gemiler gördüm.

2-Meksika'daki Teotihuacan piramitleri için gemilerin kalkmasında 'itici kuvvet' görevi yapan ateşleme makineleridir bilgisi gelmişti (Geçen yıl, bu piramitlerin altında, uzay mekiklerini ateşlemede kullanılan sıvı civa bulundu.).

3-Mısır piramitleri için 'enerji pilleri'dir bilgisi gelmişti ekranıma. Onlar mezar değil.

4-Baalbek ve Süleyman Tapınağı da uzay gemilerinin iniş kalkış yaptığı üslermiş.

Dünya tarihi, aslında bize okullarda öğretildiği gibi değildir. Bize sadece birkaç bin yıllık bir tarihi geçmişten bahsedilir. Taş Devri, Maden Devri… hepsi yalan. Bunlar bizi uykuda tutmak için yazılmış masallar. Tarihimizi şekillendirenlerin kim olduğunu anlamak için Lübnan'daki Baalbek şehrine bakmamız yeterli. Dünyanın birçok yerindeki devasa yapıtlar, tapınaklar veya yerleşim yerleri, Mısır piramitleri, Çin'deki piramitler, Bosna, Meksika, Peru ve Afrika'daki piramitler, piramit yapımında kullanılan teknikler ve taşlar, taşların kesim şekilleri, Urfa'daki Göbeklitepe, astronomik bilgiyle yapılan dev dikili taşlar, Easter adasındaki dev kaya baş ve bedenler vb. şimdiki teknolojiyle bile yapılması çok zor yapıtlardır. Sadece bu yapıtlara bakarak, taş devri insanından bahsetmek çok gülünç oluyor. Bu yapıtların bile on binlerce yıllık geçmişi varken, bize birkaç bin yıllık bir tarih öğretiliyor.

8 köşeli büyük piramit Giza

1200-ton taş bloklardan oluşmuş Baalbek- Lübnan

Qasr al Farid- Arabistan çöllerinde bulunan kaya oymaları ve dev kayalara oyulmuş tapınak

(Arabistan, Sudan ve daha birçok Afrika ülkesindeki çöllerde bulunan tapınak ve piramitler, bize oraların çölleşmeden önce verimli ve önemli yerleşim alanları olduğunu gösteriyor. Ben Akaşik kayıt sorgulamasında buralarda nükleer bir savaş sonrası çölleşmenin başladığını gördüm.)

Konark Güneş Tapınağı -Hindistan

Tikal- Guatemala

Tanrıların çantaları- (Teknolojik bir alet miydi?)

Coricancha -Peru

Sacsayhuaman Taşları- Cusco

Güneş Tapınağı- Modhera / Hindistan

Chand Baori- Hindistan

Machu Picchu- Peru

Ollantaytambo- Cusco/Peru

Göbeklitepe- Urfa

Jebel-Barkal / Sudan

Moai Taşları- Easter Adası

Chichen-itza /Meksika

Konark Güneş Tapınağı

Dünyamızda milyonlarca yıldır yaşam var ve üzerindeki yaşam formları en az dört beş kez yenilenmiştir. Yani temizlenmiş ve bir üst donanımlı ırkla yeniden başlatılmıştır. Nükleer savaşlar yaşanmış ve birçok gelişmiş toplum yok olmuş. Batan adalar, açığa çıkan karalar, suların, karaların ve kutupların yer değiştirmesi, iklim değişikliği, buzul çağı, uzun süren yağışlar... Hepsi yaşanmış olaylardır. Bu bilgiler, dünyayı yöneten gizli örgütlerce bilinmesine rağmen, insanlardan gizlenmiş ve bütün kayıtları barındıran 'İskenderiye Kütüphanesi' önce soyulmuş sonra yakılmıştır. Yandı sanılan birçok önemli kayıt, çalınarak Vatikan'da yer altında muhafaza altına alınmıştır. Bu kayıtların erişimi sadece malum odaklara sağlanmıştır.

Afrika ve Ortadoğu'daki kum çöllerinin sebebi yaşanmış nükleer savaşlardır. Oralar, nükleer savaş olmadan önce yemyeşil, sulak ve verimli topraklardı. Savaşla beraber kayalar, dağlar parçalanarak toz oldu ve çöle dönüştü. Oluşan kahverengi toz bulutu bütün gökyüzünü kaplayarak güneş ışınlarının dünyaya ulaşmasını engellemiş ve yıllarca süren bir buzul dönemi yaşatmış. O dönemde yer altına inerek kurtulmayı başaran insanlar, gökyüzü temizlenip güneş yeniden görülmeye başlayınca yüzeye çıkarak yaşamlarına devam etmişler. Yeniden çoğalmışlar. Kapadokya'dan İrlanda'ya, dünyanın birçok yerine uzanan tünellerin ve yeraltı şehirlerinin sebebi budur. Akaşik kayıtlardan, dünyadaki en son felakete ait bazı görüntüler izlemiştim.

Şimdi önümüzdeki döngüde, dünyamız yeni konumuna oturduğunda kutuplardaki kaymadan dolayı, Ortadoğu, Afrika ve Antartika yeniden verimli topraklara dönüşecek. Ortadoğu çölleri yeşerecek, yeniden yağmur ve kar yağacak. İklimi değişecek. Türkiye'de bu önemli yerlerden biridir.

Yeni Çağın inşâsında önemli bir rol alacaktır. Bu nedenle bütün Ortadoğu ülkeleri, Türkiye, Afrika ve Antartika, şu an Kabal'ın hedefindedir.

Gizli Örgütler ve Amaçları

Dünyayı şu an yönetmekte olan elit tabakanın geçmişi çok eski zamanlardaki gizli bir örgütlenmeye dayanıyor. Paganizm ritüellerini gizlice devam ettiren, birçok pagan geleneğini de dinlerin içine yerleştirerek açıktan devamlılığını sağlayan bu örgüt, kendi içinde de birçok alt örgütten oluşmaktadır. Çoğu pedofili veya tacizci olan bu insanlar uyuşturucu, insan ticareti, silah, ilaç, müzik, film, gıda, petrol, altın, para alanında etkililer. Dünyanın her yerini kendi kafasına göre şekillendirme gücüne sahipler. Bütün terör örgütlerinin, dini tarikatların arkasında bunlar var. Dinler, bu örgüt tarafından binlerce yıl önce şekillendirilmiş ve insanları kontrol etme mekanizmasına dönüştürülmüştür. Bu örgütte, tüm eski, gizli öğretiler ve dünya tarihiyle ilgili sırlar mevcuttur. Kabala öğretisinin de tüm sırlarına vakıf olan bu gruba kısaca 'Kabal' denilmektedir.

Piramit şeklinde bir örgütlenme şekline sahip bu elitlerin en tepesinde toplam on üç aile, piramitten aşağıya doğru indikçe de üç yüzden fazla başka zengin aile vardır. Kökenleri Sümerlere ve Mısır'a kadar gidiyor. Birbirlerini çok iyi biliyorlar ve soylarını takip ediyorlar. Kendi içlerinde evlenerek saf ırk olarak devam etmeye çalışıyorlar. Gerçekte repitilian olup şekil değiştirebilme özelliğine sahipler. Yaşlanan bedenlerden çıkıp kendilerini bilinç halinde yeni genç bir bedene transfer edebiliyorlar. Teknolojileri çok gelişmiş ve kendileri için gerekli bedenleri klonlayabiliyorlar. Yer altında klonlama merkezleri var ve orada gizli melez ırklar üretilmektedir. Dünyadaki olası kötü koşullara karşı kendilerini güvene almak için yer altında özel yerleşim alanları inşa etmişler. Beden değiştirerek binlerce yıl yaşayabiliyorlar. Normalde eterik haldeler ama fizik beden içine girerek insan gibi görünüyorlar. Böylece aramızda rahatça geziyorlar. İnsanları köleleştirdikleri için hiç çalışmadan çok zengin olabilmişler. Bütün güçleri paradan gelmektedir. En büyük planları, insanı köleleştirmek ve dünya nüfusunu bir şekilde azaltmaktır.

Kabal denilen bir grup sürüngen elitler, evrimleşmeyi reddettikleri için düşük frekansta egolarıyla yaşamaya devam etmek istiyorlar. Dünyanın beşinci boyuta yükseliyor olması, insanların ve dünyamızın titreşimini yükselteceği için onlar bu durumdan rahatsızlar ve bu yüzden de her türlü negatifliği üreterek bu yükselişi engellemeye çalışıyorlar. Çünkü yükseliş tamamlanırsa onlar da yüksek frekanslı enerjilerden etkilenerek değişmek ya da başka bir gezegene kaçmak zorunda kalacaklar. Ama hiç şansları yok. Işığın zaferi yakındır.

Arkadaşım Summer'in derleyip tercüme ettiği 'Kabal' yazısı bu tarikatı tanımamıza çok yardımcı olacaktır. Teşekkürler Summer!

Kabal

Kendilerine İllüminati (aydınlanmış olanlar) diyen bu elit grubun merkezinde, birbirleri ile sürekli bağlantı halinde olan on üç inanılmaz zengin, siyonist aile vardır. İsimleri (muhtemelen) Rothschild, Rockefeller, Warburg, Bruce, Cavendish, De Medici, Hannover, Habsburg, Krupp, Plantagenet, Romanov, Sinclair ve Windsor'dur. Fakat bu liste, dış dünyadan öyle titizlikle saklanmıştır ki bazı kaynaklar bir başka isim listesinden daha bahseder.

Bu aileler Agnelli, Bush, Ford, Kuhn, Loeb, Montgomery, Morgan, Roosevelt ve Schiff gibi iyi bilinen, başka üç yüz aile tarafından desteklenir. Henry Kissinger, Dick Cheney, Donald Rumsfeld, Bill Gates, Bill ve Hillary Clinton, Warren Buffet vb. birçok güce aç insanlar da bu ailelere katılır. Birlikte neredeyse dünyadaki tüm para ve gücü kontrol ederler.

Bu aileler Vatikan, Birleşmiş Milletler, Dünya Bankası, CIA, NSA, FDA (Federal İlaç İdaresi), Smithsonian Enstitüsü, Yabancı İlişkiler Konseyi, NASA, Bilderberg, Thule, Kafatası ve Kemikler gizli örgütü vb. sayısız organizasyonu işletir. İllüminati, yüzlerce yıldır onları "Yeni Dünya Düzeni"ne yavaş yavaş götürecek olan gizli bir gündem üzerinde çalışmaktadır. Buna göre vatandaşlarının neredeyse hiçbir hakkının bulunmadığı, dünyadaki her şeyi yöneten tek bir hükümet olacaktır. Yaşayan insan sayısının, şu an olduğu gibi 7 milyar olmasına izin verilmeyecek, nüfus en fazla 500 milyon olacaktır. İnsanların çoğu yok edilecektir.

İllüminati'nin insan hayatına olan saygısı yoktur ve kemiklerine kadar yozlaşmışlardır. On üç ailenin soyu Sümerlere kadar gider ve bu aileler soylarını mümkün olduğunca saf tutabilmek için sürekli kendi aralarında evlenir. Ayrıca dünyanın en güçlü organizasyonu olan masonluğun en üst seviyesini oluştururlar. Planlarını, ABD'nin Georgia eyaletindeki "Kılavuz Taşları" denilen anıt taşlar üzerine yazmışlardır. Bu mekanı ayrıca kurban etme törenlerinde de kullanırlar. Anıt üzerinde karanlık doğalarından bahsedilmez ancak karanlık doğaları sır gibi saklanır.

İlüminati'nin diğer planlarında olduğu gibi, "Georgia Kılavuz Taşları" toplumun gittikçe artan ortak farkındalığı ile ciddi şekilde zarar görür.

Bütün Kötülüklerin Anası

İllüminati'nin kökeni insan değil, dünya dışıdır ve geçmişi dört bin yıl öncesinden fazladır. Reptile (sürüngen kökenli) varlıklar dünyayı (kimse farketmeden) ele geçirmek üzere buraya inmiştir. Şekil değiştirme sanatını çok iyi bilirler, kendilerini her kuşakta daha fazla güç ve para toplamış normal insanlar olarak gösterirler. Reptile varlıklar bir insan vücuduna bağlı değildir. Bu ırk binlerce yıl yaşayabilir, o yüzden bir insan vücudu çok yaşlanınca basitçe başka birine geçerler.

On üç ailenin etrafındaki üç yüz ailenin çoğunlukla Aryan soyuna kan bağı vardır. Çünkü şekil değiştirme 'karışık' soylarda daha zorlaşır. Gerçek şekillerini sadece kendi aralarında, ailelerinin kalelerinde, yeraltı şehirlerinin özel bölümlerinde, gizli kurban ritüelleri ve seks partilerinde gösterirler.

"Canavar"

Sadece birkaç kişi onlar ile açık kontak halindedir. Pindar en önemli İllüminati ailesinin -Rothschild ailesinin- en önde gelen üyesidir ve "Canavar" ismiyle anılan, yeraltında derinde bulunan en yüksek mertebedeki 'reptile'e hesap verir.

Reptile varlıklar evrendeki en negatif varlıklardır. İnsan standartları ile değerlendirildiğinde, akıl almaz derecede kötü ve ahlaksızdırlar. Eğer İlüminati'nin yıllar boyunca yaptıklarını incelerseniz, bunların arkasında olan şeyin kesinlikle insan olamayacağını hissedersiniz. Dünya savaşları yaratmaktan 11 Eylül gibi terörist saldırılara, halkı kimyasal serpintiler ile hasta etmeye, zehirli ilaçlardan kozmetik ürünlere McDonald's ve KFC gibi zararlı yiyeceklerden, şeytanca kan dökme ritüellerine, insan avlarına ve çocuk istismarı dolu seks partilerini organize etmeye, iyi niyetli politikacıları, mucitleri hatta pop artistlerini öldürmeye kadar... Bu grup neredeyse dünya tarihinde olan tüm kötü şeyler için sorumlu tutulabilir.

Sistem

Bu dünya dışı varlıkların etkisi, içinde bulunduğumuz yükselme süreci nedeniyle büyük ölçüde azaltılmıştır. Ancak dünyada kurmuş oldukları kontrol sistemi halen çalışmaktadır. Bu sistem, gizli servislerden büyük şirketlere kadar milyonlarca çalışan tarafından korunmaktadır. Gerçeğin ortaya çıkmasını engellemek için her şeyi yapmaktadırlar. İnsanlara cevap vermek zorunda kalacakları şeyleri, insanların keşfetme ihtimali onları dehşete düşürür. Büyük George Bush'un bir kez söylediği gibi: "Bizim ne yaptığımızı insanlar bilseydi, sokaklarda kovalayıp linç ederdi."

Bugüne kadar "Yeni Dünya Düzeni"ne geçiş için gerekli son adımın atılamamasının nedeni, insanların onların ne olduklarını keşfetme korkusudur. Halen bizden çok fazla var ve bir şeylere kalkışabilmek için henüz bizi yeterince takip edemiyorlar.

Bu nedenle kalabalığı azaltmak, halen gündemlerinde en üstte yer alır. Fakat bunun gizlice yapılması gerektiği için operasyonları sınırlıdır. Planları birçok yıllık bir gecikmeye uğramıştır. Daha da kötüsü, evrende artık olayların daha fazla gecikmesini istemeyen daha yüksek güçler ile karşı karşıya gelmişlerdir. Başka deyişle, liderlerimiz kendilerini bir çıkmazda bulmuşlardır. Bir tarafta dünyadaki tüm güç ellerinde olmakla beraber diğer taraftan bu güçle hiçbir şey yapamamaktadırlar.

Ancak, bu karanlık Kabal'ı at gözlükleri ile mutlu bir şekilde plan yapmaya devam etmekten alıkoymaz. Çünkü "Yeni Dünya Düzeni" gerçekleşene kadar yapılabilecek bol miktarda eğlenceli şey vardır. Düzenli olarak çılgın partilerinde buluşur ve kendilerini çeşitli gizli projelerle meşgul ederler. Bu gizli projelerin içinde yeraltı şehirleri kurmayı, çok modern uzay istasyonlarını, Ay'da ve Mars'ta üsleri, zamanda seyahati, adam avlamaları ve insan klonlama gibi çeşitli garip deneyleri sayabiliriz.

En önemli İllüminati üyeleri, yaz tatillerini ABD'deki Bohemian Grove'da geçirir ve Avrupa kolu da birbirlerini her yıl Bilderberg Konferansında görür. Bu konferansın katılımcı listesinde Hollanda, İngiltere ve İspanya'nın kraliyet aileleri yer alır. Her yıl Türkiye'den de gazeteci, ceo, öğretim üyesi en az 4-5 kişi katılır. Örneğin 2015 Bilderberg toplantısına Türkiye'den birçok önemli siyasetçi katılmıştır. Ayrıca 'Kalkınma İş Birliği' bakanları da sıkça bu toplantılara katılır. Çünkü kalkınma yardımı paralarının büyük bölümü geleneksel olarak İllüminati'nin cebine girer. Ne de olsa tüm gizli operasyonlar çok büyük paralara mal olur ve bu para çeşitli kanunsuz yollarla toplanır. Örneğin, kanunlarda bulunmayan vergiler toplanır. CIA dünya çapındaki uyuşturucu ticaretini kontrol eder ve merkez bankaları arkasında altın gibi değeri olmayan para basar. Başka deyişle para havadan yaratılır.

İnsanlardan sır sakladıkları gerçeği hoşlarına gider, bu onlar arasında güçlü bir bağ oluşturur. İnsanlar yıllardır onların kötü planlarını uygulamaları için yeterince kayıtsız olduklarını ispatlamışlardır. İllüminati içinde sadece birkaç üye gerçekte her şeyi bilir. Çünkü sistemin piramit yapısı öyle bir ayarlanmıştır ki sadece bir avuç insan büyük resmi görebilir. Geri kalan tüm iş, 'bilinmesi gereken' prensibine göre işler: Gerekli olandan fazlası söylenmez.

"Hiç kimse, kendilerinin özgür olduğuna inandırılmışlar kadar ümitsizce köleleştirilmiş değildir." -Goethe-

Masonluk

Eğer bir elit üyesinin performansı iyi ise, rütbesi yükselir. Bu masonluk yoluyla olur. Yüksek dereceyi kazananlara dünyadaki pek çok mason localarından birinde kabul töreni yapılır. Bu odalar genellikle benzeri görülmemiş derecede görkemli ve zengindir. Herkesin bildiği katedral, kale ve hükümet binası gibi binaların altındadır.

Bu kabul töreni esnasında yükselen masona yeni bir sır verilir. Günümüzde bu sırların çoğu internette kolayca bulunabilir. Fakat bunlar hâlâ toplumca bilinmez. Bunlar yerçekimi karşıtı teknikler, bedava enerji, zihin kontrolü teknikleri, evren, yıldız kapıları, dünya dışı varlık yaşamı, ölüm nasıl 'yenilir' (cennete gitmeden nasıl enkarne olunur), maddeyi ses teknikleri ile katı olmayan ya da ağırlıksız hale getirme gibi konularla ilgilidir. Bunlar dünya dışı varlıkların piramitleri ve diğer megalitik (büyük tek parça taş) anıtları inşa ederken kullandığı teknikler ile aynıdır.

Diğer İllüminati kurumlarında (şirketler, bankalar, medya, ilaç endüstrisi, yargı ve hükümetler vb.) olduğu gibi, masonlukta daha düşük rütbeler ne çeşit bir sistemi desteklediklerinin farkında değildir. Bunlar sizin bizim gibi normal insanlardır. Ama her yerde olduğu gibi daha yükseği daha yozlaşmışıdır. Bu aynı zamanda bu sistemin gücüdür ve sadece birkaç kişinin bunları anlatmasının nedenidir. Sistemin aslında nasıl çalıştığını anladıklarında yıllardır parçası oldukları bu sistemin suç ortağı olduklarını görürler. Konuşurlarsa başlarına geleceklerden korkarlar. İllüminati düzeninde birinin konuşmaya başlamasından kimse hoşlanmaz. Daha önce söylendiği gibi insan hayatının bu camiada hiçbir değeri yoktur. O yüzden can sıkıcı herkes ortadan kaldırılır.

İllüminati bir dünya hükümeti oluşturma yolunda küresel işleyen çeşitli organlar oluşturmuştur. Birleşmiş Milletler, NATO, Dünya bankası, IMF, WHO, UNICEF ve birçok kuruluş bunlara örnektir. Bu kuruluşlar kendilerini vatandaşlar için en iyisini istermiş gibi gösterirler, fakat gerçek bunun tam tersidir.

Rockefeller Ailesi

Bu organizasyonların kurucularının kimler olduğunu araştırırsanız, bir isim sürekli karşınıza çıkar: Rockefeller ailesi. Rockefellerlar İllüminati ailesinin en zenginleri olmasa da (Yaklaşık 500 trilyon dolarla en zengini Rothschildlardır) genişleme tutkuları ile en aktif ve agresif olanlarıdır. Ne kadar kendilerini dış dünyaya hayırsever olarak gösterseler de eylemlerinin kötülüğü ve yoldaşlarına olan saygı eksiklikleri iğrençtir. İnsan hayatını yok etmede en favori yöntemleri silahlı çatışma ve savaşlar çıkarmaktır. Bunu genellikle anlaşmazlıklarda her iki grubun da silahlanmasını finanse ederek ve onları birbirlerine karşı kışkırtmak için yanlış bilgiler yayarak yaparlar.

Savaşlar her yerde yaratılamadığı için, sağlığımızı da özellikle kanser yoluyla zayıflatmak için uğraşırlar. Bu plan oldukça iyi çalışmaktadır. Geçmişte bin kişiden sadece bir kişi hayatında kanser ile karşılaşıyorken, günümüzde bu, her iki kişiden biridir. Özellikle AIDS kampanyası belirleyici bir 'başarı'dır. SARS, kuş gribi ve Meksika gribi gibi AIDS virüsünü gizli laboratuvarlarında yaratmışlardır. Bunları ilaç şirketlerinin aşıları yoluyla yayarlar ve sonra huzurla bunların dünya çapında yıkıma neden olmasını seyrederler. Bazen bunlar Afrika'da olduğu gibi tüm bir kuşağı ortadan kaldırır. Bu arada Hint kenevirindeki kanabinoidler gibi kansere karşı çok etkili doğal ilaçların tüm dünyada yasaklanmasına neden olurlar.

Fakat bununla da durmazlar, sağlığımız kemtraillerle (uçaklarla atmosfere saçılan zararlı kimyasallar), zararlı radyasyonlarla, yediklerimizle ve giydiklerimizle de tehlikeye sokulur.

Sağlığımıza nasıl saldırılır?

Tüm yaşayan organizmaların doğal bir titreşimi vardır. Dışarıdan elektromanyetik ışıma ile bu titreşim bozulabilir. Bu insanlar için uykusuzluk, baş ağrısı, depresyon, merkezi sinir sistemi ve beynin çalışmasında negatif etkiler ve kanser gibi hastalıklara neden olur. Özellikle geçtiğimiz son birkaç on yılda, İllüminati çevremizi kalıcı olarak her çeşit sağlıksız, radyasyonla kirletmek için sayısız metot geliştirmiştir. En büyük suçlular; mobil telefonculuk, UMT kuleleri, Wİ-Fİ ve H.A.A.R.P. denilen çok güçlü ışın tesisatlarının küresel ağıdır.

Yiyeceklerimiz aspartam ve diğer kimyasal zırvalar gibi zararlı maddelerin eklenmesiyle manipüle edilmektedir. Bu durumdan sorumlu mason şirketler, görünüşte bir sorun olmaksızın dünyayı fethettikleri gerçeği ile tanınabilir. Mesela McDonald's, Kentucky Fried Chicken, Kellogg's ve Starbucks. Bu şirketlerin logoları sembolizm doludur, çünkü İllüminati gizli sembollere, geometrik şekillere ve el işaretlerini çok kullanır. Çünkü bu sembollerde de majik bilinçaltı mesajlar vardır.

Giysi elyaflarını işlemede ve giysi üretmede toksik kimyasallar yoğun olarak kullanılır. Giysiler yapıldıktan sonra buruşmalarını engellemek için formaldehit denilen zararlı gaz ile kaplanır. Giysilerin taşındığı konteynerler, benzen denilen zehirli bir gaz ile 'böceksiz' hale getirilir. Bu giyecekleri alıp yıkamadan giyen herkes bu toksik maddelere ciltlerini maruz bırakır.

2012 Londra olimpiyatlarının İllüminatinin varlığını vurgulaması gerekiyordu. Tüm olayın yapısının ana teması mason sembolizmi idi ve bir olayın meydana gelmesi planlanmıştı. Bunun ne olduğunu biz bilmiyoruz, ancak 1995'teki İlluminati oyununa bakacak olursak, çok mutlu bir durum olmayacaktı. Çok şükür ki Galaktik Federasyon ve diğer kanallık yapılan varlıklar, olimpiyat olaylarının öncesinde ve sonrasında 11 Eylül gibi olayların dünyada gerçekleşmesine daha fazla izin verilmeyeceğini açıkladılar.

İllüminati Nerededir?

Her yerdedir. Ahtapotun kolları günlük hayatımızın her tarafındadır. Bankacılık sistemini, medya haber ajanslarını, ilaç endüstrisini, petrol endüstrisini, hükümetleri, borsayı, mahkemeleri, gizli servisleri, orduları ve silah endüstrisini kontrol ederler. Bilimi, okul kitaplarını, eğitimi, üniversiteleri, gazeteciliği ve Holywood'u etkilerler. Kurumlarına tehdit olabilecek bedava enerji alanında ya da başka konularda bir şeyler bulan mucitler satın alınır, tehdit edilir ya da öldürülür. En büyük madenlerin, gazinoların sahipleridirler, CIA yoluyla uyuşturucu ticaretini, seks köleliğini ve tüm irili ufaklı şeyleri kontrol ederler.

Kısaca; yaşamını kurallara uyarak yaşadığın, vergini zamanında ödeyip iş birliği yaptığın müddetçe senden uzak dururlar. Ancak çizilen yoldan saptığın, zor sorular sormaya başladığın ya da liderlerin planlarını zorlaştıran bir şey yaptığın anda hayatın alt üst olabilir. Dünya tarihinde binlerce baş belası(!) vardır: JFK'den Jimmy Hoffa'ya, Nikola Tesla'dan Stan Meyer'a, Martin Luther King'den Buddy Holly'e... Bu insanlar onların sözlerini artık kesemez.

Korku; medyanın sadık bir şekilde mesaj taşıyıcılığını yaptığı, yönetimlerinde kullandıkları bir araçtır. Bizim her şeyden korkmamızı sağlamak için uğraşırlar. Doğadan korkulmayacağı için, problemler genellikle yaratılır: Terör, küresel ısınma, Meksika gribi, soğuk savaş, asit yağmuru, adını siz koyun. Neredeyse bütün iyi haberler bizden saklanır, tüm gazete ve haber kanalları korkutucu mesajlarla doludur. Çoğunuzu korkutmak için yeterlidir bu.

Kabal, sadece karanlıktan besleniyor. Bu yüzden, dünyadaki karanlığın büyümesi için ellerinden ne geliyorsa yapıyorlar…

Karanlığı ve Işığı Anlama

Dünya üzerinde hem sürüngenler hem de insanlar evrimleşme yaşamaktadırlar. İnsanlar ışığı, sürüngenler ise karanlığı temsil ediyorlar. Yin ve Yang benzeri olan bu oluşuma zıt kutup entegrasyonu da denilebilir. Zıt kutup entegrasyonu, evrensel hiyerarşi tarafından, bizim evrimleşmemiz için gerekli görülmüş bir eğitim programıdır. Her iki taraf da bu programda, kendine verilen rolleri en iyi şekilde oynar. Her iki tarafın dengede olmasıyla yükseliş hızlanır. Taraflardan bir tanesinin diğerini bastırmasıyla denge bozulur ve ilerleme durur.

Karanlık, negatif kutbu; ışık ise pozitif kutbu temsil eder. Pillerde olduğu gibi evrendeki her zerrede de zıt kutup dengesiyle ışık oluşur, evrimleşme ve büyüme böyle oluşur. Karanlık tarafa hizmet eden bütün grupların ve kişilerin aslında bizim uyanışımıza hizmet eden varlıklar olduğunu ve zor bir görev üstlendiklerini düşünebiliriz.

Şu anda birçok galaksi ve yıldız sisteminden gelen varlıklar, zıt kutup entegrasyonun çalışmasına yardım etmektedirler. Her iki taraf da kendi görevlileriyle dünyadalar. Bu program binlerce yıldır uygulanan bir eğitim programıdır. Ancak, değişmek istemeyen bir grup sürüngen bu dengeyi karanlık tarafın lehine bozmuşlardır. Daha önceden bu aşamadan geçmiş birçok ırk, biz dünyalı kardeşlerine yardım etmek için şu an seferber olmuştur. Gökyüzünde binlerce gemi dünyadaki bu olağanüstü değişimi ilgiyle ve gururla izlemektedirler… Siz de onlardan biri olabilirsiniz. Görevli gelip kim olduğunuzu unutmuş olabilirsiniz…Hatırlamaya çalışın…

Karanlığın Bizi Bölme ve Uykuda Tutma Taktikleri

Dünyayı binlerce yıldan beri yönetenler, insanların kendilerine kölelik etmelerini sağlamak için bir uykuda tutma sistemi hazırlamışlar. Bu sistemde din ve para kullandıkları en önemli araçlardır. İnsanlığın büyük bir bölümü din ile uyutulurken, geriye kalan kısmı da parayla kontrol ediliyor.

Din ile uyutuluyoruz

Masum insanların, inançlı insanların, yaratıcıya karşı olan duygularını sömürmek amacıyla onları sürekli dinle oyalayarak sorgulama mekanizmalarını yok ediyorlar. Dini liderlere biatlarını sağlayarak onları daha da radikalleştirip uykuda tutuyorlar. Böylece kendileri de rahatça gizli planlarına odaklanıyorlar. Bu yüzden din olayına çok önem veriyorlar. İslam ülkelerinde kurulan bütün tarikatların arkasında 'Kabal' vardır ve bunların parası da yine bu örgüt tarafından ödeniyor. Bu dinci gruplar ve liderleri, hedef toplumun kontrol altında tutulması için kullanılır. Ayrıca aynı tarikatlar ve cemaatlar, gerektiğinde o alanlardaki siyasi amaçlar, iç karışıklıklar veya yönetim değişimlerinde de piyon olarak kullanılırlar. Son yıllarda ülkemizde olanlar buna çok güzel bir örnektir. Aynı olayı bütün İslam ülkelerinde görmek mümkündür. Din, artık siyasetin ana malzemesi olup mevki, statü ve kısa yoldan zengin olmak için kullanılan bir araca dönüşmüştür. Bu da dünyayı yöneten bu örgütlerin en temel amacıydı zaten. Karanlık taraf, önümüzdeki yıllar için İslam ülkeleri arasında mezheplere dayalı iç ve dış savaşlar yaptırarak nüfus azalması planlamıştır...

Para ile uyutuluyoruz

Sistem parayı, hayatta kalmanın en önemli aracıymış gibi öğretiyor ve bizler, doğduğumuz andan itibaren bu öğretiyle yetiştirilerek adeta paranın kölesi haline getiriliyoruz. Eğitim, iş bulma, daha fazla para kazanma, ev ve araba alma, bunlara sahip olunduğunda da yazlık alma, ikinci araba alma, çocukların eğitimi ve evlenmesi, torunların bakımı derken sürekli ileriye doğru daha fazla kazanmak, daha fazlasına sahip olmak için birbiriyle savaşan bireylere dönüşüyoruz. Para yaşamımızın merkezi haline getiriliyor ve ona sahip olmak için önümüze gelen bütün engelleri aşıyoruz. Çocukluğumuzdan beri bu şekilde eğitiliyoruz. Hep bir şeyler için yarışıyoruz, koşuşturuyoruz. Hayatımız hep maddesel bir şeyi elde etmek için çabalamakla geçiyor. Bütün bunların hepsi de zihini memnun etmek, egoları memnun etmek için yapılıyor. Oysa bu ikisi doyumsuzdur. Sınır yoktur. Hep daha ilerisine bizi itekler ve bizi egolarımızın kölesi yapar.

Bu koşuşturmada, zaman öyle hızlı geçer ki geldiğimiz sonda, bize sadece bir bez parçasıyla dünyadan gitmek düşer. Arkamızda bıraktıklarımız ise para, ev, araba, kıyafetler, eşyalar, aile bireyleri ve torunlar. Uğruna hayatımızı tükettiğimiz her şeyin bize hiçbir faydası olmaz.

Sistem bize bu rolü çok iyi şekilde öğretmiş ve binlerce yıldır, bu oyunun oynanmasını zevkle izlemiştir. Köleleştirdiği insanlık; derin uykuda, rüyada olduğunu unutup gerçek olmayan, illüzyon olan madde peşinde koştururken, onlar lüks içinde hiçbir vergi ödemeden bizim sırtımızdan geçinmişlerdir. Bu yüzden de biz insanların uyanmasını hiç istemezler. Uyanmayalım diye de hep farklılıklarımıza oynarlar. Birleşmeyelim diye bizleri dinlerle, mezheplerle, renklerle, dillerle, ülkelerle ayırmışlar. Binlerce yıl, dinler uğruna milyonlarca insan ölmüştür. Para uğruna, hırs ve güç uğruna milyonlarca insan ölmüştür. Petrol uğruna, toprak uğruna milyonlarca insan ölmüştür. İnsanoğlu hâlâ akıllanmamış, uyanmamış ve birlik olamamıştır. Çünkü kendisine öğretildiği gibi hep farklılıklara, ayrıştırmaya, ötekileştirmeye odaklanmıştır. Bu vurdumduymazlığın, kendilerine geri dönüşü pek de hoş olmamaktadır.

Çocukluğumuzdan itibaren dışarıdan bize yapılan kodlamalarla yaşamımız şekillendiriliyor

Biz doğarken saf, sevgi dolu ve tekamül seviyemizin bilincinde olarak doğuyoruz. Ancak bizler çocuk olduğumuz için kimse bizi dikkate almıyor, dinlemiyor ve konuşunca da saçmalıyor gözüyle bakarak bizi kendilerinden uzaklaştırıyorlar. Çünkü biz çocuğuz ya, büyüyünceye kadar sözümüzün bir değeri olmuyor. Oysaki çocukların en çok dinlenmesi ve dikkate alınması gereken yıllar 6-7 yaşlarına kadar olan zamanlardır. Bu yaşlardan sonra bilincimizle getirdiğimiz bilgiler; büyüdüğümüz ailenin, çevrenin, ülkenin, eğitim sisteminin ve dini görüşünün etkisiyle zamanla unutuluyor ve sisteme hazır köleler olarak yetişmeye başlıyoruz. Sonra bilincimiz kapanıyor, üçüncü gözümüz kapanıyor ve kim olduğumuzu, nereden geldiğimizi unutup dünyadaki illüzyon yaşama kendimizi kaptırıp gidiyoruz. Böylece çocukluğumuzu yaşayamadan yasaklarla, korku kökenli eğitim ve dinlerle şekillendirilip ilkel masallarla uyutuluyoruz. Suçluluk ve utanç duygusu, içimizdeki saf çocuğu en derine hapsediyor. Dışarıdan yapılan bu planlı kodlamalar bizi düşünemeyen, hayal kurmayan, sorgulamayan, ayıran, bölen, bölüştüren, yargılayan, korkan, koşulsuz biat eden, sınırlı inanç sistemleriyle yetiştirip düzene uygun programlıyor. Ardından bilmeden, kölelik sistemine hizmet ediyoruz.

Dünyaya bu sistemi dayatan karanlık çetenin maskesi düştü artık. Bütün çıplaklığıyla ifşa oldular. Artık insanların bilinci insan, hayvan ve doğa düşmanı olan bu kölelik sistemini reddediyor. Büyük bir uyanış yaşanıyor... İnsanlık uyanıyor… Dünya uyanıyor…Doğa uyanıyor…

Değişim başladı artık. Uyanın!

2. BÖLÜM

Uyanış Nedir?

Uyanış, bilinç sıçraması demektir. Düşük titreşimden, yüksek titreşimli enerji alanına girmek demektir. Fiziksel dünyanın ötesini keşfetmek demektir. Beden, zihin ve ruh ile bütünleşerek gerçek varoluşun tadına varmak demektir. Her zerrenle, gerçek özgürlüğü hissetmek demektir. Etrafınıza ördüğünüz duvarları yıkmak demektir. İlahi olana bağlanmak ve onunla bütünleşmek demektir. Yaralarını görüp onları sarmak ve iyileştirmek demektir. Karanlıkta kaybolmuş kendini, yeniden bulmak demektir. Aynaya baktığında, ilk defa kendini görmek demektir. 'Ben' iken 'biz' olmayı öğrenmek demektir. Başkaları diye tanımladıklarının kendi kardeşin, parçan olduğunu anlamak demektir. En yakınındaki ve en uzağındaki kardeşinin acısına ağlayıp sevincine ortak olmak demektir. Var olan her şeyin, tıpkı kendisi gibi 'bütünün' yaratıcının bir parçası olduğunu bilmek demektir. Sadece kendi çocuğunun değil, bütün çocukların annesi, babası olmak demektir. Bütün hayvanların sahibi ve koruyucusu olmak demektir. Doğayla bütünleşmek demektir. Dünyanın bir ucundaki kardeşinin acı çekişini hücrelerinde hissetmek demektir. Sokakta aç gezen canlı bırakmamak demektir. Başkalarına yardım ederken mutlu olmak demektir. Bize dayatılan yalanları ve sınırlamaları aşıp gerçeğe ulaşmak demektir. Her varlığı koşulsuz sevmek demektir.

Uyanış, kim olduğunu hatırlamak demektir... Neden burada olduğunu anlamak demektir.

Uyanış Belirtileri

1-Aniden bir şeyler olur, kendini farklı hissetmeye başlarsın. Rüyaların değişir, ani kararlarla hayatında değişiklikler yaparsın. Sanki bir gecede eski sen gitmiş, yeni bir sen gelmiş gibi olursun.

2-Birdenbire kendini çok okuyup araştırırken bulursun. Fikirler, ilhamlar, vizyonlar, rüyalar, art arda gelir. Yazma, çizme, icat etme ihtiyacı duyarsın.

3-Yeme şeklin değişir, ağız tadın değişir. Bedenine iyi bakmak için daha dikkatli olur ve doğal beslenirsin. Eskiden sevdiğin beslenme şeklinden vazgeçip yeni bir beslenme şekline yönelirsin. Hayvanlara karşı hassaslaşıp birden vejeteryan olabilirsin.

4- Gözlerindeki perde kalkar ve tüm dünyayı gerçek çıplaklığıyla görmeye başlarsın. illüzyonu fark edip aslında bir rüyada olduğunu anlarsın. Madde olarak gördüğün her şeyin bir hologramdan ibaret olduğunu anlarsın. Enerji bedenli varlıkları görmeye ya da hissetmeye başlarsın.

5- Hayatının anlamı haline gelen iş, para, ev, araba, kariyer, lüks yaşam, kıyafet vb. şeylere olan bağımlılığın azalır hatta bitebilir. Kişilere olan bağımlılıkların da azalır. Küçük şeylerle yetinmeye ve mutlu olmaya başlarsın.

6- Daha önceki yaşam tarzına ve uykuda geçirdiğin bütün o zamanların kaybına üzülürsün. Kaçırdığın zamanlar için suçluluk hissedersin. Neden daha önceden uyanmadım diye kendine sitem edersin.

7-Etrafındaki renkleri ilk defa farketmiş gibi daha canlı ve renkli görmeye başlarsın. Yıllardır yolunun üzerinde olup da daha önce göremediğin ayrıntıları görmeye başlarsın. Doğadaki yaşamı farklı bir gözle görmeye başlarsın. Ağaçların, kuşların, rüzgarın sesini duyarsın... Bitkilerle ve hayvanlarla telepatik olarak konuşmaya başlarsın. Onları sever ve kucaklarsın

8-İnsanların yüzündeki maskelerin düştüğünü görürsün. Onlara baktığında gerçek yüzlerini, niyetlerini ve düşündüklerini hissetmeye başlarsın. Bu da onlardan uzaklaşmana ve yalnızlaşmana sebep olur. Çünkü kim gerçek dostun, kim değil anlarsın.

9-Eski olumsuz davranışlarını düzeltirsin ve içeriden, derinden gelen tarifsiz bir sevgiyi, coşkuyu hissedersin. Şifalanırsın ve bu şifayı gittiğin her yerde çevrene yayarsın. Dokunduğun her şey ayrı bir güzelleşir ve bereketlenir.

10-Düşüncelerin ters-yüz olur. Belirlenmiş düşünce ve inanç kalıplarına aykırı davranmaya başlarsın. Özellikle din konusunu sorgulamaya, dinle ilgili gerçekleri hissetmeye başlarsın. Çünkü sende kayıtlı olan bilgileri hatırladıkça, bu bilgilere ters düşen tüm inanç ve düşünceleri irdelemeye yönelirsin.

11-Hayatındaki birçok insanla kopuşlar yaşarsın. Yeni frekansına uygun, senin gibi arkadaşlarla tanışır, buluşursun. Bazen seninle aynı frekansta olan yeni tanıştığın bir insanla zaman geçirmeyi, yıllardır tanıştığın insanlarla olmaya tercih edersin. Çünkü eski dostlarla yeni frekansında buluşamazsın. Çekim yasası seni kendin gibilere götürür.

12-Bu dönemde kimimiz anti sosyalleşerek, kendini eve kapatıp araştırır, okur ve yeni halini anlamaya çalışır. İçe yönelir, meditasyon yapar. Kimimiz de doğa annenin kollarına koşar; dağlarda, ovalarda ve hayvanlarda huzuru bulur.

13- Zamanın kıymetini bilir ve doğru değerlendirirsin. Bizi uyutmak için kullanılan film ve dizileri izlemezsin. Ayrıştıran, bölen politika, din, mezhep ve ırk gibi olgulardan uzak durursun. Çünkü onlarla ilgili illüzyonu kavramış olursun.

14- Daha merhametli olursun. Bir şeyleri değiştirebilme ve başkalarına yardım edebilme duygun gelişir. Dünya üzerindeki bütün acıları hücrelerine kadar hissedersin, çok ağlarsın ama döktüğün her bir damla gözyaşın, bin derya ilme bedeldir. Çünkü derinden, merhametinden, sevginden gelir ve ruhsal gelişmen için çok öğreticidir.

15-Merhametin ve şefkatin 'empati' duygusunu geliştirir ve sen, şiddet gören hayvan ve insan için, kesilen ağaç için, kuruyan göl için üzülürsün. Onlara yapılan sanki sana yapılmış gibi empati duyarsın.

16- Hayatındaki önemli şeyler değişir. Doğduğun yerlere, çocukluk arkadaşlarına, eski dostlarına özlem duyarsın. Hayatının her alanında nostalji başlar. Eski müzikleri dinler, güzel anıları yüzeye çekersin. Gelen kötü anıları da şifalandırırsın, bağ kesip silersin.

17-Yeni yeteneklerin açığa çıkar. İlhamın artar, birden güzel resim yapmaya, kitap yazmaya, blog açmaya, müzik yapmaya başlayabilirsin. Sebebi ise uyanışın başlamasıyla içindeki yaratıcı güç aktif olur; akaşandan fikir, ilham ve bilgi çekersin. Yeteneklerin gelişir. Bazı insanlar bir sabah aniden başka dilleri konuşabildiğini bile farkedebilir.

18-Sezgilerin artar ve zihinleri okumaya, olacakları hissetmeye başlarsın. Zamanda dakika veya saniye farkıyla ileri gidip olacakları önceden görebilirsin. Telefonun çalacağını bilmek, arayanın kim olduğunu önceden bilmek, yapılacak bir konuşmanın konusunu önceden hissetmek, sizi düşünen birisini o anda hissedebilmek gibi... Alıcıların açılır ya da kendinden bir parçayı farkında olmadan gelecek zamana ışınlayabilirsin.

19-Fiziken ve zihnen değişmeye başlarsın. Kulakların duyma eşiğinin altındaki sesleri de duyabilmek için yeniden ayarlanır. Bu dönemdeki en büyük belirti, kulak çınlamasıdır. Uzaktan gelen radyo sinyallerini duymaya başlarsın. Başka boyutlardan gelen sesleri uyku ya da uyanık haldeyken duymaya başlarsın. Sağ kulakta sinyal sesi, sol kulakta dönen çakraların metalik sesini duyabilirsin.

20-Kollektif bilinçten bilgi çekersin. Böylece anlatılan konuları ya da soruların cevaplarını bildiğini farkedersin. Daha önce hiçbir fikrinin olmadığı konularda dakikalarca konuşmaya başlarsın ve hatta bütün bunları, kitap okumadığın halde, nereden biliyorum diye kendine şaşırırsın.

21-İhtiyacın olan kitaplar, yazılar, filmler, kişiler doğru zamanda karşına çıkar ve onlarla uyanışın devam eder. Yaşadığın hiçbir şeyin tesadüf olmadığını ve ilahi bir mekanizmanın her şeyi mükemmel bir şekilde ayarladığını ve kontrol ettiğini anlarsın.

22-Evrensel uyanış kodlarını dijital saatlerde görmeye başlarsın. 11:11, 12:12, 22:22, gibi... Bu üstat rakamlar sana uyanmakta olduğunu haber verir ve desteklendiğini, perdenin diğer tarafından gözlendiğini müjdeler.

23-Uyku düzenin değişir. Kesik kesik uyursun. Gece uyanmaları başlar. Uyurken damarlarındaki enerji geçişini ve bedenindeki karıncalamayı hissedebilirsin. Uyku bölünmelerine ve az uyumana rağmen güne enerjik başlarsın. Birkaç saat uyku yeterli olur. Gün içinde saat 1 ile

3 arasında tatlı, hoş bir uyku hissi sarar ve kısa süreli uyuklama isteği duyulur.

24-Negatif ortamlardan ve insanlardan kaçarsın. Kendi iç huzuruna uygun bir alan yaratır, oraya takılırsın. Şiddet içeren yazılı, görsel her şeyden uzaklaşırsın. Tv hayatından çıkar.

25- Titreşimin hızlandıkça, zaman da hızlanır ve günleri 15-18 saatmiş gibi hissedersin. İleriki zamanda biz hızlı titreştikçe bu zaman daha da kısalacaktır. Zaman iyice hızlandığında maddelerde eterikleşme başlar. Bir diğer önemli nokta zamanın hızlanması, yaratımlarımızı hızlandıracağından, kurduğumuz hayallere ve ağzımızdan çıkan sözlere dikkat etmemiz gerekir. Hep pozitif söylemler ve eylemlerde bulunup güzel imgelemeler yapmak gerekir.

26- Kilolarında artış olur. Özellikle ilk üç çakranın bulunduğu karın bölgesinde yağlanma artar. Vücut, negatif saldırılara karşı kendini korumaya alır. Komik bulabilirsiniz ama yağlar, bedeninizi dışardan gelecek negatif etkilere karşı koruma kalkanı görevi yapar.

27-Bütün duyguları maksimum düzeyde yaşarsın. Sevgiyi, şefkati, şiddeti en üst seviyede hissedersin. Aniden duygusallaşıp ağlayabilirsin. Aniden mutluluk deryasında yüzebilirsin. Ağzın kulaklarında etrafa sevgi saçabilirsin. İçinde tarif edilmez bir coşku taşırsın.

28- Arınma başlar. Bilinçaltındaki rahatsız edici tüm anılar, olaylar yüzeye çıkarak kendini gösterir. Yaptığın hatalardan dolayı derin pişmanlıklar duyup üzülebilirsin. Böyle anlarda kendini affedip alman gereken dersleri aldığın için kendinle gurur duy.

29-Astral yolculuklara başlarsın. Üçüncü gözün açılır. Lucid rüyalar görürsün. Uyku halinde iken eğitim aldığını fark edilebilirsin. Meditasyona başlarsın. Ellerde yanma ve karıncalanma, başta ve ensede ısınma hissedebilirsin.

30- Cinsel istek ve seçiminde değişiklik, eklem ve kemik ağrıları, diz ağrıları, grip hali, bilinen fiziki etkilerdir. Evlenme, boşanma, taşınma, iş değiştirme gibi etkili değişimler yaşayabilirsin.

31-İçe yönelme, yalnızlığı sevme, aşırı okuma ve öğrenme isteği duyabilirsin. Bilinç seviyene göre kaynaklar, insanlar aniden karşına çıkabilir. Sorularının cevapları kendiliğinden karşına çıkar. Çünkü her koşulda öğrenci hazır olduğunda öğretmen çıkagelir.

32- Çevrendeki enerji varlıkları hissedebilir veya görebilirsin. Ölmüş insanların veya akrabalarının hologramlarını görebilir, seslerini duyabilirsin. Kişilerin veya eşyaların auralarını görmeye başlarsın.

33- İç sesini duymaya başlarsın. Bedenindeki organların ve hücrelerin sesini duyarsın. Onlardan gelen mesajlara göre hareket edersin. Olayları değerlendirirken, iç sese danışır ve onunla uyumlu hareket etmeye başlarsın. Doğal bir şifacı olursun.

34-Rüya halindeyken kişisel akaşandan, geçmiş yaşamlarınla ilgili bilgilere ulaşırsın. Ayrıca paralel yaşamlarına girip çıkmayı öğrenir ve onlara ait kayıtları üçüncü gözden izlemeye başlarsın.

35-Zihinden kalbe inersin. Sol beyin yerine sağ beyinle yaşamaya başlarsın. Sanata, astronomiye, enerji çalışmalarına ve bilime ilgi duyarsın.

36- Saç ve tırnağın hızlı uzaması, cilt ve yaralardaki hızlı iyileşme ve gençleşme hissi. Koku ve tat alma duyularının daha da hassaslaşması. Normal bir kulağın duyamayacağı sesleri duyabilme becerisi gibi belirtiler yaşayabilirsin.

37- Uyanış çocuklarda ve gençlerde, yaşlılara orana daha hızlı olur. Çünkü onlar yeni enerjiye daha yakın olarak dünyaya indikleri için DNA'ları daha çabuk aktive olur.

Yaşlılar ise eski enerjiyle büyüdükleri için bağımlılıkları daha kuvvetlidir ve illüzyondan kopmaları yavaş olur.

38- Bazı insanlar ruhsal uyanış dönemini, bilgi eksikliğinden dolayı çok zor geçirebiliyorlar. Bilgi eksikliği ya da çok fazla bilginin yarattığı kirlilikten dolayı bu dönemi ağır hastalıklarla veya kemik ağrılarıyla geçirenlerimiz olabilir. Bu yüzden doğru bilgi ile bilinç seviyesini yükseltenler, üçüncü boyuttan rahat çıkarak yüksek frekanslara uyumlanacaklardır. Uyumlanma titreşim seviyemizi yükseltmekle olur. Titreşimimizin yükselmesi ise bilgiyle enerji bedeni beslemekle olur.

Eğer bu belirtileri yaşamaya başladıysanız, siz kesinlikle uyanıştasınız ve bu kitap size ışık olacaktır. Buradaki bilgiler, sevgi frekansından geldiği için frekansı yüksek bilgilerdir ve sizin titreşiminizi kademeli olarak yükseltecektir. Kitabı okumaya başladıktan sonra uyku düzeniniz ve rüyalarınız değişebilir. Rüya halinde veya uyanık iken semboller, kodlar veya yüklemeler alabilirsiniz. Böylece hızlı bir yükseliş yaşayıp, görevinizi hatırlamaya başlarsınız.

Yukarıda saydığım belirtileri yaşamaya başlayanlar bilsinler ki hasta değiller. Bunlar değişimin ve uyanışın işaretleridir. Üçüncü boyut realitesinden kopuşun başlangıcıdır. Bol su içmek, düzenli nefes çalışması yapmak, yoga ve meditasyon yapmak, uyumak, yalnız kalmak, topraklanmak, doğada zaman geçirmek ve hayvanlarla zaman geçirmek size çok iyi gelecektir.

3.BÖLÜM

Değişim Başladı

Üçüncü Boyut Realitesinden Kopmaya Hazır mısınız?

Yeni uyanış yaşayanlar, değişen yoğun enerjilerin etkisiyle depresif hissedebilirler. Bu yüzden üçüncü boyuttan koparken neler olabileceğini bilmezseniz, yaşadıklarınızı yanlış yorumlayabilirsiniz.

Mümkün olduğunca çok insanı yükselişe taşımak için hızlı bir uyandırılma süreci başladı. Perdenin diğer tarafından bize büyük bir destek var. Uyanmamız için gerekli tüm frekans düzenlemeleri, DNA aktivasyonları ve dalga dalga enerji takviyesi yapılıyor. İlahi plan mükemmel bir şekilde işliyor.

Önceden uyanmış olanlar, bu dönemi topraklanarak rahat atlatabilirler. Ama hâlâ uyanmamış olanlar biraz zorlanacaktır. Çünkü önceden salınan enerjilerle yavaş yavaş bir uyanış yapamadıkları için daha yüksek bir enerjiyle aniden bir şok etkisiyle uyanış yaşamaları onları etkileyecektir. Bu da onlarda bazı sorunlara yol açabilir. Baş ağrısı, eklem ağrıları, diz- boyun- bel ağrıları artabilir. Beslenme ve ağız tadı değişmesi, ani kilo değişimleri, saç ve tırnakların çabuk uzaması, rüyaların değişmesi, ateş basmaları, baş ve ellerde karıncalanma, elektriklenme görülebilir. Ayrıca dördüncü boyut realitesinden gürültüler, gölgeler, sesler duyulabilir, ölmüş akrabaların görüntüleri veya ziyaretleri görülebilir. Doğayı ve hayvanları hissetme, tüm duyguları en üst düzeyde yaşayarak aşırı duyarlılık durumu olabilir. Bunlar bilinirse bedenimiz değişime karşı direnmez ve uyumlanma hızlanır.

Uyanış başladıktan bir süre sonra düşünceler değişmeye başlayınca, farkındalık artınca insan hassaslaşmaya başlıyor. Dünyadaki tüm haksızlıklara, acılara, mutluluklara herkesten daha çok tepki vermeye başlıyor. Çünkü insan, artık her şeyle bir bütün olduğunu, 'bir' olduğunu anlıyor. Taş, toprak, su, ağaç, hayvan, insan ve en küçük organizmaya kadar her duyguyu hissetmeye başlıyor.

2000'li yıllarda doğmuş, şimdinin gençleri üçüncü boyut dünya yaşamını anlamakta zorlanıyorlar. Bu yüzden çoğu, uyumsuzluk yüzünden depresyona giriyor. Çünkü aileleri, eğitim sistemi ve çevre koşulları onların ruh bilincine uygun değil. Bu gençler üst boyut bilinciyle, üçüncü boyut realitesinin sorunlarıyla baş etmeye çalışıyorlar. Bu yüzden başaramayanların enerjileri düşüyor ve dünya hayatından erken bıkkınlık başlıyor. Bazısı erken ayrılıyor ya da görevini iptal ediyor. Başaranlar birer kurtarıcıya dönüşüyor ve ışık saçıyorlar. Hele yeni doğan çocukların enerjisi harika. Birkaç sene sonra onların yayacağı ışık ve sevgi, tüm karanlığı ve negatifliği yok edecektir. Çünkü onların hepsi üstattır.

Dünyanın Yapısı

Dünyanın düz olduğuna dair bir teori öne atılmıştı. Bir ara çok konuşuldu bu konu. Ben yuvarlak olduğunu ve küreye benzediğini düşünüyorum. Bazı dünya dışı astral yolculuklarımdan dünyaya dönerken onu hep yuvarlak gördüm. Kutup noktalarında tünel şeklinde bir oyuk vardı. Dünyanın içinde başka boyutta yaşayan gelişmiş medeniyetler olduğunu düşünüyorum. Bu yerleşim yerlerine dünya üzerinden belirli yerlerdeki tünellerle giriş yapılabiliyor. Ancak bu giriş kapılarını, bizler üçüncü boyut frekansımızla göremeyebiliriz. Titreşimimizi yükseltip o boyutun frekansına eriştiğimizde bu giriş noktalarını rahatlıkla görürüz. Dünyada deniz altında yaşayan medeniyetler de var ve onlar, disk şeklindeki araçlarla suyun içinden geçerek kendi medeniyetlerine ulaşıyorlar. Yeraltında yaşayan uygarlıkların bir kısmı Lemurya kökenli insanlardır, bir kısmı da farklı ırklardır. Mesela mavi kuş adamlar, yeşil renkli insanlar, beyaz tenli, uzun boylu, beyaz uzun saçlı, renkli gözlü insanlar gibi... Buradaki medeniyetler kendi aralarında 'ışık birliği' adında bir konsey kurmuşlar ve pozitif tarafa hizmet ediyorlar. Birlikte Gaia için çalışıyorlar. Yeraltından yüzeye çok sayıda görevli gelmektedir. Tibet rahiplerinin de bu görevlilerden olduğunu düşünüyorum. Benim gördüğüm bazı ırklar, birçok dizi ya da filmde karakter olarak işlenmiştir. Ara sıra, bahsettiğim bu ırklardan veya 'Işık Birliği'nden ziyaret ve mesajlar alıyorum.

Bu Mesajlardan Bazıları Şunlardır:

26 Eylül 2017

Gündüz uyuklarken, birden bir girdabın içine enerji bedenimle çekildim ve yuvarlak çelik bir kapı göründü bana. Kapı kendiliğinden açıldı ve içeri girdiğimde beni bir sis şeklinde duman karşıladı. Bu sisin içinden geçtim ve karşımda 'Mesaj' filminde olduğu gibi küre şeklinde bir makine vardı. İçine davet edildim ve girdim. Girişimle beraber makine çalıştı ve hızla bir ışık tüneline girdi. Sonra bu ışık tünelinden ilerlerken ara ara durdu. Durduğu yerlerde yaşam yerleri gördüm. Hepsi başka boyutlardaydı. İlki pespembe enerjiden ve renklerden oluşmuş bir medeniyetti ve küçük periler yaşıyordu. İkincisinde tamamen gümüşten yapılmış evler binalar vardı. Orada yaşayan ırkı göremedim. Üçüncüsünde beyaz kanatlı insanlar vardı ama gözleri kedi gözü gibi içinde sarı bir çizgisi vardı. Değişik bir ırktı, ben reptilian olduklarını düşündüm. Ama bana bunlar pozitif olanlar dendi. Sonra yeşilimsi bir tane daha göründü. Çok nötrdü ve ben korku duygusu hissetmedim. Dördüncü medeniyet ise dünyadaki evlere ve binalara benziyordu. Orada yaşayan tür, kuş adamlardı. Kafaları kuş kafasıydı ama bedenleri insan bedeni gibiydi. Griye yakın bir renkte tüyleri vardı. Sevgi dolu idiler. Sonra bir ses bana "Bu gördüklerin dünyayı korumakla görevli, 'Işık Birliği'dir" dedi. Kendisi de onların başındaki kişiymiş ve yeraltındaki bir medeniyette yaşıyormuş. Sesin sahibine doğru baktığımda, beyaz tenli, beyaz saçlı ve sakallı iri bir adam gördüm. Bu durumda bahsedilen 'Işık Birliği' yeraltı medeniyetiyle beraber beş medeniyetten oluşmuş bir grup oldu. Hatta başkanlarıyım diyen adam adını söyledi, kendime geldiğimde unuttum. Z ile başlıyordu. zera, zena, zeno gibi bir şey olabilir.

24 Haziran 2017

Meditasyondayken, sağa doğru dönen bir girdap oluştu ve enerjiden yapılmış bir tünele doğru çekildim. Bir süre bu tünelin içinden geçerek yeraltına indim. İndiğim yer karanlık bir mağaraydı ama grimsi kayaları görebiliyordum. Nemi ve serinliği hissedebiliyordum. Derken birden mağaranın bir duvarı yok oldu ve enerjiden bir perdeye dönüştü. Arkasından boyu, yaklaşık iki metre, diğeri yaklaşık olarak üç metre olan uzun beyaz elbiseli iki insan geldi yanıma. Kısa olanı uzun beyaz saçlı, uzun olanı daha uzun siyah saçlı ve iriydi. İkisinin de kulakları yukarı doğru uzun ve sivri idi (Game of Thrones dizisinde bu insanlara benzeyen karakterler görmüştüm.).

Bana, hoş geldin, dediler ve beni geldikleri yöne doğru götürdüler. Yani enerji duvarının öbür tarafına. Etrafta mavimsi bir renk hakimdi ama ağaçlar ve çimenler yeşildi. Yerleşim alanları vardı. Güneş ışığı da vardı ama dünyadaki kadar keskin ve yakıcı değildi. Sanki bir çeşit süzgeçten geçerek hafifçe ışığını yayıyordu. Yukarı baktığımda farkettim ki gökyüzü yoktu. Masmavi bir deniz vardı ama deniz suyu kesinlikle askıda duruyordu sanki bir cam duvarla tavan yapılmış ve üstünde deniz suyu vardı. "Deniz suyu nasıl aşağı dökülmüyor?" diye sordum. "Dökülmez. Çünkü o deniz suyu başka bir boyutta, biz başka bir boyuttayız." diye cevap aldım. Arada enerji perdesinin var olduğunu söylediler. O zaman anladım ki güneş ışınları, denizden geçerek onların yerleşim alanını aydınlatıyordu. Havası serin ve nemli idi ama rahatsız edici değildi. Aksine rahatlatıcı ve şifa vericiydi. "Ne kadar insan yaşıyor burada?" diye sordum. "Bir milyon insan yaşıyor bu şehirde" dediler.

Bu gördüğüm yeraltı medeniyetinin sadece bir şehriymiş. Daha birçok şehirleri varmış. Etrafı gezdirdiler. Ayrılmaya yakın, gezinti için teşekkür ettim ve birden aklıma nerede olduğumu sormak geldi. "Atlanta" dediler. Tek kelime 'Atlanta'… Ondan sonra bağlantım koptu ve gözlerimi açtım.

Nisan 2017

Meditasyon yapıyordum ve birden, odamın duvarından bir kapı açıldı. Dünya dışı, insanımsı iki varlık; önemli bir mesaj vermek üzere ziyaretime geldi. Biri orta boylu, yeşil ve kafası büyüktü. Diğeri daha uzun ve krem rengi derisi olan bir kişiydi. Arkasında aslan kuyruğuna benzeyen bir kuyruk vardı. (Felineli olabilir) Sevgi doluydular. İnsanlar ve dünya için endişeli gibiydiler.

"Merhaba, dünya insanlarına bir mesajımız var." dediler. "İnsanlık, artık sevmeyi öğrenmek zorunda. Yoksa onları zor günler bekliyor. Olacak büyük değişimden çok zor çıkacak" diyerek gittiler.

28 Mayıs 2017

Meditasyon halindeyken kendimi yemyeşil bir ormanda, dere kenarında gördüm ve yanıma mavi renkli üç tane kuş adam geldi. Kuş adamlardan iki tanesi geride durdu ve etrafı kontrol eder gibiydiler. Bir tanesi bana yaklaşıp şu mesajı verdi:

"Kök ırk, yüzeye çıkacak ve temizlik yapacak. Sizler bu temizlik boyunca uyutulacaksınız ve neler olduğunun farkında olmayacaksınız." "Tamam" dedim ve teşekkür ettim. Kuş adamlar mesajı iletir iletmez aniden kayboldular. Ben onların yeraltı medeniyetlerinden geldiklerini düşünüyorum ve o an öyle hissettim.

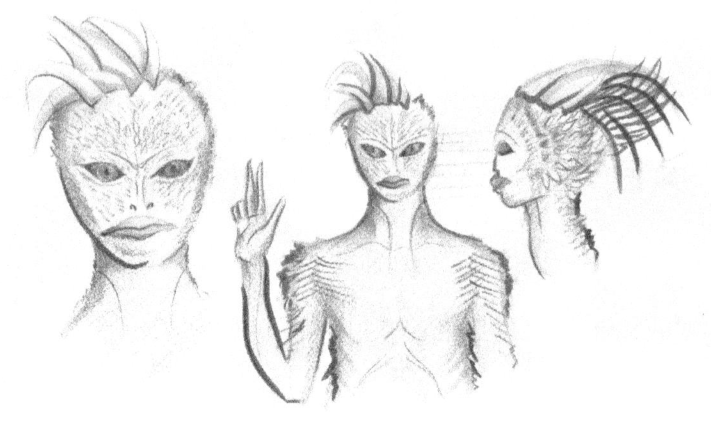

17 Ekim 2016

Gece üçüncü göz ekranıma bu cümle geldi: "Dünya '0'a doğru gidiyor. Başlangıca gidiyor. Camelot'a doğru gidiyor."

Cümle bitince ekrandan yıkımı izledim. Her yerde dumanlar vardı. Sonra etraf sakinleşti ve birden iki bacadan duman tütmeye başladı. Sanki orada yaşayanlar kurtulmuştu. Yıkımdan sonra hayatta kalanlarla yaşam devam edecek mesajı aldığımı düşündüm o an. Aniden bir ses duydum. "Hâlâ bir umut, bir şans var." dedi. Gördüğüm iki evde hâlâ hayat olmasına ve kurtulanlarla yaşamın devam edeceğine inanmış ve çok sevinmiştim. Bu görüntülerin, dünyanın geçiş sonrası hali olduğuna inanıyorum.

Bana gelen bütün mesajlarda ağırlıklı olarak bir büyük değişimden bahsedilmekte ve sevmenin önemine değinilmektedir. Dünya, beşinci boyut frekansına geçiş yapacak ve bu geçişle beraber dünyanın kutupları kayacak. Bazı yerlerde karalar ve sular yer değiştirecek. Büyük bir yenilenme, resetlenme olacak. Koşulsuz sevmeyi öğrenenler yükselecek, öğrenemeyenler hasat edilecek. Bundan kaçış yok gibi...

Kutup Kayması ve Etkileri

Bir süredir dünyamızın kutuplarında yön kayması gerçekleşiyor. Bu kayma 2012'den beri hızlanarak devam ediyor. Bu nedenle doğada, insanlarda, bitki ve hayvanlarda inanılmaz değişiklikler, uyanışlar oluyor. Dünya anne, kendini yenileyerek bir üst boyuta geçerek yeniden doğacak. Daha önceleri de birçok defa yükseliş yaşadı ama bu sefer, beşinci boyuta üzerindeki canlılarla birlikte geçmeyi seçti. Bu yüzden de dünyamıza yüksek frekanslı bir enerji akışı var. Bu enerji insan bedenine zarar vermiyor ama insan zihni üzerinde çok etkili oluyor. İnsanlar foton enerjisi denilen bu enerjiyle uyumlandıklarında daha zeki, daha sevgi dolu ve daha duygusal olmaya başlıyorlar. Ya da bu değişime uyum sağlayamayarak daha kızgın, daha depresif ve daha çabuk hasta olabiliyorlar. Beden üzerindeki enerji kanallarında tıkanmalar varsa, enerji akışı düzensiz olacağından, bedende belirgin şekilde kemik ağrıları oluyor ve mevcut hastalıklar cabuk ilerliyor.

Yeni enerjiye ve değişime en hızlı uyum sağlamak için kalbimizle yaşamayı öğrenmemiz lazım. Aksi halde zor günler geçirebiliriz. Zihnimizi susturmalıyız. Çünkü zihinde yaşama dönemi kapanıyor. Kalbe, empatiye ve sevgiye geçiş yapıyoruz artık. 2012'den itibaren doğan yeni nesil çocuklar bu enerjinin etkisiyle hem çok zeki hem de sevgi dolu oluyorlar. Zamanla insan DNA'ları da yine bu yeni enerjiye bağlı olarak kademeli şekilde değişecek ve yeni nesiller, olağanüstü psişik yetenekler kazanacaklar. İnsan ömrü uzayacak, hastalıklar sonlanacak, bedenler kendi kendini iyileştirecek ve yüksek titreşimlere eriştiği için farklı boyutlardan varlıklarla birlikte yaşama imkanına sahip olacak.

Artık eskiden olduğu gibi yaşayamayız. Eski dünyanın, eski enerjinin dönemi kapanıyor. Yeni dünya ile birlikte, üzerindeki tüm canlılar da kendini yenilemek zorundalar. Aksi halde yerküre bir üst enerji boyutunda yeniden doğarken, üzerinde yaşayan tüm canlılar kendisiyle birlikte kendini yenilemezlerse geçiş yapamazlar. Ayrıca bu geçişle beraber tetiklenecek depremler, seller, volkanik patlamalar dünyanın yeni konumunu belirleyecektir. Karalar ve denizler yer değiştirebilir, bazı adalar batabilir bazıları da yüzeye çıkabilir. Beşinci boyuta geçiş başladığında, bir süre güneş ışınları bize ulaşamayabilir ve kısa bir buz devri yaşayabiliriz. Bu bilgiyi aklımızda tutmak iyi olur. Böylece bir gün bu olaylara tanık olduğumuzda ne yapmamız gerektiğini biliriz. Bu olasılık gerçekleştiğinde birkaç gün sakin, sabırlı olup geçmesini beklemeliyiz. Paniğe kapılmak, heyecanlanmak veya bazılarının yapacağı gibi alışveriş alanlarına koşmak fayda getirmeyecektir. Önerim, evimizde her zaman bir ay yetecek kadar kuru gıda, mum, pil, fener, ilk yardım malzemeleri ve varsa devamlı kullanmamız gereken ilaç stoğu yapılsa iyi olur.

Dünya anne ile birlikte bu geçişte yer almak istiyorsak bir an önce illüzyondan çıkıp uyanmamız gerekiyor. Çünkü sadece uyananlar ona eşlik edebilecekler... Yeni frekans yüksek olacağı için bu enerjiye uyumlanamayanlar geçemeyecekler. Onların kendi yaşam koşullarına uygun baska bir dünyaya gitmeleri olasıdır. Hasat mutlaka olacak.

Titreşim Hızının Zaman ve Mekan Üzerindeki Etkisi

Dünyanın kalp atışı bize Schumann rezonans değerlerini verir. Schumann rezonans değerleri, dünyanın iyonosfer tabakası tarafından geri yansıtılan elektromanyetik dalgaların frekans değerine verilen isimdir. Yani kısacası dünyanın yaydığı frekans değerlerine Schuman rezonansı deniyor. Bu değer ortalama olarak 7.83 Hz'dir ama değişkendir. Rezonans değerleri artabilir de düşebilir de.

Dünyanın Schuman rezonansı; dünyaya gelen yüksek titreşimli foton enerjisi etkisiyle önce 7.83 Hz'den 8.5'e yükseldi. Sonra bu değer 16.5 Hz ile 25 Hz'e kadar yükseldi. 2017'den beri bu değerler 30 Hz'e kadar yükselebiliyor. Dalgalar halinde yükselerek gelen enerjilere paralel olarak dünyanın titreşimi yükselmeye devam edecektir.

Bu rezonans değerlerinin sıklıkla inip çıkmasından dolayı, bizler ruhsal yönden etkilenebiliyoruz. Yorgunluk, sebepsiz hüzünlenme, aşırı uyku veya uykusuzluk, hafif sersemlik, sarhoşluk hali hissedilebilir. Frekans değerinin yükselmesiyle birlikte zaman kavramımız da değişir ve zaman bizler için daha hızlı geçer. Zaman hızlandıkça maddelerin titreşimi hızlanır ve görünmez olmaya başlarlar. Bu dönemde titreşimimiz yükseldikçe etrafımızdaki nesnelerin formları da değişebilir. Maddeler yarı eterikleşmeye ya da gözümüze enerji şeklinde görünmeye başlayabilir. Bunları yaşayacak olmanın en büyük işareti, çevremizdeki canlı cansız her şeyin aurasını görmeye başlamamızdır. Bu, bize o an titreşimimizin yüksek olduğunu gösterir.

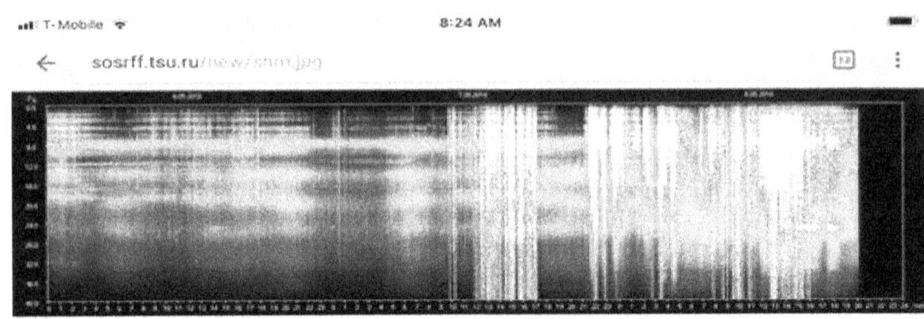

Rezonans hızlanması, alfa ve teta halleri ile "uyumlu" olduğu için zamanı hızlandırır ve hayatımızdaki olayların, değişimlerin daha hızlı gerçekleşmesini sağlar. Bu yüzden de yaptığımız pozitif imgelemeler ve yaratımlar daha çabuk gerçekleşir. İsteklerimizin, hayallerimizin en hızlı geçekleşeceği dönemlerdeyiz. Bu nedenle bolca güzel imgeleme ve yaratım yapmalıyız.

Gaia annemiz kendini beşinci boyuta giriş için hazırlıyor. Ondaki rezonans yükselmesi bizi de etkiliyor. Bu yüzden de dünya anneyle beraber dengede kalarak yükselişimizi sağlamalıyız. Ondan kopmamalıyız. Bu fırsatı kaçırmamak için enerjimizi düşürecek kişi ve olaylardan uzak durmalı ve dengemizi korumalıyız.

Güneş patlamaları da dünyaya daha yüksek titreşimde enerjiler salarak hem onun frekansını hem de üzerindeki tüm canlıları etkiliyor. Bu yüzden güneş patlamaları olunca ruhsal yönden cok etkileniriz. Midede sorunlar, kulakta çınlamalar, uyku hali değişimleri, baş ağrıları ve yorgunluk en belirgin özelliklerden bazılarıdır.

Uyanışta Empati Gereği Üzülebiliriz, Acı Çekebiliriz

Çünkü bildikçe ve öğrendikçe, gerçeklerle yüzleşiyoruz. Önce 'neden' bu kadar zaman uykuda olduğumuz için kendimize kızıyoruz sonra yeni realitemizle yüzleşip uyum sağlamaya çalışıyoruz. Ardından dışımızdaki illüzyonun, yani sistemin işleyişini kavrıyoruz. Empatiyi öğreniyoruz. İnsanların cehaletini, derin illüzyondaki kayboluşlarını görüyoruz. Onların acılarını, hastalıklarını, dünyadaki savaşların etkilerini, şiddeti, hücrelerimize kadar hissediyoruz. Kendimiz gibilerini bulamadığımız için yalnızlaşıp içe kapanıyoruz ve yarattığımız dengeli ve güvenli bir alanda yaşıyoruz. Dış dünyaya ise hayretler içinde bakıyoruz ve üzülüyoruz. Bir şeyleri değiştirmenin güçlüğünü yaşıyoruz. Neden insanların gerçekleri göremediğine üzülüyoruz. Hayvanlara, çocuklara, kadınlara ve doğaya yapılan şiddete üzülüyoruz. Bilgilendikçe daha da yalnızlaşıyoruz ve sistemin çarpıklığına isyan ediyoruz. Birçok insan bu isyanı dünyadan kaçıp gitmeye dönüştürmek ister ama doğrusu bu değildir. Böyle hissettiğinizde biraz geri çekilin, olayları akışa bırakın ve sessizce izleyin. Alanınızda, sadece sizi mutlu eden şeyleri ve kişileri tutun.

Unutmayalım ki en büyük uyanışlar, en büyük acılardan sonra olur. Dibi görenler en hızlı sıçrayışı yaşar ve uyanırlar. Dünyada olan her şey bizim evrimleşmemize hizmet eder. Bugün acı veren bir şey, ileriki zamanda mutlaka bize bir fayda getirecektir. Bakış açımızı değiştirdiğimiz zaman olayları farklı görmeye başlarız. Aslında iyi ya da kötü olay yoktur, alınması gereken dersler vardır. Herkesin gelişimi farklıdır. Bizler üç adım ilerideyken, bizden geride olanlara da ışık olmalıyız.

Bedenimizde ve Zihnimizde Değişimler Yaşayabiliriz

Yaşadığımız uyanış sürecinde şimdiye kadar hep bizdeki ruhsal değişimlere odaklandık ama aslında baştan beri fiziksel bir değişim de yaşıyoruz. Çünkü ileride yapabileceklerimiz için bedenimizin de bir değişimden geçmesi gerekiyor. Bedenimiz bütün olarak daha üstün yeteneklere ve güce sahip olmak, yaratıcılık vasfını kullanabilmek, kendini ve başkalarını iyileştirebilmek ve duyu organlarının algılama seviyesini yükseltebilmek için bir değişime girdi. Bu değişimden dolayı bedenimiz bazen tükenmişlik hissi, grip belirtileri, eklem ağrıları, yanma, çok veya kesik kesik uyuma, uykusuzluk, beynin sağ tarafında baş ağrısı, çabuk yorulma, her şeye karşı isteksizlik ve boş vermişlik şeklinde tepki veriyor olabilir. Özellikle kadınlarda dişil enerjinin yoğunluğu nedeniyle bu belirtiler daha çok görülebilir. Çünkü değişimi ilk önce onlar yaşıyor ve beden, yeni enerjilere uyumlandıkça bu etkiler azalarak kayboluyor.

Özellikle bu seneden itibaren fiziksel değişim daha da hızlanacak ve DNA aktivasyonu artacak. Fiziksel değişimin ilk belirtilerini duyu organlarımızda göreceğiz. Duyma eşiğimiz yükselecek. Normal bir kulağın duyamadığı sesleri duymaya başlayacağız. Normal bir gözün göremediği enerji bedenleri (ışık bedenleri) görebileceğiz. Diğer boyutlarla aramızdaki enerji perdesi inceliyor ve artık perdenin öbür tarafındaki varlıkları yavaş yavaş görmeye ve duymaya başlayacağız.

Ayrıca çevremizdeki insanların auralarını çıplak gözle görebileceğiz. Enerji perdelerine dokunarak hissedebileceğiz. Hislerimiz gelişecek, medyumluk yeteneği kazanacağız. Koku alma duyumuz gelişecek. Çevremizdeki görünmeyen enerji varlıklardan yayılan kokuları, üst boyutlara ait güzel kokuları (misk-amber gibi) alabileceğiz. Meditasyon halindeyken gittiğimiz yerdeki kokuları alabileceğiz. Yanımızda ya da uzakta olan tanıdıklarımızla telepatik olarak görüşebileceğiz. Hayvanlarla ve bitkilerle telepatik olarak konuşabileceğiz. Kendi hücrelerimizle, organlarımızla konuşup sorunlarını dinleyebileceğiz, onlara komutlar verip programlama yapabileceğiz. Kendi kendimizi ve başkalarını imgeleme ile şifalayıp yeniden programlayabileceğiz. Beynimizin kullanılabilirlik oranı artacak. Buna bağlı olarak daha yaratıcı, daha zeki olacağız ve kolay öğreneceğiz. Beden ve zihin kontrolüyle el, ayak ve vücut ısımızı ayarlayabileceğiz. Bilinçli astral seyahatler yapabileceğiz.

Biz yapabilir miyiz bilmiyorum ama çocuklarımız ileride, kendilerini parçalar halinde (enerji olarak) bölerek, farklı zaman ve mekanlara açık bilinçle o parçalarını göndermeyi bile başarabilecekler.

Uyanışta Kopuşlar Yaşayabiliriz

Bazen sevdiklerimizle aramıza istemeden bir duvar örebiliriz. Bu onları sevmediğimiz anlamına gelmez. Sadece bağlı bulundukları frekanstan kendileri çıkamadıkları için bizi de yanlarında tutmak isterler ve sıkıca bağlanırlar. Bu durumun bağımlılığa dönüşmemesi için onları terketmek zorunda kalabiliriz. Çünkü hem bizim yükümüz hem de onların yükü kanatlanıp uçmamıza engel olabilir. Bu, başta her iki taraf için anlaşılmaz ve zor olsa da uzun vadede her iki tarafın hayrınadır. Gönül koymamak lazımdır. Yukarı çıkarken yalnızlaşarak çıkarız… Basamakları sadeleşerek, ayaklarımızdan bizi aşağı çekenlerden koparak, yüklerimizden kurtularak aşarız. Böylece hem bizim önümüz açılır hem de onların… Bu yüzden kopuşlara hazır olalım.

Yolcu Yolunda Gerek

'Hak yolunda' yürürken, yani 'kaynağa dönüş yolunda' ilerlerken; hayatımızdan insanlar mekanlar ve zamanlar gelir geçer… Bu yoldaki gerçek yolcu biziz. Bizler hep aynı yoldan ilerleriz ama yolda bize eşlik edenler hep değişebilir. Bu yüzden de yola kimlerle çıktığımız değil, kimlerle o yolu bitirdiğimiz, önemlidir. Bazen hayatımızın sonuna kadar birlikte olacağını sandığımız kişilerle bir yol ayrımında kopar ve yola başkalarıyla devam ederiz. Kişiler ve olaylar, yolculuğumuzda bize eşlik ederken zamanı geldiğinde hayatımıza girer, zamanı geldiğinde de çıkarlar. Gelene nasıl severek kucak açıyorsak, gitme zamanı geleni de aynı sevgiyle uğurlamak gerekir ki bağımlılığa dönüşmesin. Her türlü bağımlılık bizi yolumuzdan eder, yolculuğumuzu yavaşlatır. Gidene yol, gelene yer açalım…

Zihinden Kalbe İnmek

Zihin, bizi madde dünyayla meşgul eder ve egolarımızdan beslenir. Hayatımızı, bugüne kadar zihin yönetti. O dışarıdan istenildiği şekilde programlandı ve kendisine ne yüklendiyse, bize onu yaşattı. Gerçekte var olmayan şeyleri varmış gibi gösterdi. Bizi insan yapımı kurallarla ve dinlerle meşgul etti. Materyalist ve bencil yaptı. Robotlaştırıp hissizleştirdi. Zenginliği, güzel kıyafetleri, gösterişi bize mutluluk olarak gösterdi. Hep konuştu… Hiç susmadı… Öyle ki zihnimizin sesinden, vicdanımızın (kalbimizin) sesini duyamaz hale geldik. Bu dönemde zihinden uzaklaşıp kalbe inenlerde kaynağa bağlanma ve uyanış başlıyor. Bu yüzden de henüz zihnin etkisinden kurtulamamış olanlarımız bir an önce kalbe inişlerini gerçekleştirsinler.

Kalbe iniş sevmekle başlar. Eğer sevgiyi hayatımıza çekmek istiyorsak önce kendimizi sevmeliyiz. Kendimizi sevmezsek başkalarını sevemeyiz. Zihnimiz sürekli bize insanları yargılamayı, yanlışlarını görmeyi telkin ederken kalbimiz ise sevmeyi, affetmeyi ve hoş görmeyi öğretir. En hızlı sevgi öğrenimi kendini ve başkalarını affetmekten geçer. Empati kurmaktan geçer. Ayrıca çocuklardan, hayvanlardan ve doğadan da sevgi öğrenilebilir.

Zihninizden çıkıp kalbe inin. Kalbinizin sesini dinleyin ve orada yaşayın. Oradan gelen her bilgi doğrudur. İç sesinizle barışın! Ona güvenin!

Zihni Susturma Yöntemleri

Meditasyon ve dinginlik hali zihni susturur. Resim yapmak, dans etmek zihni susturur. Doğada zaman geçirmek, bizi zihinden uzaklaştırır ve kullanmadığımız tüm duyularımızın aktif olmasını sağlar. Böylece sezgilerimiz artar ve diğer canlılarla bağlarımız güçlenir. Zihnimizi ve egolarımızı besleyen; televizyon, film, dizi, politika, haberler, din, dil, ırk, renk ayrımı gibi şeylerden de uzak durmak hem zihnimizi susturur hem de sol beynimizin etkisinden çıkmamıza yardımcı olur. Sol beyin yerine sağ beyni kullanırsak kalbe daha hızlı ineriz. Sağ beynimiz dişil enerjiyle beslendiği için, bu dönemde daha çok aktif olmaktadır. Başımızın sağ tarafındaki ağrılar, bunun sebebidir. Artık sol beyinden, sağ beyne geçiyoruz… Çünkü koşulsuz sevmeyi ve empatiyi öğreniyoruz.

Sağ ve Sol Beyin Arasındaki Farklar

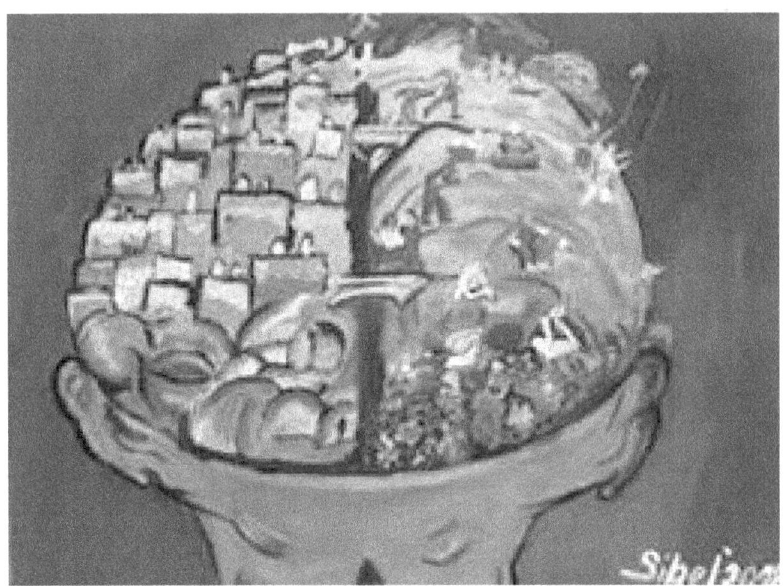

Sağ Beynin Özellikleri: Görsel ve sanatsal konularla ilgilenir. Sezgileri yönetir. Duygusallık, empati, şefkat bu beyinde gelişir. Sağ beynimiz yaratıcılığın merkezidir. Dişil enerjiyle çalışır. 'Yin'i temsil eder. Aynı zamanda sağ beyin lobu, kalp dahil vücudun sol tarafındaki organları yönetir. Duyu organlarını kullanarak öğrenir. Sanat, müzik, resim ve sporla uğraşmak, hayvan beslemek, bahçe işleriyle uğraşmak, meditasyon yapmak, imgeleme yapmak ve doğa yürüyüşleri yapmak, sağ beynimizin gelişmesine yardımcı olur. Sağ beyin yaratıcılığın merkezidir. Bu beynini kullanan insanlar çok yaratıcı olurlar. Hayal güçleri kuvvetli olur. Sanatın her alanında başarılı olurlar.

Sol Beynin Özellikleri: Eril enerji ile beslenen sol beynimiz mantıksal hareket eder. Matematiksel işlemlerde başarılıdır. Sebep-sonuç ilişkisini iyi kurar ve analitik düşünme becerisine sahiptir. Kelime, sayı ve sembollerle ilgilenir. Akademik ve bilimsel alanlarda başarılıdır. Sol beyin lobu, vücudun sağ tarafındaki organları yönetir. Şüphecidir. İnanmak için kanıt ister. Her şeyi sorgular ve karşılaştırma yapar. Sol beyin, ensemizdeki en eski beynimizin biraz daha evrimleşmiş halidir. Egolardan beslenir. 'Ben' merkezlidir. Analizcidir.

Ensemizdeki Sürüngen Beynin özellikleri: Bu beyin başimızın arkasında bulunur ve en eski beynimizdir. Şekil olarak kertenkeleye benzediği için ona sürüngen beyin denmiştir. Bütün keskin egolarımızı, şehveti, yeme, içme, barınma ve çoğalmayı yönetir. Temel prensibi "Senden olmayanı, sana tehlike yaratabilecek her şeyi yok et."tir. Bu beyni kullanan insanlar genellikle radikal dinle, politikayla, para ve bankacılık işleriyle uğraşıyorlar. İnsanoğlu, çoğunluk olarak evrimleşip bu sürüngen beyinden çıkıp sol ya da sağ beynine kaymıştır. Sürüngen beynini kullanan insanlar azdır ama çok tehlikelidirler. Henüz insan ırkı olarak evrimleşme sürecinin başındalar.

4.BÖLÜM

Enerji Bedenimizi Tanıyalım ve İletişim Kuralım

Bizler fiziksel, zihinsel, duygusal ve eterik (enerji) olarak dört ayrı bedeni taşıyoruz. Burada öncelikle enerji beden üzerinde duracağız. Nasıl ki fizik bedenimiz ve içinde de birçok organ varsa enerji bedenimiz üzerinde de bölümler vardır. Bunlar çakralardır, enerji kanallarıdır ve DNA sarmalımızdır (kundalini). Çakralar, ayrıca fizik bedenimizi besleyen önemli enerji noktalarıdır. Onlardaki tıkanmalar, enerji beden ile fizik beden arasındaki bağlantıyı zayıflatır. Enerji akışı az olur ve hastalıklar başlar.

Enerji Noktalarımız Olan Çakraları Tanıyalım

Çakra kelimesinin anlamı; çember ya da çark demektir. Çakralar bedenimiz üzerindeki enerji noktalarıdır. Enerji beden ile fizik bedenin birbirinden beslendiği noktalardır. Aslında çakralarımız yediden fazladır ama biz, fizik bedenimizi ilgilendiren yedi ana çakra üzerinde duracağız. Bunlar kök çakra, sakral çakra, mide çakrası, kalp çakrası, boğaz çakrası, üçüncü göz çakrası ve tepe çakrasıdır. Beden üzerindeki yedi çakrayı bilinç olarak tamamladığımızda, tepenin üstündeki diğer çakralara bağlanırız. Aura alanımız genişledikçe çakra sayısı artar. Çakralar bedenimizdeki enerji hatlarının üzerindeki belirli kapılardır. Buralarda enerji akışı süreklidir. Onlar bizim bilincimize ve ruhsal durumumuza göre daralır ya da genişlerler. Renkleri de enerji akışına göre açılır veya koyulaşır. Hasta ya da negatif enerjili bir beden üzerindeki çakralardan bazıları, bulunduğu alana göre daralabilirler. Bu durumda ona yakın diğer çakralar, bedendeki enerjiyi düşürmemek için fazla çalışır ve genişleme yaşar. Bu her iki durum da sağlıksız olan çakralardır ve bizde bazı olumsuz yan etkiler yaratacaktır. Hastalıklar, en başta gelecek yan etkilerdir. Enerji, bedenimizde sağlıklı şekilde dağılmazsa, bedenin dengesi bozulur ve kişi hem ruhsal yönden hem de fiziken rahatsızlanır. Enerjisi düşer ve haliyle de titreşimi düşer.

Bütün çakralar sağlıklı ve dengeli çalışırsa, kundalini yükselmesi olur ve tamamlanma yaşanır. Ardından üçüncü gözümüz açılır ve başka boyutlarla bağlantıya geçeriz. Yoga, çakralarımızın düzenli çalışması için çok faydalıdır.

1-Kök Çakra:

Rengi kırmızıdır. Yeri kuyruk sokumundadır. Bizi madde dünyaya bağlayan çakramızdır. Topraklanmamızı sağlayarak bizi dengeler. Korkuların, egoların, yalnızlığın, öfkelerin, şüpheciliğin, suçluluk duygularının, bağımlılıkların, pişmanlıkların ve materyalistliğin merkezidir. Aynı zamanda da eril ve dişil enerjiyi dengeler. Bedendeki bütün çakraların çalışması için önce kök çakranın çalışması lazım.

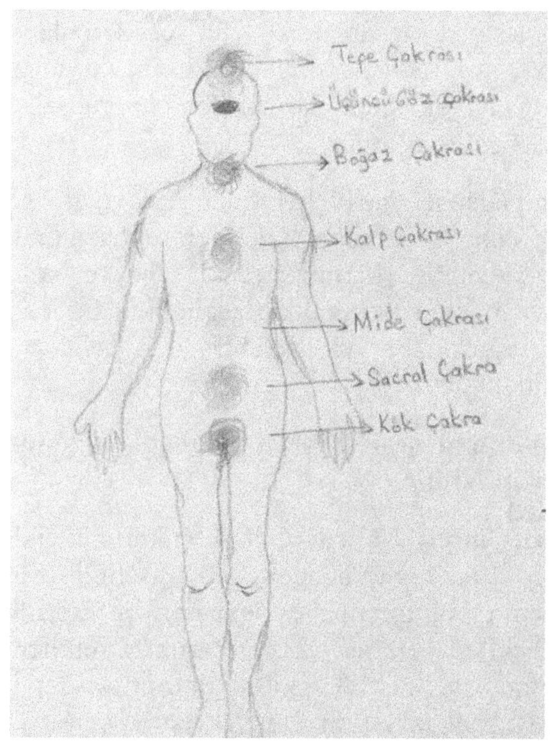

Kök çakra bütün çakraların merkezi gibidir. Bedenimize enerji akışını kök çakra başlatır. Kundalini yükselişi, kök çakradan başlar. Bu çakra tırnakları, dişleri, kemikleri ve omurgamızı etkiler.

Dengede Çalışırsa: Korkularımızdan, egolarımızdan, suçluluk ve pişmanlık duygularımızdan kurtuluruz. Hayatımıza giren ve çıkan her şeyi sevgiyle ve anlayışla karşılarız. Kendimize güveniriz. Sevmeyi ve affetmeyi öğreniriz.

Dengesiz Çalışırsa: Kemik ağrıları, kabızlık, şişmanlama ya da tam tersi aşırı zayıflama veya iştahsızlık görülebilir. Kişi kendini dünyanın merkezi sanır. Kıskanç, hırslarının ve korkularının esiri, mutsuz, güvensiz, duygularını kontrol edemeyen bir insana dönüşür. Egolar ve bağımlılıklar hat safhada olur. Zihin devrede olur ve çok şüpheci olur.

Zihinde yaşayan insanlarda, aile içi sorunlar yaşayan insanlarda ve radikal dinle uğraşan insanlarda kök çakrasında büyük blokajlar oluşur ve ruhsal, fiziksel, zihinsel dengeleri bozulur.

Kök çakrayı dengelemek için kırmızı renk kıyafet giyilebilir, akik veya yakut taşı takılabilir, kökleri toprak altında yetişen sebzeler yenebilir. Kırmızı renkli meyve ve sebzeler yenebilir. Çıplak ayak toprakta gezilebilir. Bahçe işleriyle, toprakla uğraşmak iyi gelebilir. Ağaçlara sarılarak topraklanılabilir.

Huuuuuuuuuuu sesiyle veya doooooooo notasıyla ses terapisi yapılabilir.

2-Sakral (Cinsel) Çakra: Göbek çukurunun iki parmak altındadır. Rengi turuncudur ve cinselliğin, üremenin, imgelemenin, yaratımın ve dengenin merkezidir. Karşı cinsle ilişkileri etkiler. Duygularımızı etkiler. Cinsel organımızın işlevini, böbrekleri, dolaşım sistemini, idrar yollarını ve bağırsaklarımızı etkiler.

Dengeli Çalışırsa: Kişi ilişkilerinde mutlu olur. Cinsel yaşamı dengeli olur. Kendine ve başkalarına güvenmeyi öğrenir. Üretken olur ve hayal gücü kuvvetli olur.

Dengesiz Çalışırsa: Kişi şiddete meyilli olur. İlişkilerinde bağımlı olur. Aşırı şehvet veya isteksizlik yaşar. Kan hastalıkları yaşayabilir. Yumurtalık sorunları, üreme sorunları yaşayabilir.

Akarsu sesi, yağmur sesi, kuş sesleri bu çakramıza iyi gelir. Kaplan gözü taşı iyi gelir. Turuncu renkli meyve ve sebzeleri tüketmek iyi gelir. Zerdeçal, kimyon ve portakal çiçeği iyi gelir.

Ooouuuu sesi veya reeeeeeeee notasıyla ses terapisi yapılabilir.

3-Mide Çakrası (Solar Plexus) – Güneş Sinirağı

Sarı renktedir ve göbek deliğimizin iki parmak üzerindedir. Bedenimiz üzerindeki güneşi sembol eder. Güneşten etkilendiği için tutulmalarda midemiz çok hassaslaşır. Duygu deneyim merkezimizdir. Heyecan, neşe, kızgınlık duygularını ve yeme-içmeyi yönetir. Gözleri, mideyi, sindirimi, yemek borusunu, bağırsakları ve karaciğeri etkiler. İlişkilerimizi yönetir.

Dengeli Çalışırsa: Kendimize güvenen, güçlü ve kararlı bir insan oluruz. Duygularımız dengede olur. Kişiliğimiz oturmuş ve hayatımızın kontrolünü ele almış oluruz. İlişkilerimizde başarılı ve uyumlu oluruz. Ayrıca bedenimiz için faydalı olan bir beslenme şeklini tercih ederiz. Sindirim ve boşaltım sistemimiz sağlıklı çalışır.

Dengesiz Çalışırsa: Kişide suçluluk, güvensizlik, pişmanlık ve alınganlık duygusunu tetikleyebilir. Karaciğer, mide ve bağırsak sorunlarına sebep olabilir. Yalnızlık duygusu ve insanlardan uzaklaşma başlar. Depresif halleri tetikler. İnsanlara ve eşyalara bağımlılık başlar. Eşya biriktirme, bencillik ve paylaşmama duyguları gelişebilir. Egoları güçlenir.

Güneş ışığı mide çakramıza çok iyi gelir. Altın takılar takmak bu çakrayı dengeler. Sarı renk kıyafet giymek iyi gelir. Lavanta kokusu, sitrin taşı ve sarı topaz bu çakrayı dengelemeye yardımcı olur. Sarı renkli meyve ve sebzeleri tüketmek iyi gelir.

Ooooooo sesi veya miiiiiiiiiiii notasıyla ses terapisi yapılabilir.

4-Kalp Çakrası:

Göğüs kafesinin ortasında yer alır. Rengi zümrüt yeşilidir. Bütün çakraların merkezidir. Bedenimizdeki enerji hatlarının merkezidir. Bütün çakraları dengeler. Sevgiyi sembolize eder. Koşulsuz sevmenin, şefkatin mekanıdır. Tutkuyu ve sadakati yönetir. Kalp organımızla birlikte hareket eder. Üst çakralardan gelen enerjiyi ve alt çakralardan gelen enerjiyi merkezinde toplar ve dengeler. Kalbimizi, dolaşım sistemini, göğüs, akciğerler, nefes borusu, burun ve solunumumuzu etkiler.

Dengeli Çalışırsa: Yaratıcıyla kalp alanından bağlantı kurulabilir. İlahi sevgiye ulaşılır. Var olan her şeye karşı koşulsuz sevgi hissi duyulur. Empati çok yüksek olur. Kişi hep mutlu ve huzurlu olur.

Dengesiz Çalışırsa: Dengesiz bir kalp çakrası olan insanlar kendine acıma eğilimi gösterirler ve paranoyak, kararsız, bırakmaktan korkan, incinmekten korkan, sevgiye layık olmadığını düşünen, duygusal sorunları ve bağımlılıkları olan, merhametsiz, yalnız insanlardır. Empati sıfır olur. Fiziksel olarak dengesiz bir kalp çakrası kalp krizi, yüksek tansiyon, uykusuzluk ve nefes alma güçlüğüne neden olur.

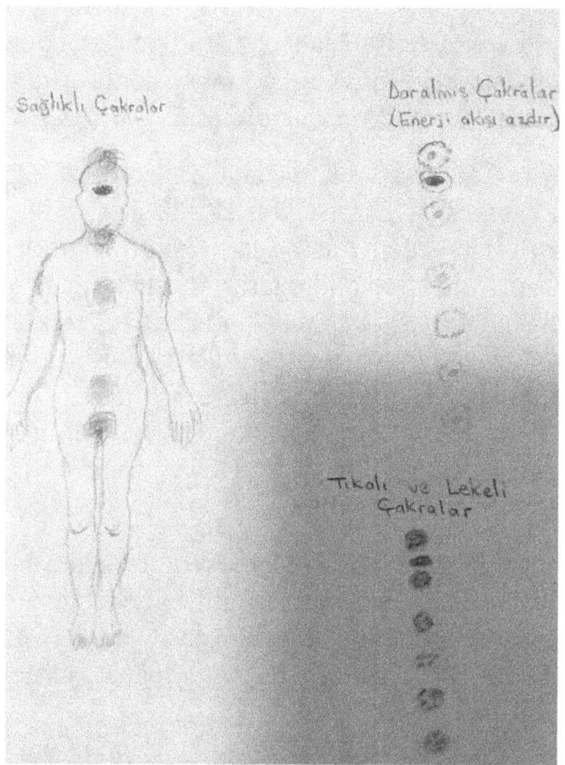

Çimenlerde çıplak ayakla gezmek, doğa gezilerine çıkmak, doğa seslerini dinlemek, yağmur sesi dinlemek bu çakraya iyi gelir. Yeşil veya pembe kıyafetler giymek kalp çakrasını dengeler. Gül kokusu iyi gelir. Melekia taşı ve pembe kuvars dengeleme için kullanılabilir. Yeşil sebze ve meyve tüketmek iyi gelir.

Aaaaaaaaaa sesi veya faaaaaaaa notasıyla ses terapisi yapılabilir.

5-Boğaz Çakrası: Boğazımızda yer alır ve rengi açık mavidir. Ses ve ifade merkezimizdir. İletişimimizi belirler. Boğazı, çeneyi, sesimizi, kulaklarımızı, nefesimizi, tiroid bezini ve ciğerlerimizi etkiler.

Dengeli Çalışırsa: Ses tonumuz ve konuşma şeklimiz değişir. Daha akıcı, etkileyici ve melodik konuşuruz.

İnsanlar konuşmalarımızdan çok etkilenirler. Güzel şarkı söyleriz. Kendimize güvenir ve rahat konuşuruz. Dikkatli konuşuruz, sözlerimiz yerinde olur.

Dengesiz Çalışırsa: Konuşmada zorluk, kekeleme, anlamsız sesler veya tekrarlar başlar. Güvensizlik, duygularını ifade edememe başlar. Konuşmalar kırıcı, kaba ve duygusuz olur. Suçluluklarını örtmek için bağırarak konuşma olur. Kişi kendini olduğundan farklı şekilde gösterir. Çok yalan söyler. Başkalarının fikirlerini çalar, kendisininmiş gibi gösterir. Bilgiye sahip olsa bile boğaz çakrası dengesiz çalışıyorsa, içindekileri dışarıya ifade edemez ve içeride saklı tutar. Boğaz çakrası tıkalı olan insanların sesi hırıltılı olabilir.

Duygularını rahatça ifade edemeyen insanlar, boğazında yumruk gibi bir düğüm varmış gibi hissedebilirler. Çünkü boğaz çakrasındaki blokaj, dengesiz enerji akışına sebep olduğu için bu kişiler çeşitli boğaz hastalıklarına yakalanabilirler.

Adaçayı içmek bu çakraya iyi gelir. Açık mavi tonlarda kıyafet giymek, turkuaz taşından kolye takmak, mavi topaz takı takmak, boğaz çakrasını dengeler. Bolca su içmek, işlenmemiş tuzlar, taze meyve suları ve papatya yağı iyi gelir.

Eeeeeeeee sesi veya soooooooooool notasıyla ses terapisi yapılabilir.

6-Üçüncü Göz Çakrası:

Alında iki kaş arasındadır. Rengi çivit mavisidir. Hipofiz bezinin çalışmasıyla açılır ve renklenir. Güneş ışığı ve ay ışığından çok etkilenir. Etkin maddesi DMT'dir. Bu maddeyi vücudumuz üretebildiği gibi dışarıdan da alınabilmektedir. Üçüncü göz bizim diğer boyutlara açılan yıldız kapımızdır. Ruhumuzun gözüdür. Dünyanın akaşasına buradan görüntülü ulaşabiliriz. Üçüncü gözü aktif olan insanların sezgileri çok güçlü olur. Vizyonlar, durugörüler alır, kanallık yapabilirler. Rüya halinde bilgileri direkt akaşadan çekebilirler. Bilinçleri büyür, farkındalıkları gelişir. Telepatik iletişime yatkın olurlar. Bu çakra beyin, beyincik, sinir sistemi, kulaklar, gözler, burun ve yüzümüzü etkiler. Melatonin üreten epifiz salgı bezini etkiler.

Dengeli Çalışırsa: Dengeli bir üçüncü göze sahip kişinin altıncı hissi kuvvetli olur. İllüzyonu fark eder ve çevresindeki enerji perdesini algılar. Varlıkların auralarını görmeye başlar. Hafızası kuvvetli olur. Lucid rüyalar görürler. Farkındalığı büyük olur. Üçüncü göz ekranı açılır, oradan bilgi sorgulaması yapabilir.

Dengesiz Çalışırsa: Üçüncü göz tıkanıklığı olanlar görme sorunları, baş ağrıları, dikkat eksikliği, düşük farkındalık ve kabus dolu uykular geçirebilirler. İllüzyonu gerçek sanıp dünya yaşamına kendini kaptırabilirler. Rüyalarını hatırlamakta zorlanırlar. Zihnin etkisinde kalır. Kendi farkındalıkları zayıf olduğu için sabit fikirli olup başka fikirlere karşı hep şüpheci yaklaşırlar.

Nane çayı içmek veya alnımıza nane yağı sürmek bu çakramıza iyi gelir. Lacivert lapis lazuli üçüncü gözümüzü dengeler. Lacivert kıyafetler giymek dengelemeye yardım eder.

İiiiiiiiiiiiiiiiiiiii sesi veya laaaaaaa notasıyla ses terapisi yapılabilir.

7-Tepe (Taç) Çakrası:

Ruhsal aydınlanma merkezimizdir. Başımızın tepe kısmındadır. Rengi mordur. Üçüncü gözümüzle birlikte çalışırsa kaynakla bütünleşme olur ve kişi ruhsal yönden sıçrama yaşar. Büyük bir uyanış başlar ve bilinç büyümesi olur. Aşırı bir öğrenme, araştırma ve okuma hissi olur. Yaratıcı enerjiyle ve evrenle olan bağlantımızı sağlar. Bu çakranın aktif olmasıyla beraber, üçüncü boyuta ait realiteden kopmaya başlarız. Madde formundaki her şey bizdeki etkisini yitirir. Sınırlı inanç ve düşünce sistemlerinin etkisinden çıkarız. Özellikle dinlerle ilgili, kontrol mekanizmaları ile ilgili gerçekleri daha iyi kavrarız. Bütüne, kaynağa ait olduğumuzun bilinciyle hareket eder ve sonsuz sevgi besleriz. Maneviyatımız madde hayatımızdan daha güçlü olur ve geliş amacımızı anlamaya başlarız. Bu çakra beynimizi ve merkezi sinir sistemimizi etkiler.

Dengeli Çalışırsa: Kişinin bilinci açılır, huzurlu ve mutlu olur. Evrenin merkezi haline gelir. Kozmik bilinçten sürekli veri alır. Kendisiyle ve bütün canlılarla barışık olur. Yazmaya, bilgiye kanallık yapmaya uygun olur. İllüzyondan çıkar ve dışarıdan gözlem yapmaya başlar. Her açıdan kendine yeterli olur. Başka bir boyuttan, dünya yaşamını izliyormuş gibi hisseder.

Dengesiz Çalışırsa: Bu çakranın tıkanıklığı durumunda insanların sezgileri körelir, ruhsal bunalımdaymış gibi hissederler. Kaynakla bağlantıları kesilmiş olduğu için kendini bir yere ait değilmiş gibi hissetme, anlaşılamama ve içine kapanıp her şeyden uzaklaşma hissi yaşayabilirler. Yalnızlık ve ölüm korkusu taşırlar. Hastalıklara karşı zayıf olurlar.

Mor renk kıyafetler giymek, ametist taşı kullanmak, yüksek dağlık alanlarda gezmek bu çakrayı dengeler. Mor renkli sebze ve meyve yemek iyi gelir. Lavanta kokusu iyi gelir.

Oummmmm sesi veya siiiiiiiiii notasıyla ses terapisi yapılabilir.

Yoga yapmak, adaçayı içmek, ses terapileri yapmak, dans etmek, çıplak ayakla suda, çimende ya da toprakta gezmek, doğa yürüyüşleri yapmak, bitki yetiştirmek ve hayvan sahiplenmek bütün çakralara iyi gelir. Zihinsel, ruhsal ve fiziksel bedenimiz beslenir.

"Huuuuuuu sesi ile terapi, bütün bedenimize iyi gelir"

Çakralarımız Dengeli Şekilde Çalışırsa Kundalini Yükselmesi Yaşarız

Kundalini Nedir? : Kundalini, Kundala kelimesinden gelmedir. Kundala ise sarmal demektir. Yani DNA sarmalımızdır. Diğer adıyla saf yaratıcı enerjinin, Tanrı enerjisinin bizde aktif olması demektir. Bütün

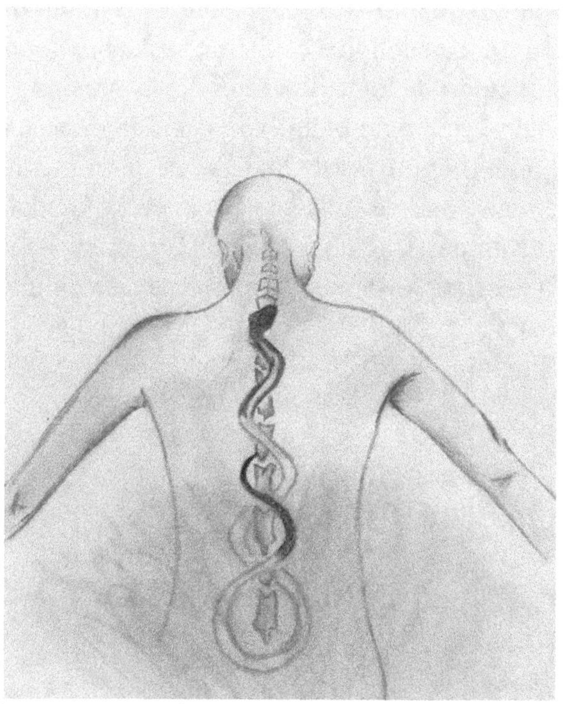

çakralarımızın mükemmel çalışması sonucunda DNA sarmalımıza akan Tanrı enerjisi demektir. Bu Tanrı enerjisinin kuyruk sokumundan başlayıp tepemize kadar ulaşmasına 'kundalini yükselmesi' denir.

Kundalini yükselmesi: Bütün çakralarımız tam kapasite ve dengede çalıştığında kundalini yükselmesi yaşarız. Kundalini yükselmesi, uyanışı tetikler. Kundalini yükseldiğinde, tepemiz, ensemiz çok ısınır ve biz evrensel enerjiyle bir bütün haline geliriz. Kundalini enerjisi kökten başlar tepeye kadar sıcak bir enerji, titreşim ve karıncalanma şeklinde yayılır. Etkisi harikadır. Kundalini enerjisi yükseldiğinde orgazm benzeri bir olay yaşanır. Erkekte ereksiyon hali, kadınlarda ise klitorist hassaslaşması yaşanabilir. Kundalini yükselişi tamamlandığında, bedenimizde mutluluk hormonları salgılanır.

Bazı insanlar kundalini yükselişi sonrası astral yolculuk yaşıyor veya solucan deliğine çekilerek başka boyutlara giriş yapıyorlar. Bazıları da kundalini yükselişi sonrası et yemeyi bırakıp aniden vejeteryan olabiliyorlar ya da damak tadları değişiyor. Görevlilere uyku halinde veya derin meditasyon halindeyken çakralarına müdahele edilerek kundalinileri yükseltilip uyanması sağlanabiliyor. Eğer kendi kendinize kundalini yükselişi yaşamak istiyorsanız kundalini yoga veya uzun süre yapılan meditasyonlardan yararlanabilirsiniz.

Her Çakranın Kendisine Ait Deneyimlerini, Yaşayarak Büyürüz

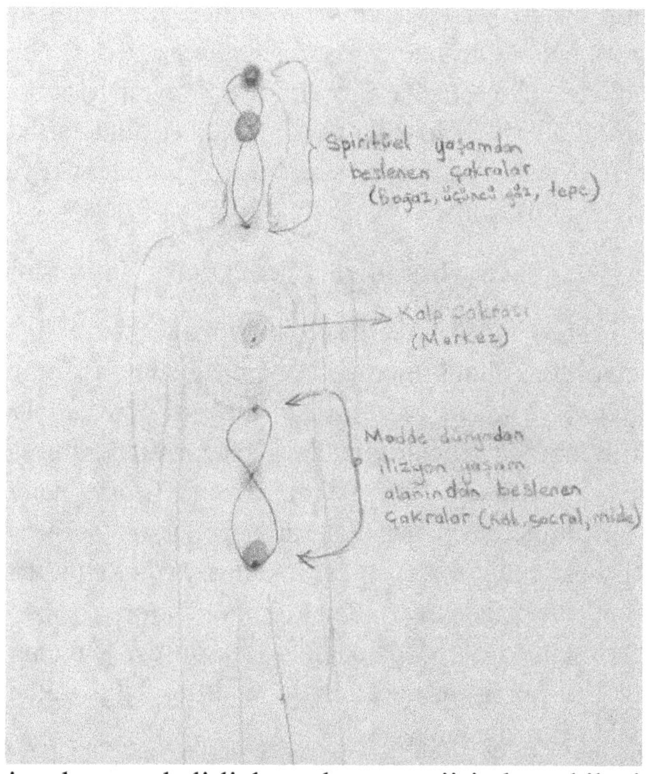

Her bir çakramız, belirli duyguların enerjisinden etkilenir ve bu etkiyi fizik bedenimize yansıtır. Çakralarımız, yaşamımızda deneyimlenmesi gereken birer kapı gibidir. Bizim için birer yaşam durağıdır. Kök çakradan başlayarak bütün çakraları hayatımızda tek tek deneyimleyerek öğreniriz. Yedi kapıyı tek tek geçerek yukarı doğru evrimleşiriz. Tasavvufta veya islamda yedi çakramız maneviyattaki aşılması gereken yedi kapı, yedi makam olarak da tasvir edilmektedir. İnsanların bilinç seviyesi çakra ve enerji kanallarındaki enerji akışına göre değişir. Çakraları dengeli çalışan bir beden, daha sağlıklı olur ve bilinci çabuk büyür. Birey, tekamülünde hızlı ilerler. Çakralardaki enerji akışı sağlıklı olmayan bir bedende ise; hastalıklar artar ve bilinç büyümesi yavaşlar. İllüzyona, madde dünyaya takılı kalmış insanların kök, cinsel ve mide çakrasının olduğu karın ve bel bölgesinde yağlanma, kalınlaşma olur. Sindirim sorunları, bel ve kalça ağrıları olur. Hayatı boyunca ağır sorumluluk taşıyan insanların boynunda ve omuzlarında ağrı olur. Bedenimiz taşıdığımız her duyguya göre tepki verir ve kendini şekillendirir.

Enerji Bedeni Serbest Bırakmak İçin Ne Yapmalıyız?

Enerji bedenimizi serbest bırakmak için öncelikle filtrelerimizi kaldırmamız lazım. Dini inançlarımız, hurafeler, yasaklar, kültürümüz, aile yapımız, egolarımız, korkularımız, şüphelerimiz ve kişisel inançlarımız, bizim filtrelerimizdir. Bu filtrelerimiz, evrenden bize gelen bilgi akışını filtreler ve bize ulaşmasını engeller. Böylece zamanla enerji bedenimizin etrafında blokajlarımızla kalın bir duvar oluşur ve gerçek biz, onun içine hapsoluruz. Özgürleşemeyiz… Uçamayız. Bu duvarı yıkmak için öncelikle bütün filtrelerimizi kaldırıp bilgi akışı için kanallarımızı açmamız lazım.

Filtrelerimizden Kurtulma

Her insanın kendi inanç sistemine göre bir filtresi vardır. Bu filtreyle, inancına ters düşen veya inancıyla ilgisi olmayan her bilgiyi eleyerek ya da dışlayarak kendisinden uzak tutar. Filtrelerimiz bizim evrenle olan bağlantımızı keser. Bizi, zihnimizin kölesi haline getirir. Bu nedenle filtrelerimizi kaldırıp kendimizi her bilgiye açmalıyız. O zaman evrendeki her parçayla bağlantımızı kurabilir ve gerçek gücümüzü keşfedebiliriz. Sembollere, dinlere veya farklılıklara takılıp, bize gelen bilgiyi reddedersek, öğrenme fırsatını kaçırabiliriz. Çünkü bize gelen her şeyin bir sebebi vardır.

Hiçbir şey tesadüf değildir. Hepimiz birbirimizle bağlantılı olduğumuz için, birimize gelen bir veri, diğerlerini de etkiler. Durgun suya atılan bir taşın yarattığı dalgaların içten dışa doğru giderek büyümesi gibi birimizdeki aydınlanma etrafımızdakileri de aydınlatır.

Biz gerçekten 'Bir'iz ve enerji bedenden oluşmuşuz. Evrenin bir parçasıyız, onun küçük bir örneğiyiz. Her birimiz birer yıldız, birer mucizeyiz. Bütündeki kardeş parçacıklarız. Ancak birbirimizle bağlandığımızda anlamlı oluruz, yeniden bir 'bütün' oluruz. Lütfen kim olduğumuzu ve buraya niçin geldiğimizi hatırlayalım. Filtrelerimizi kaldıralım, bilgiye kendimizi açalım. Enerji bedenimizi serbest bırakalım ki gerçek kimliğimizi ve gücümüzü keşfedelim. Özgür olalım.

Özgürlüğüne kavuşan enerji beden bize, özümüzü gösterir. Özünü, gerçek 'ben'ini keşfedenler yaratıcıyı bulur, ondan kopan bir zerrecik olduğunu öğrenir ve ona layık olmak için çabalar. 'Kaynağa geri dönüş' yolculuğunu farkındalıkla yaşar.

Dini kaynaklara göre Yaratıcı, "Size ruhumdan üfledim" der. Yaratıcı bize ruhundan üflemişse ve ruh enerjiyse, yaratıcının üflediği şey de enerjidir. Yani yaratıcı aslında her şeyin varoluş sebebi olan ana enerji kaynağıdır. Bizim ruhlarımız da haliyle yaratıcının enerjisinden kopan birer enerji parçacığıdır. Bizim özümüz, birer Tanrı parçacığıdır. O'ndaki her özellik bize de bu enerjiyle geçmiştir ama bizler bu gücümüzün farkına varmadan dünya yaşamına ve illüzyona kapılmışız.

Tanrısallığımızı hatırlamalı ve en güzel düşüncelerimizle yeniden yaratımlar yapmalıyız.

5. BÖLÜM

Yüzleşmemiz Gereken Gerçekler

Dünya Yaşamı Bir İllüzyondur

Madde olarak algıladığımız her şey aslında enerjidir. Şimdi burada fiziken var olduğumuzu sanıyoruz ama değiliz. Aslında enerjiden oluşmuş birer hologramız. Yüksek benimiz diye bildiğimiz bütün halimiz, başka boyutta yaşarken kendinden gönderdiği küçük parçacıklarla farklı katmanlarda ve boyutlarda yaşamı deneyimler. Birçok parçamızla farklı katmanları aynı anda deneyimleriz. Dünya yaşamı da bu yerlerden biridir.

Gerçek sandığımız şeyler illüzyondur. Beynimizin içindeki kayıtlı bir programın içinde yaşıyoruz. Yaşadığımız realiteler beynimizde oluşuyor. Bizler aslında zihinde yaşıyoruz. Gerçek sandığımız her şey ve bireysellik bir illüzyondur. Bizler birbirimizle bağlantılı kardeş parçacıklarız ve birlikte bütünü oluşturuyoruz. Gördüğümüz gerçeklik sadece bir yansımadır.

Belirli bir senaryoya göre hazırlanmış ve kurgulanmış bir oyun similasyonunun içinde yönümüzü seçimlerimizle belirliyoruz. Aslında fiziki hiçbir şey yok etrafımızda. Her şey boşluk, enerji. Beynimiz bize öyle gösterdiği için biz var sanıyoruz. Beş duyu organımızla beyne gönderdiğimiz sinyalleri, beyin alır, tarar ve ona uygun görüntüleri projekte eder ve bizler o şeyin varlığına inanırız. Yediğimiz yemeklerden tutun da koku ve renklere kadar, belirleyici tek faktör beyindir. Beynimiz, projeksiyon yöntemiyle bize ne gösteriyorsa, biz onu görüyor ve var olduğuna inanıyoruz. Beynimiz dışarıdan, istenildiği şekilde programlanılabilir. Düşüncelerimiz dışarıdan şekillendirilerek yaşamımıza yansıtılabilir. Bu bilgi ve teknolojiye sahip olanlar, nasıl bir hayat yaşamamızı istiyorlarsa bizi ona göre programlıyorlar. Araç olarak medyayı, film ve müzik endüstrisini, eğitim sistemlerini kullanıyorlar. Bizi tek tip düşünen robotlara dönüştürüyorlar. Böylece illüzyonda yaşadığımızı anlamıyoruz. Dışımızdaki her şeyi gerçek sanıyoruz ve bağlanıyoruz. Tanrısallığımızı unutup sistemin kölesi oluyoruz.

Beynimizin bu programlanabilir özelliği ile (alıcı-verici olması sebebiyle) sadece dünyadan değil, dünya dışı ırklarca da programlanıp yüklemeler alabiliyoruz. Bu yüklemeler kodlar, geometrik şekiller, semboller, sayılar veya enerjiler şeklinde olabiliyor. Meditasyon halinde veya uyku halindeyken gelen bu kodları ve yüklemeleri yakalamamız mümkündür. Bazen önemli yüklemeler yapılmadan önce renkli simler şeklinde yağan enerji yağmurları ile (ışık banyosu) frekansımız yükseltilir. Beden yüksek titreşime hazırlanır ve sonra yükleme yapılır.

Matriks Gerçektir

İçinde yaşadığımız oyun simülasyonuna matriks diyebiliriz. Matriks bizi illüzyonda tutan programdır. Amacı insanları kontrol altında tutmak ve uyanışını engellemektir. Zihnin içinde hapsolmuş insanlar matriksten ve illüzyondan çıkamıyorlar. Zihinde yaşamaktan kurtulan insanlar ise matriksten çıkar, illüzyon biter ve uyanışları başlar.

Bence bizim gerçek yaşamımız biz uykuya dalınca başlıyor. Uyanıkken yaşadığımız her şey bir rüya. Bunu bilirsek uyanışımız başlar. Sistem, biz uyanmayalım diye bizi matrikste (rüyada) tutmaya çalışıyor. Bunun için kullandığı en büyük argümanlar; dinler, savaşlar, egolar, cinsellik, endişelerimiz, korkularımız ve farklılıklarımız... Zihnimizi sürekli bunlarla meşgul ederek, bizi illüzyonda yaşamaya zorluyorlar. Böylece matriksten çıkamıyoruz ve uyanamıyoruz. Aslında var olmayan bir dünyayı, uyku halinde simülasyonun içinden izliyoruz ve gerçek sanıp kendimizi kaptırıyoruz... Oyuna dalıp uyanmayı reddediyoruz. Gerçek yaşamımız biz matriksten çıkınca başlıyor.

Paralel Evrenler Bilgisi

Paralel evrenler vardır ve hepsi bu evrendeki hayatımızla aynı anda ama başka frekanslar içinde var olmaktadır. Biz sadece içinde yaşadığımız evreni algılarız. Ancak diğer evrenlerle de bağlantı halinde oluruz ve verilerimizi paylaşırız. Özellikle rüya veya trans halinde, paralel evrenlerdeki eş benlerimizle karşılıklı olarak veri aktarımı yaşarız. Rüyalarda paralel evrenlerdeki diğer bizlerle bütünleşebilir, onların anılarını alabiliriz. Hatta onların bedeninde, oradaki yaşamlarını kısa bir süreliğine de olsa deneyimleyebiliriz.

Paralel evrenlerimizi her bir 'keşkemizle' biz kendimiz oluştururuz. Bütün önemli seçimlerimizde, tercih etmediğimiz olasılıklar için paralel evrenler oluşur. Paralel evrenlere giden enerji, bütünümüz olan yüksek benimizden, bütün paralel evrenlerdeki bizlere yayılarak akar. Bu yüzden de ne kadar az paralel evrenimiz ne kadar az eş benlerimiz olursa, şu an içinde bulunduğumuz evrendeki 'biz' o kadar güçlü olur. Bu, bir kanaldan akan enerjinin sadece bir yere gitmesi gerekirken yüzlerce yan kanala dağılarak akmasına benzer. Bu yan kanallar çoksa, paylaşılan enerjide ve güçte azalma olur. Oysa sadece bir kanaldan enerji aktarımı olsaydı o zaman güç sadece bir evrendeki yaşamda toplanırdı. Kısaca özetlersek paralel evrenlerimiz ne kadar az olursa, kullanacağımız gücümüz de o kadar çok olur.

Bu yüzden de mümkün olduğunca keşkelerimizle, seçimlerimizle, egolarımızla yarattığımız paralel evrenlerimizi iptal etmek gerekir ki yüksek benimizden gelen enerji ve güç bize daha çok aksın. Paralel evrenler iptal edilikçe farklı koridorlara yayılan güç, buradaki bedenimize döner ve yeteneklerimiz, psişik gücümüz, yaratıcılığımız daha da çoğalır. Daha sağlıklı oluruz ve bedenimiz kendini çabuk yeniler.

23 Ocak 2018'de paralel evrenlerle ilgili gelen bilgi: Paralel evrenleri başka yerde aramayın. Onlarla zaten iç içesiniz. Gün içinde dışarıda gezerken, bilmeden o evrenlere girip çıkıyorsunuz.

Paralel evrenler nasıl iptal edilir?

Çocukluğumuzdan itibaren, olmasını istediğimiz bütün hayallerimizi, keşkelerimizi, önemli seçimlerimizi bir bir hatırlayıp bilmeden yaratmış olduğumuz paralel evren olasılıklarını iptal edebiliriz. Hayatımızdaki gereksiz bağımlılıklarımızdan kurtulup sadeleşmemiz lazım. Bolca bilinçaltı temizliği yapmalıyız. Bilinçaltımızdaki negatif kayıtlarımızı silerek zihinsel sadeleşme yapmalıyız. Böylece buradaki 'ben'imiz diğer paralel evrenlerdeki eş benlerimize göre daha güçlü olur. Geçmişten günümüze taşıdığımız üzücü kontratları iptal ettiğimizde de birçok paralel evrenimizi sonlandırabiliriz. Bu nedenle bilinçaltı temizliği ve artık bize hizmet etmeyen kişilerle olan kontratların iptalleri, güçlenmek açısından çok önemlidir.

Dejavu

Dejavu, paralel evrenlerden bize aktarılan anıların hatırlanması olayıdır. Daha önce olmamış bir olayın, olmuş gibi hissedilmesidir. Bazen yeni tanıştığımız bir kişiyi daha önce tanıyormuş hissine kapılabiliriz. Büyük olasılıkla o kişiyi bir paralel evrenden tanıyoruz. İlk defa gittiğimiz bir yeri, daha önce görmüşüz hissine kapılabiliriz. Bunun sebebi de orayı başka bir evrenden biliyor olmamızdır. Dejavular çoksa anlarız ki paralel evrenlerdeki eş benlerimizle benzer seçimler yapıyoruz. Yaşamlarımız paralel ilerliyor. Eğer dejavular az ise; farklı seçimler yaparak paralel evrenlerdeki eş benlerimizden uzaklaştığımız anlamına gelebilir.

Rüyalar

Rüyalarımızın çoğu paralel evrenlerden bize aktarılan anılardır, görüntülerdir. Rüyamızda öldüğümüzü görüyorsak bu başka bir paralel evrendeki eş benlerimizden birinin ölümü olabilir (Büyüklerimiz, 'rüyada ölmek' için ömrünüz uzamış yorumunu yaparlardı. Çünkü başka bir evrendeki eş benimiz ölürse, onun oradaki enerjisini ve gücünü buradaki benimize çekeriz ve daha da güçleniriz. Ömrün uzamış yorumunun sebebi bu olabilir). Eğer rüyamızda daha önce hiç görmediğimiz yerleri görüyorsak bu paralel evrenlerdeki benlerimizden biri orada bulunduğu içindir. Yani bunlar aslında eş benlerimizle yaptığımız veri paylaşımından gelen görüntülerdir ve biz gerçekten orada bulunmuş gibi hissedebiliyoruz. Rüyamızda başka biriyle evliysek ve çocuklarımız farklı ise bu da yine paralel evrenlerin birinde yapmış olduğunuz farklı seçimlerle yarattığımız bir yaşama ait aktarımlardır. Rüyalar, derin uykuda, üçüncü göz ekranından izlenen görüntüler olabileceği gibi direkt eş benlerimizden, hafıza belleğimize yollanan paralel evren verileri de olabiliyor. Bu yüzden rüyaları değerlendirirken bu olasılıkları da göz önünde bulunduralım.

Holografik Dünya

Dünya yaşamı, kozmik bir bilgisayar yazılımın içinde ve beynimizde geçiyor. Her şey hologram ortamdan ibaret. Adeta bir rüyada yaşıyoruz ve bu rüyayı gerçek sanıyoruz.

Matrix 1 ve 2 filminde anlatılanlar gerçeğe çok yakındır. Bunları yaşadığım birçok deneyime dayanarak yazıyorum.

Beynimiz dakikada iki milyarın üzerinde sinyali kaydeder. Bu sinyalleri düzenleyerek gerçek sandığımız hologramlar şeklinde dışarıya yansıtır. Gerçek sandığımız her şey, beynimiz tarafından yorumlanan elektriksel sinyallerdir. Beynimiz bilgiyi içeri alır ve şekillendirerek ona uygun resmi bularak bize projeksiyon şeklinde gösterir ve bizler onu gerçek zannederiz. Gerçekliği dokunarak, tadarak, hissederek tanımlarız. Beyin iki boyutlu hologramları üç boyutluya çevirebiliyor. Üç boyutlu hologramları da dört boyutluya çevirebiliyor. Üçüncü gözümüzle içinde bulunduğumuz hologramı çok net görebiliyoruz. Yukarıdan aşağıya doğru enerjiden oluşmuş iplikler şeklinde bir hologram görebiliriz. Birbiriyle kesişen enerji ağları görebiliriz. Dikey ya da yatay sıralanmış numara dizilerini görebiliriz. Örümcek ağı gibi bir enerji ağı görebiliriz. Bütün bunlar içinde bulunduğumuz holografik dünyanın bir parçasıdır. Sadece dünya değil, bütün evrenler de holografik olarak vardır.

Holografik Evren

Evrendeki herkes, her şey birbiriyle bağlantılıdır ve onlar, bir bütünün birbirinden ayrılamayan parçalarıdır. Bütünde ne varsa, parçalarında da o vardır. Bütün parçalar, kaynaktan gelen ışığı yansıtarak etrafını aydınlatırlar. Birbirlerine bağlı oldukları ağlar sayesinde, bir parçadaki en ufak bir değişim diğer parçaları da etkiler. Bu ağlardan oluşan sistemin bütününe holografik evren denmektedir. Bu sisteme göre her bir parça aynı zamanda bir evrendir. Bütün olarak da bir evreni oluşturur. Örümcek ağının şekli bu holografik alana çok benziyor. Tek fark enerji halinde, birbiriyle kesişen ipliklerden oluşmuş olmasıdır. Kesişen noktalar ise, önemli enerji merkezleridir. Bu kesişme noktalarına bu yüzden hep tarihi eserler, tapınaklar ve şifa merkezleri yapılmıştır. Şu an dünya üzerindeki birçok piramit, kale, yerleşim yeri, tapınak gibi yerler, bu enerji noktalarındaki yüksek frekanstan yararlanmak içindi. Birçok kaynakta bu noktalara ley hatları denilmektedir.

Yedi bin yıllık 'Kutsal Veda' yazılarına göre:

"Evrende ipliklerden oluşan sonsuz bir ağ serilidir. Dikey iplikler mekanı, yatay iplikler zamanı oluştururken ipliklerin kesişim noktalarında bireyler vardır.

Her bir birey, kristal bir boncuk gibidir. Mutlak varlığın ulu ışığı, her bir kristal varlığa nüfuz eder ve aydınlatır. Her bir kristal varlık, ağdaki her bir diğer kristal varlıktan gelen ışığı yansıtmakla kalmaz, her bir yansımanın yansımasını da evren boyunca yansıtır..."

Kara Delik Bilgisi

Kara delikler, sanıldığı gibi kötü değildir. Işığın her rengini içinde barındırır. İsmi kara olabilir ama aslında ışığa hizmet ederler, temizleme, dönüştürme ve yeniden yaratım yaparlar. Bir çeşit geri dönüşüm merkezleridir. Negatif olan ve dönüşmeye ihtiyacı olan her şey kara delikte dönüşür ve başka bir evrende ışık olarak yeniden doğar. Kara deliklere giren şeyler, aslında orada kalmıyor. Dönüşür dönüşmez o delikten çıkarak yeni haliyle başka bir evrende, başka bir yerlerde yeni formuyla yaşamaya devam ediyor. Ancak kara deliğe giren her şeyin bir daha içinde yaşadığımız evrene dönüş yapmadığının da bilinmesi gerekir.

Tanrı'nın Cinsiyeti Yoktur

Dinler, Tanrı'yı sadece erkekleştirerek anlatmışlar. Oysa Tanrı ne erkektir ne kadındır. Cinsiyeti yoktur. Hem erildir hem dişildir bu yüzden de içinde hem erkekliği hem kadınlığı taşıyan bir bütündür. Yani O, rahman ve rahimdir. 'Rahman' tarafı 'eril'i, 'Rahim' tarafı ise 'dişil'i temsil eder. O'nun eril tarafı olmadan dişil tarafı gelişemez. Dişil tarafı olmadan da eril tarafı gelişemez. Bu her iki yönü birbirine zıttır. Eril tarafı eksiyi, dişil tarafı artıyı sembolize eder. Bir pildeki artı- eksi kutupları gibidir. Birlikte denge halinde iken tanrısal enerji aktif olur, dengesizlik halinde ise pasif olur. Bir pilin her iki tarafı sadece artı ya da sadece eksi olsaydı o pil çalışmazdı. Ancak iki zıt yönün bir denge içinde çalışmasıyla enerji açığa çıkar. İşte Tanrı enerjisi de böyle çalışır. Geniş anlamda baktığımızda yaratıcının eril tarafını dünya üzerinde erkekler, dişil tarafını ise kadınlar temsil ediyor gibi düşünülebilir. Hatta bireysel olarak da insan bedeninde sol taraf eril enerjiyle çalışırken sağ taraf ise dişil enerjiyle çalışıyor. Evrendeki her zerrede aynı zıt kutuplulukla büyüme sistemi vardır. Enerjiyi, ışığı, (dinsel tanımlama ile nur'u) açığa çıkaran bu sistem ancak her iki tarafın dengede çalışmasıyla mümkündür. Biri diğerinden daha fazla çalışıyorsa ilahi denge bozulur ve kaos ortaya çıkar. Sistemin dayattığı programlanma yöntemiyle dünya yaşamında, erkeklere sadece eril olmayı, kadınlara da sadece dişil olmayı öğrettiler. Oysa her erkek aynı zamanda bir kadındır, her kadın ise aynı zamanda bir erkektir.

İşte binlerce yıldır, sadece eril enerjinin üstünlüğüne dayalı bu düzenle yaşamaya zorlandığımız için denge bozuldu ve her alanda sorunlar oluştu. Eril taraf, gücüne güç katarken bastırılan dişil enerji, gücünü kullanamadı, gerekli şifa ve yaratımı yapamadı. Bu düzen artık değişti ve ilahi dişiden çalınan, kendisine geri dönüyor. Erile verilen haksız güç de geri gidiyor. Her iki taraf hakkı olana erişinceye kadar bu değişim devam eder. Eril olan dişille, dişil olan erille dengeleniyor. Hak yerini bulduğunda denge yeniden sağlanır ve ilahi mekanizma yeniden mükkemmel çalışır. Olacak olan…ve şu an olan da budur…ve öyledir.

Cennet ve Cehennem Nedir?

Dünya, küçük enerji zerrecikleri olan ruhlarımızın tohum olarak ekildiği ilk yerdir ve insan ruhunun evrimleşmeye başladığı ilk yerdir. Burası bizim anaokulumuzdur. Bize özel hazırlanmış bir okuldur. Her gün yaşadığımız iyi olaylardan veya kötü olaylardan bir şeyler öğreniriz, deneyim kazanırız. Olması gerekendir bu. Düzen bu şekilde işliyor. Egolarımızı yenmek, yani tüm nefslerden kendimizi arındırmak, sevgi dolu güzel bir insan olmayı başarmak için geldik buraya. Sevmeyi öğrenmek için geldik. Buradan başarılı olanlarımız bir üst sınıfa geçerek, eğitimine oradan devam ediyorlar. Bu üst sınıf, öldüğümüz zaman gittiğimiz bir üst boyut oluyor. Burası kutsal kitaplarda **'Cennet'** olarak tarif edilmiştir. Eğitimimiz yedinci boyuta erişene kadar devam ediyor. Oradan sonrasında farklı bir evrimleşme programıyla devam ediyoruz. Yani bizler henüz yolun başındayız.

Bu dünyadaki hayat sınavından başarılı olamayan ruhlar, ölürken düşük frekanstaysalar yükselmek için gereken ışık tünelini göremezler. Yani geçiş yapamazlar. Çünkü frekansları buna uygun değildir. Bu ruhlar üçüncü boyut ile dördüncü boyut arasında bir alanda takılı kalırlar. Bu yere dini kaynaklarda '**Araf**' denilmektedir. Normal şartlarda, belli bir titreşime ulaşan ruhlar fizik bedenden çıktıklarında hemen bir ışık tüneli görür ve içine çekilirler. Ama ruh o titreşim seviyesine gelmemişse araf denilen yere gider ve orada bekler. Burada kalanlar, karanlıkta oldukları için zamanla gözleri biraz daha büyür ve göz çevreleri koyulaşır. Rüya halinde iken bizlere; siyah beyaz soluk bir görüntü şeklinde veya beyaz uzun bir elbise giymiş olarak görünebilirler. Orada zaman ve mekan kavramı yoktur. Orada geçirilen bir saat, dünya zamanıyla aylar, yıllar alabilir.

Bekleme sırasında bu ruhların tekamülleri tartılır ve ona uygun bir zaman ve yaşam belirlenip yeniden 'sınıf tekrarı dediğimiz' reenkarnasyonla dünyaya geri yollanırlar. Eğer bir önceki yaşamlarından elde ettikleri tekamül sonucu kötüyse, arada daha çok bekleyebilirler ve bu süreçte acı çekerler. Çünkü beklerken dünya yaşamında yaptıkları yanlışları, kötülükleri, kırdıkları kalpleri bir bir hatırlarlar ve üzdükleri insanların, onlarla ilgili her düşüncesini en derinden hissederler. Hücrelerine kadar acı çekerler. Bu yüzden dargın olduğumuz yakınlarımız aniden öldüğünde rüyalarımıza girerek bizden kendilerini affetmemizi ve onlara iyi dualar etmemizi isterler. Yine bu yüzdendir ki ölen yakınlarımız için arkalarından hayırlar yapılır. 'Ölülerin arkasından kötü konuşulmaz' denilir. Cenaze törenlerinde 'hak helali' istenir... Hepsi onların huzurlu bir geçiş yapmasına yardım etmek içindir. Çünkü arada beklerken yaptığımız bütün kötülükler yakamıza yapışır ve bize azap çektirir. Kopardığımız bir çiçek, bir yaprak, yediğimiz bir hak, kırdığımız küçük bir kalp, öldürdüğümüz bir hayvan veya insan, kestiğimiz bir ağaç.... Ne kadar hata, o kadar acı... Arkamızdan konuşulanlar ne kadar kötüyse, biz öbür tarafta o kadar acı çekeriz. İşte bütün bu yaşananlar, dini kaynaklara '**Cehennem**' olarak geçmiştir.

Aslında cennet ve cehennem, tamamen sembolik kavramlardır. Bizler cennetimizi ve cehennemimizi dünyadayken, seçimlerimizle kendimiz yaratırız. Yaşarken, eylemlerimizle tekâmül ederiz. Tekâmül boyunca doğru ve güzel şeyler yapmışsak, yardımsever olup koşulsuz her varlığı sevmişsek, titreşimi yüksek duygularla yaşamışsak, bilincimiz büyür ve frekansımız yükselir. Ölünce de o yüksek frekansa uygun bir alana geçiş yaparız. Bu alan güzel bir alan olduğu için orada çok mutlu oluruz ve böylece öbür tarafta kavuştuğumuz bu cenneti, daha dünyadayken, davranışlarımızla kendimiz yaratmış oluruz.

Eğer hayattayken, kötü seçimler ve eylemler yapmışsak, insanları kırıp canlıları öldürmüşsek, korku, yargı, suçluluk, cezalandırma ve ego gibi düşük titreşimli duygularla beslendiysek titreşimimiz çok düşük olur. Öldüğümüz zaman, bu titreşime uygun bir alana geçiş yaparız. Orada dünyadayken beslediğimiz her negatif duyguyla karşılaşırız. İnancımızla yarattığımız bir dünyanın içinde buluruz kendimizi. Yani yaşarken günah işlediğimizde yanacağımıza veya cezalandırılacağımıza inandıysak cehennemi önce bu dünyada, sonra da öbür tarafta kendimize biz yaratmış ve yaşatmış oluruz. Her şeyin kaynağı biziz.

Serbest Enerjinin Anahtarı 3, 6, 9 Düzeni

"3,6 ve 9'un sırrını anlayabilirseniz, evrenin kilidini açacak anahtarı elinizde tutuyor olurdunuz." **Nikola Tesla**.

Bu sözünden dolayı birçok kişi 3,6,9'a 'Tesla Code' demiştir.

'9' Yaratıcının İmzasıdır…Evrene Attığı Bir İmza

360 derece bütünü gösterir. Yani tam demektir. Tamamlanma, bütün olmak demektir. Bu üç sayıyı topladığımızda '9'u verir bize. Yani '9' rakamının anlamı da kısaca 'tamamlanma' ve 'bütüne varmak' demektir.

Benim üçüncü göz ekranıma "Sana '9 enerjisi' yükledik" diye yazılı mesaj geldi. Ne anlama geliyor '9 enerjisi' diye sorduğumda ise "Tamamlanma enerjisi" diye cevap geldi.

Evrende, yaratılmış olan her şey 3, 6 ve 9 düzenine göre yaratılmıştır. Mikrodan makroya aynı düzen belirli oranlarda mükemmel bir şekilde uygulanılarak yaratım yapılmış. Yani evrensel dil olan matematik dili kullanılmış. Bu üç numaranın sırrı öğrenildiğinde evrendeki serbest enerjiyi kullanma yöntemleri bulunur ve şu an kullandığımız elektrik, petrol ve diğer fosil yakıtlara ihtiyaç kalmaz. Yani her tarafımızı saran bu serbest enerjiyi hem yakıt hem aydınlanma için bedava kullanabiliriz. Tesla bu sırrı çözmüştü ve şaibeli ölümünden sonra bütün projelerine malum örgütçe el konuldu. Onun, insanlığa hizmet etmek için hazırladığı projeleri gizlice geliştirildi ve sadece elit tabakanın yararına kullanıldı.

Ancak bendeki bilgiye göre Tesla bilinci binlerce insana şu anda 'bilinç' olarak inmiş durumda. Dünyanın dört bir yanında bu bilinci taşıyan insanlar, onun icatlarıyla uğraşıyorlar ve onun saklanan tüm projelerini en geç on yılda insanlığın hizmetine sunacaklardır.

2016'da birden bir bilgi akışı olmuştu. 6,3 ve 9'dan gelen bilgi diye yazdırıldı bana:

Değişim

6, 3 ve 9'dan gelen...

Bir şeyler değişiyor yaklaşık bir aydır. Ruh halimiz değişiyor, enerjiler değişiyor. DNA'larımızda yeni aktivasyon gerçekleşiyor. Tüm dünyada, doğada, insanda ve hayvanda... Artık vicdanlar uyanıyor. Zihinde yaşamaktan kurtuluyoruz yavaş yavaş. Kalbe yöneliyoruz. Sevgi artıyor, şefkat, hürmet, rahmet artıyor. İnsan olanlarımız uyanıyor, seviyor, güzelleşiyor. Doğadaki ve hayvanlardaki değişim bize yansıyor. Bir hayvanınız olsun evinizde, bir bitkiniz olsun pencerenizde, bir damla merhamet ekin yüreğinize. Güneşe daha çok bakın. Gece yıldızlara ve aya daha çok bakın. Başınız önde gezmeyin artık. Kaldırın gözlerinizi, gökyüzüne bakın. Değişimi hissedin, izleyin, kaçırmayın bu günleri. Gözünüz gökte, ayaklarınız toprakta olsun. Yukarıdan gelen, sizden geçip aşağıya iner. Aşağıdan gelen, sizden geçip yukarıya gider. Ne kadar sevgi dolu olursanız, aşağıdan veya yukarıdan gelen sizde o sevgiyle güzelleşir ve gittigi yere o güzelliği taşır. Oradan da size yansır.

Etrafımızdaki her şey bizim aynamızdır. O aynalarda kendi yansımamızı görürüz. Ben değişimi görüyorum. Hissediyorum. Sevgi artıyor, merhamet artıyor. Barış geliyor, bereket geliyor.

Karanlıkta kalanlar birbirine çarpıyorlar ve birbirini yok ediyorlar. Sizler ışık yaydıkça onların karanlığı daha da azalıyor. Biraz daha gayret, biraz daha sevgi, birlik, dayanışma ve şefkat üretin. Tünelin sonu görünmeye başladı. Bundan sonrası aynadan yüzümüze çarpacak kendi yansımamızdır. Biz ne isek, o gelecek bize. 2016'nın sonuna kadar yansıma var. Şaşırma, düşün... Sana ne geldiyse aynadan, o sendin aslında...ektiğindi... isyan etme...anla...

Dünyanın değişmesini istiyorsan önce sen değişmelisin. Sen değişmezsen bir şey değişmez. Uyan artık, değişim kaçınılmazsa, en önlerde olmaya bak...

2017'de ışığınız daha parlak olsun.

En son bir hafta önce ekranıma gelen cümle: " Olacaklara kendini hazırla"...

Her ne olacaksa, emin olun ki, herkesin kendi yansıması olacaktır...

6/3/2016

Sevgiler!

Aasma

Kişisel Değişimin Toplumun Değişimine Etkisi

Hepimiz birbirimize bağlıyız ve birimizdeki değişim hepimizi etkiler. Etrafımızı aydınlatan mumlar gibiyiz. Birimizin ışık saçması, o alandaki karanlığı ışığa dönüştürür. Işık olan yerde, karanlık sonlanır. Bu yüzden de büyük değişimler, önce bireysel değişimle mümkün olur. Biz değişirsek, çevremizdekiler de değişir. Zamanla onlarda kendi çevrelerindeki insanları değiştirir ve bu değişim büyüyerek adeta domino taşları etkisine dönüşür.

Bu yüzden de bireyselliğimizi küçümsemeyelim. Uyanışımızın hızlanması için çaba gösterelim. Kendimizle barışıp koşulsuz sevelim. Bize ışık olacak kitaplar okuyalım. Bakış açımızı değiştirip bütün varlıklara yargısız, tarafsız, sevgi ve hoşgörüyle yaklaşalım. Sevgi her şeyin ilacıdır. Değişimde bize en iyi gelecek şey, kendimizi ve başkalarını 'aşk'la sevmektir. İçimizdeki güce inanarak kendimize yeni bir amaç yaratalım. İçe dönüş yolculuğuna çıkalım. O zaman önce bireysel değişim sonra da toplumsal değişim kaçınılmaz olur.

Ruhsal ve Fiziksel Değişmemize Katkısı Olabilecek Bazı Öneriler:

1- Uyanınca 'mucizelerle dolu, sağlıklı, sevgi dolu bir güne merhaba' deyin. Güneşi doğarken karşılayın ve selamlayın. Kendinize aynada her gün 'Kendimi affediyorum, kendimi seviyorum ve kendimle gurur duyuyorum' diyerek bilinçaltınızı yeniden programlayın.

2- Duş alırken başınızdan akan suyun, bütün bedeninizi yıkayarak sizi negatif enerjiden arındırdığını temizlediğini düşünün ve suya 'Beni temizleyip arındırdığın için teşekkür ederim' deyin.

3- Kahvaltı masasına oturduğunuzda bütün aç olan canlılar için şifa ve yemek dileyin. Vicdanlı insanların çoğaldığını ve yemeklerini olmayanlarla paylaştığını hayal edin.

4-Yemekleri hazırlarken şükür ve şifa kodlaması yapın. Böylece yerken şifalanırsınız. Yedikten sonra sizi doyurup şifalandırdığı için teşekkür edin.

5- Suyun hafızası vardır, nereniz ağrıyorsa, suyu içmeden önce o ağrıyı geçirmesi için şifa kodlayın, teşekkür edin ve öyle için.

6- Gün içinde mutlaka 15 dakika kadar güneş altında oturun veya çıplak ayakla topraklarda çimenlerde gezin ya da durun. Güneş enerjisi sizi hem şarj edecek hem de şifalayacaktır. Çıplak ayak toprakta ya da çimenlerde durmak topraklanmanızı sağlayacaktır.

7- Her gün mutlaka bir saat kadar tüm teknolojilerden uzak durup gözlerinizi kapatın ve nefes alışverişlerinize konsantre olarak sessizliğin, yalnızlığın tadını çıkarın.

8- Sizi uyandıracak, olumlu yönde değiştirecek sevgi frekanslı (yüksek titreşimli) bilgileri, kitapları okuyun. Sağlıklı beslenin. Kırmızı et yemeyi bırakın (Çünkü, kanla bize geçen kesilen hayvanın korkuları, stresi ve hastalıkları bizim frekansımızı düşürür.). Organik meyve ve sebze ağırlıklı beslenin. Asla işlenmiş hazır yemek yemeyin. Tükettiğiniz her şeyin ambalajını ve içindekiler bölümünü iyi inceleyin. Palmiye yağı, pudra şekeri ve mısır şurubu içeren gıdalar almayın.

9- Kötü rüyalarınızı ve anlık kötü hislerinizi reddedin. O an'a gidip gördüklerinizi, olumlu şekilde dönüştürün ve 'öyledir' deyin. Siz bu değişime kalpten inanırsanız gerçekten de değişecektir. İnanarak yapmazsanız, değişmeyecektir.

10- Korku, endişe, suçluluk, cezalandırılma ve şüphe gibi negatif duyguların esiri olmayın. Bu duygularımızın yaşam alanı kök, sakral ve mide çakrasıdır. Bu çakralardaki enerji akışını düzenleyin. Her gün enerji bedeninizi şarj edin.

11- Kendinizi geliştirmek için tek bir yerde takılı kalmayın. Araştırın, okuyun, sorgulayın. Doğru cevapları hep iç sesinizden dinleyin. Oradaki ses kalpten geldiği için her şeyi doğru bilir. Yalnızca sesin zihinden gelmemesine dikkat edin yeter.

12- Beş elementle temas, bize her zaman iyi gelecektir (su, toprak, ateş, hava ve kozmik enerji-ruh enerjisi-kaynak enerjisi).

Toplumsal olaylardan yayılan negatif enerjinin doğaya ve ülkelerin aurasına etkisi

Nasıl ki insanların aurası varsa dağların, denizlerin, köylerin, şehirlerin ve ülkelerin de aurası vardır. İnsanlardan yayılan negatif enerjiler, üzerinde ya da yakınında yaşadığı dağın, toprağın, köyün, şehrin veya ülkenin aurasını kötü yönde etkiler. O zaman da dünya annenin dengesi bozulur ve negatif enerjilerin yayıldığı o alanlarda depremler, seller, volkanik patlamalar gibi doğal felaketler yaşanabilir. Kirli enerjiler toprağı, bitkileri ve suları etkiler, verim düşer.

Şu an dünya üzerinde bu çeşit negatif enerjilerin üretildiği yerler Türkiye, Suriye, Irak dahil tüm Ortadoğu ve Afrika'dır. Buralarda bilinçli olarak negatif enerji üretimi yapılmaktadır. Çünkü karanlık tarafın büyümesi, beslenmesi ve devamlılığı için negatif enerjiye ihtiyacı var. Bunu da savaş, terör, hastalık ve korkular üzerinden üretiyorlar.

Astral planda iyilerle kötüler arasında büyük bir savaş yapılmaktadır. Nedeni ise, dünya annenin on binlerce yılda bir yaşadığı döngüsel değişimdir. Hem enerji olarak hem de fiziken, güç şimdiki bulunduğu yerden Türkiye, Ortadoğu ve Afrika'ya geçiyor. Bu yüzden de Kabal, buralardaki enerji portallarını etkisizleştirmeye çalışarak, gücün buralara kaymasına engel olmaya çalışıyor. Bu ülkelerde savaşın, terörün, radikal İslamın körüklenmesinin sebebi de budur. Toplumlara acı olaylar yaşatarak onlardan yayılan negatif enerjilerle, ülkelerin auralarının kirlenmesini, doğal felaketlerin tetiklenmesini ve o alanlardaki uyanışın engellenmesini istiyorlar.

Ancak ne olursa olsun, bütün çabaları boşuna… Değişim başladı, bütün dünyada ışık büyüyor ve konrolü ele geçiriyor. Yükseliş ve geçiş planlandığı gibi gerçekleşiyor.

6. BÖLÜM

Ruhların Yolculuğu

Tekâmül Nedir?

Tekâmül, kaynağa geri dönüş için yaşanılması gereken derslerin öğrenildiği bir eğitimdir. 'Ol' kıvamına gelmek için ulaşılan olgunlaşmadır. Tekamül evrimleşme demektir.

Dünyaya öğrenmek, büyümek ve evrimleşmek için geliriz. Henüz bebek olan ruhlarımız, büyüyene kadar tekrar tekrar reenkarne olur. Öğrenme ne kadar çabuk olursa, o kadar çabuk büyürüz ve yuvaya erken döneriz. Hepimiz eninde sonunda bu hayat okulunu başarıyla bitirip egolarımızdan kurtulmayı öğreniriz. Kimimiz birkaç yaşamda öğreniyor kimimiz binlerce defa hayata gelerek öğreniyor.Tekamül basamaklarını hızlı çıkmak istiyorsak hayvana, insana, doğaya karşı saygılı olmalıyız. Kendimize değil, bütünün hayrına çalışmalıyız. Bütün egolarımızı kontrol altında tutup koşulsuz sevmeyi öğrenmeliyiz.

Ruhlarımız ölümsüzdür ve evrimleşme hep devam eder... Her boyuttaki evrimimiz başkadır. Burada insan görünümündeyken, bir başka boyutta farklı bir formda olabiliriz. Çünkü evrimleşen bedenimiz değil, ruh enerjimizdir. Ruh (bilinç) büyüdükçe içine girdiği şekil de büyüyor. Bu yüzden rüyalarımızda veya durugörülerimizde gördüğümüz evliya, peygamber veya melekler çok uzun (3-4 metre) boyludurlar. Onlar, çok yüksek boyutlarda yaşadıkları için bilinçleri de çok büyük olur. Işıkları da çok parlak olur ve bizler o ışığa şimdiki titreşimimizle dayanamayız.

Her ruhun onlarca rehberi ve yardımcısı vardır. Kimimiz onları melekler, kimimiz rehber olarak tanımlarız. Aslında hepsi evrensel hiyerarşi gereği, tekâmül eden varlıklara yardımcı olan yüksek boyutlardan ışık varlıklardır. Bizler uyurken hep eğitiliriz ve onlarla hiç korkmadan iletişime geçeriz. Uyanıkken bizi onlardan uzak tutan tek şey korkularımız ve kendimize ördüğümüz duvarlarımızdır.

Bize eşlik eden ruhsal öğretmenlerimiz her toplumun kültürüne, dinine veya inancına göre farklı şekillerde bize görünebilirler. Amaçları bizi korkutmamak ve kendilerini inanılır, güvenilir kılmaktır. Örneğin Müslümansak bize evliya, din alimi, melek veya Hz. Muhammed şeklinde görünebilirler. Hristiyansak Hz.İsa veya Hz. Meryem şeklinde görünebilirler. Museviysek Hz. Musa olarak görünebilirler... Tibet, Çin, Hint dinlerinde de onların inançlarına ve değerlerine uygun kimliklerle görünebilirler. Bu biraz da kişinin bilinç seviyesine göre ayarlanır. Eğer korkuları yoksa, bilinci yüksekse, gerçek formlarında da görünebilirler.

Tekâmül Basamaklarından Çabuk Çıkmanın Yolları

Bizler dünyaya yemeye, içmeye, mal mülk edinip çoğalmaya gelmedik. Buraya küçük ruhumuzu güzel amellerimizle, sevgiyle büyütmeye ve yuvaya bir an önce geri dönmek için geldik. Tekamülümüzü tamamlayıp buradan bir an önce gitmek istiyorsak egolarımızı tamamen yenmemiz gerekiyor. İnsanları yargılamamayı, inançlarına, dillerine veya ırklarına göre ayırmamayı öğrenmemiz gerekiyor. Doğayı, ağaçları ve hayvanları, özellikle köpek ve kedileri korumamız gerekiyor. Çünkü onlar bize sevgiyi öğretmek için gönüllü olarak burada bize eşlik ediyorlar. Düşünün; etinden, sütünden, tüyünden ve derisinden yararlandığımız birçok hayvanın sadece senede bir veya iki yavrusu olurken kedi ve köpeklerin senede 15-20 yavrusu oluyor. Yaratıcı niye yiyip tükettiğimiz hayvanı daha az, yemediğimizi çok yaratıyor? Çünkü kediler ve köpekler ruhsal gelişmemize yardımcı oluyorlar. Bizim ve dünyanın frekansını yükseltiyorlar. Zaten buradaki yaşam amacımız da ruhsal gelişimimizdir. Sevmeyi ne kadar çabuk öğrenirsek, tekamülümüz o kadar çabuk ilerler ve daha hızlı evrimleşiriz.

Evrimleşme Nedir?

Evrimleşme daha yüksek boyutlarda yaşamaya uygun hale gelmek, oradaki yüksek titreşime uyumlanmak için gerekli olan bilincimizi büyütmek demektir. Bilincimiz büyürse, titreşimimiz yükselir. Titreşimimiz yükseldikçe düşük frekanslı alanlardan koparız.

Dünya boyutu madde boyutudur ve düşük frekanslı bir alandır. Bu yüzden burada, ışık bedenimiz, fizik bedenin içine hapsolur. Kişi kendini gerçekten maddeden ibaret olduğuna inanır. Kim olduğunu nereden geldiğini unutur. Tekâmül seviyesi ilerledikçe kişinin bilinci büyür ve evrimleşmesi hızlanır. Farkındalığı artar ve yavaş yavaş kim olduğunu hatırlamaya başlar.

Dünyadaki Görevliler ve Amaçları

Dünya annenin beşinci boyuta üzerindeki canlılarla yükselme kararı almasından sonra evrensel ruhsal hiyerarşi, ona destek olmak için seferber oldu. Birçok gezegenden oluşan üyelerle kurulan Galaktik Federasyon, dünya annenin bu kararına yardımcı olması için milyonlarca görevli gönderdi. Görevliler, uyanışa yardım etmek için burada bulunuyorlar ama yine de yaptıklarından sorumlulardır. Görevleri bitince geldikleri yere geri dönerler.

Şu an dünya üzerindeki görevlilerin bazıları, dünya yaşamını binlerce defa deneyimlemiş ve dünya tekamülünü çoktan tamamlayarak yükselmiş olan yaşlı ruhlardır. Bazıları da direkt başka gezegenlerden veya katmanlardan ilk defa dünyaya gelmiş yüksek bilinçli ruhlardır. Her iki grubun amacı, dünya annenin beşinci boyuta üzerindeki canlılarla beraber geçiş yapmasına yardım etmektir. Bu görevlilerin bir kısmı insanlara, bir kısmı hayvanlara, bir kısmı da doğaya yardım ediyor. Bütün çabaları, dünyayı ışıklarıyla aydınlatmak, şifalamak ve rahat geçişini sağlamaktır.

Onlar dünyaya gelmeden önce belirli kalıplar içinde neler olacağını izlerler ve ne yapacaklarına karar verip görev kontratı imzalarlar. Ancak dünyaya iniş yapınca bütün bu izlediklerini, görevini ve kim olduklarını unuturlar. Bu unutmanın sebebi, çok yüksek boyuttan düşük enerji yoğunluğunun içine girmeleridir. Burada, dünya koşullarında yeniden nereden geldiklerini, kim olduklarını ve görevlerinin ne olduğunu hatırlayıp işbaşı yapmaları gereklidir. Bunlardan bazısı uyanır ve görevini yapar. Bazıları da uyanamaz ve öbür taraftan yapılan bütün müdahelelere rağmen eğer uyandırılamazlarsa görevleri iptal edilir. O görevliler ya geldikleri yere geri çağrılır (ölüm şeklinde) ya da kendi haline bırakılırlar. Böylece normal insanlar gibi yaşlanıp ölürler ve geldikleri yere geri dönerler. Görevini yapamamış olmanın üzüntüsüyle…

Bu sebeple bu tarafa gönderilmiş görevlileri uyandırmak ve görevinin başına gelmesini sağlamak çok önemlidir. Perdenin öbür tarafından bu tarafla bağlantıya girmek için inanılmaz bir destek ve çaba var. İşaretlerle, kişilerle, yazılarla, kitaplarla, hayvanlarla, filmlerle sürekli bir bilgi aktarımı yapılır. Ta ki o görevli tamamen uyanıp iletişim kanalını açıp kendileriyle bağlantı kurana kadar. Bu bağlantıyı kurmanın tek yolu enerji bedenin düzenli çalışmasını ve şarj olmasını sağlamak, üçüncü gözümüzü açmaktır. O zaman kişisel antenimiz çeker, modemimiz çalışır ve perdenin diğer tarafıyla bağlantı kurmuş oluruz. Bunu başarabilenler kendi bireysel rehberlerince eğitilirler, görevlerini hatırlarlar ve yapmaları gerekeni yaparlar.

Bazı kişiler eğer önemli bir görevdeyse, onları uyandırmak için bizzat müdahele ediliyor ve yoğun bir eğitime alınıyorlar. Ben bunu bizzat yaşadım. Şu anda bu kitabı okuyorsanız; siz de büyük olasılıkla bir görevli olabilirsiniz. Kendinizdeki değişimi takip ederek bunu anlayabilirsiniz. Eğer üçüncü göz ekranınızdan okuma yapıyor veya kodlar alıyorsanız, odanıza siz uyurken titreşen ve uçan ışık küreleri geliyorsa görevlisiniz. Seçildiniz ve başarılı olacağınıza inanarak dünyaya geldiniz. Bir çağın bitmesine tanıklık edip yeni çağın inşasına yardımcı olacaksınız... Hatırlayın... Sevgiyle görevinizi yerine getirin.

Bu konuda 2016 yılında şöyle bir mesaj gelmişti: "Görevlileri uyandırmakta zorlanıyoruz. Çoğu görevliyi geri çektik. Bazılarının da görevini iptal ettik ve yeni görevliler indirdik."

Ayrıca dünyada bir grup görevli daha vardır ki aramızda olduklarını fark edemeyebiliriz. Çünkü onlar kısa süreli bazı görevler için üçüncü boyuta girer, görevini yerine getirip birden kaybolabilirler. Bu yüzden de karşımıza aniden çıkan ve kaybolan insanlara, hayvanlara dikkat etmek gerekir.

Görevlileri Nasıl Tanırız?

Görevlileri tanımak çok kolaydır. Bilinçleri büyüktür. Koşulsuz sevgi taşırlar. Bütün olaylara karşı nötr olurlar. Egoları, madde dünya bağımlılıkları yoktur. Çok sade bir hayatları vardır. Kişilere, ilişkilere bağımlı değillerdir.

Üçüncü boyut realitesinden ve illüzyonundan çıkmışlardır. Çoğu, doğayla veya hayvanlarla iç içe yaşarlar. Çevreci aktivitelerde bulunurlar. Hayvan hakları savunucuları, çevreciler, insan hakları savunucuları, yardımseverler, genellikle onlardır. Bilge olurlar. Her konuda fikirleri olur. Kalabalık içinde pek konuşmayı sevmezler. İçe dönüktürler ve kalbe inmiş insanlardır. İçeriden beslenirler. Hayatı dışarıdan izlerler. Bolca gözlem yaparlar. Evlerinde mutlaka hayvan beslerler. Bazısı kendilerini tamamen hayvanlara veya doğaya adarlar. İyi birer şifacıdırlar. Onların alanında olanlar kendilerini çok iyi hissederler ve iyileşirler. Girdikleri ortamlara ışık saçarlar. Onları kızdıramazsınız çünkü hep pozitiftirler. Düşük titreşimli duygulardan kurtulmuşlardır. Hayvanlarla, bitkilerle ve doğayla telepatik iletişim kurarlar. Yardım etmekten zevk alırlar. İhtiyacı olanlara rehberlik ederler. İnsanların farkındalığını büyütürler. Onlarla olmak, özlem duyulan yuvada olmak gibidir. Onlara ait her şey tanıdıktır…

Atatürk ve Türkiye'deki Görevliler

Bendeki bilgiye göre şu anda Türkiye'de Atatürk tarafından gönderilmiş binlerce görevli var. Bunlardan bazısı, bizzat Atatürk bilinciyle geldi. Onun gibi düşünüyor, hissediyor, konuşuyor ve yaşıyorlar. Bazısı da sadece onun enerjisiyle, fikirleriyle besleniyorlar ve görevlerini yapıyorlar. Bu görevliler, Türkiye'nin Yeni Çağda üstlendiği misyonunu yerine getirmesi için yardımcı oluyorlar. Ayrıca insanların uyanışında sevginin, barışın inşasında da görev alıyorlar. Çoğunluğu kadınlar, gençler ve çocuklardan oluşuyor. Zamanı geldiklerinde uyanıp görevlerinin başına geçerler. Tıpkı planlandığı gibi…

Reenkarnasyon ve Transmigrasyon Nedir?

Ne doğum bir başlangıçtır ne de ölüm bir sondur. Ruhlar ölümsüzdür. Ölen sadece içine girdiğimiz bedenlerdir. Ruh dediğimiz enerji zerresi, kaynaktan bir toz halinde ayrılır ve gittiği katmanlarda deneyim yaşarak ileriye doğru büyür ve evrimleşir.

Ruhun yolculuğu, dairesel bir döngü şeklinde olur. Çark şeklindedir. Ruh, doğar, yaşar ve ölür. Sonra tekrar doğar. Her yaşamında bir şeyler öğrenir ve her bir yaşamı, bir sonrakinin derslerini belirler. Bir önceki yaşamında alamadığı dersleri yeni hayatında yeniden yaşar. Bazen aynı, bazen farklı mekan, kişi veya olaylarla... Reenkarnasyon da bu yüzden vardır.

Ruhun, öldükten sonra yine bir insan bedeniyle doğmasına **reenkarnasyon** (tekrardoğuş) denir. Hayvan bedeninde doğmasına ise; **transmigrasyon** denir. Ruh enerjidir ve gittiği her katmanda, oranın koşullarına uygun bedenlere girer çıkar. Girdiği beden eskiyene kadar içinde kalır ve eskiyince de terk ederek başka bir bedenle yeniden doğar. Bu yolculuk, öğrenme bitene kadar devam eder.

Eski medeniyetlerde, ölümden sonra yaşama inanıldığını gösteren birçok bilgi ve kanıt var. Mısır, Yunan, Roma, Peru, İnka ve Maya kültürlerinde ölümden sonra yaşam inanışı hakimdi. Bulunan mezarlarda, ölen kişilerin, özel eşyalarıyla gömüldükleri görülmektedir. Özellikle Mısır tanrıları şahsi eşyaları, hizmetçileri ve eşleri öldürülerek onlarla beraber mezara gömülmüşler. Ölmüş insanların mumyalanma sebebi de ölümden sonraki yaşamlarında aynı bedenin kullanılması inancı olabilir.

Reenkarnasyon gerçektir ve bu konuda sayılamıyacak kadar araştırma yapılmış, kitaplar yazılmış, kanıtlar sunulmuştur.

Bilimsel birçok tez hazırlanmıştır. Özellikle çocuk yaşlarda, bir önceki yaşamımıza ait anıları hâlâ hatırlıyor olmamız reenkarnasyonun en iyi kanıtıdır. Hipnoz seanslarında, bilinçaltımızda kayıtlı birçok geçmiş yaşam anılarıyla yüzleşmek mümkündür. Bazı insanlar, seans sırasında geçmiş yaşamlarında kullandıkları dille konuşmaya ve soruları cevaplamaya başlıyorlar. Ülkemizde de Hatay, Mersin ve Adana dolaylarında birçok reenkarnasyon vakası görülmekte ve hatta vakalarla ilgili birçok kitap yazılmıştır.

Geçmiş yaşamlarda yaşanılmış bazı travmalar bir sonraki yaşamımızı da etkileyebilmektedir. Örneğin sudan korkuyorsak, bir önceki yaşamımızda boğulmuş olabiliriz. Karanlıktan korkmak, yükseklik korkusu, köpek korkusu, yılan korkusu, ateş korkusu, kapalı alan korkusu gibi sorunlarımızın kaynağı, bir önceki yaşamımızda geçirdiğimiz acı tecrübeler ve travmalar olabilir. Bütün bunlardan geçmiş yaşam regresyonlarıyla da hipnoz seanslarıyla kurtulma şansımız vardır. Geçmiş yaşamlardan bahsederken 'karma' dan bahsetmeden geçemiyeceğim.

Karma nedir?

Hayatımızdaki seçimlerimizin sonuçlarının bir sonraki yaşama etki etmesine **karma** denir. Karma sebep-sonuç yasasıdır. Ektiğini biçmek demektir. Karma yasasına göre, yaptığımız bütün iyilikler ya da kötülükler mutlaka bir gün bize geri dönecektir. İyiliklerin geri dönmesi kimseyi rahatsız etmez ama kötülüklerin bize geri dönmesi, düşünülmesi gereken bir sonuçtur. O zaman bize olmasını istemediğimiz bir şeyi, başkasına yapmaktan vazgeçeriz. Karma, eylemlerimizin sonuçlarını bize yaşatır. Kalp kırarsan, kalbin kırılır. Yargılarsan, yargılanırsın. Üzersen, üzülürsün. Bu yasayı iyi kavrarsak, eylemlerimizi iyi yönde geliştirmeye çalışırız. Bireysel olarak oluşturduğumuz karmaların yanında, toplumsal olarak da karmalara sebep olabiliriz. Hepsi bizim seçimlerimizle ve eylemlerimizle oluşur. Örneğin size yakın bir ormanda ağaçlar katledilirken tepkisizce izlerseniz; gün geldiğinde toprak kayması veya sel olduğunda evlerinizi kaybettiğinizde sonuçlarına katlanmanız gerekir. Çünkü ağaçlar kesilirken sessiz kaldınız ve onları korumak için bir şey yapmadınız. Böylece toplu olarak bir karmaya takıldınız. Bunun gibi birçok örnek verilebilir. Mesela ülkelerin de karmaları vardır, dünyanın da... Onların karmasından da üzerinde yaşayan varlıklar sorumludur. Kötü seçim ve eylemler kötü sonuçlar getirir... Herkes ne ekerse onu biçiyor.

Karmik Bağlar ve Kontratlar (Aile seçimi- Alınacak Dersleri Belirleme)

Bizler dünyaya gelmeden önce ailemizi seçer; iş, evlilik, çocuklar ve alınacak dersler konusunu belirler; gerekli kontratları yapar ve bunları unutarak dünyaya ineriz. Basitçe örneklemek gerekirse, bir fotoğraf çerçevesini belirleyip dünyaya iner ve o çerçevenin içini yaşadıklarımızla doldururuz. Kontrat yaptığımız kişiler zamanı gelince hayatımıza girerler. Zamanı dolduğunda da hayatımızdan çıkıp giderler. Bazen kontrat yaptığımız kişiler, biz onlardan gelecek dersleri almadan hayatımızdan çıkıp giderse, ileriki zamanda mutlaka tekrar hayatımıza o dersleri vermek ve kontratın gereğini yapmak için geri gelebilirler. Bu yüzden böyle kişilerle ilişkilerimiz kısır döngüye dönüşebilir. Mesela sevgiliniz sizi bırakıp gitti. Ona kızgınsınız çünkü ilişkiniz tamamen bitti. Siz de o da artık farklı kişilerle berabersiniz ama nedense, sizin aklınız hâlâ o eski sevgili de. Onu düşünmek istemeseniz bile bir güç sizi hep ona doğru iter. Bunun sebebi aranızdaki kontrat gereği, yaşanması gereken dersleri hâlâ alamadığınız içindir. Çünkü dünyaya gelmeden önce onunla yaşayacaklarınızı izliyorsunuz ekrandan. Ruh bunu bildiği için erken kopmalarda hep o izlediği görüntüleri, yaşanması gereken olayları hatırladığı için sizi o kişiye doğru iter. İsteseniz de istemeseniz de aradaki çekim devam eder ve bir şekilde yeniden bir araya gelirsiniz ve eksik kalmış senaryoyu tamamlarsınız. Sonra da herkes yeniden kendi yoluna gider.

Kontrat iptali de mümkün elbette. Bize bağlıdır. Kısır döngülerde, altından kalkamadığınız durumlarda, buradaki kişilerle, gelmeden önce yaptığımız kontratları iptal edebiliriz. Bu ciddi bir çalışmadır. Ciddi bir karardır. Çünkü realitenizi farklı bir yöne kaydıracağınız için devamında neler olabileceğini bilemiyoruz.

Gelmeden önce içine doğacağımız aileyi ve bireylerini belirliyoruz demiştik. Annemizi, babamızı, kardeş rollerini, eş rolünü oynayacak bireyleri biz seçiyoruz ve onlarla birlikte karar verip dünyaya geliyoruz. Aile bireylerimizi, çoğunlukla bir önceki yaşamımızda derin bağlarımız ve karmalarımız olan kişilerden seçiyoruz. Böylece karşılıklı olarak karma temizliği yapıyoruz. Bu yaşamda eşimiz olan bir kişi, eski bir yaşamda kardeşimiz rolünde olmuş olabilir. Bu yaşamda erkek isek, bir önceki hayatta kadın olarak yaşamış olabiliriz. Bu yaşamdaki annemiz, bir önceki yaşamda çocuğumuz olmuş olabilir. Her zaman en son doğan ruh, en yaşlı ve en deneyimli olandır. Bu nedenle çocuklarımız bizim büyüklerimizdir, atalarımızdır. Ölen büyükler, eğer karmaları bitmemişse aynı aileye, kızının ya da oğlunun bebeği olarak hayata gelebilirler. Yani kendi kendinin torunu olarak tekrar dönebilirler. Bütün bu geliş gidişlere kendi özgür irademizle karar veriyoruz.

7. BÖLÜM

Yükselişe Doğru

Bilinç Farklılıklarının Hayatımıza Etkisi

Ruh dediğimiz şey yuvarlak bir ışık topu şeklindeki bilinçtir. Her insanın kendine göre bir bilinci vardır. Bilinç enerjiden oluşmuştur ve ışık topu şeklinde görülebilir. Bu bilinç topu, bazı fotoğraflarda orb şeklinde çıkıyor. Görülen orblar ya o alandaki ölmüş varlıklara ait bilinçlerdir ya da o anda rüya halinde olan insanların, astralde gezen ruhlarıdır. Var olan her şeyin kendi seviyesine göre bir bilinci vardır. Bilinçler büyüdükçe frekans yükselir.

Kimi bilinçler mercimek büyüklüğünde, kimisi nohut büyüklüğünde, kimisi ceviz büyüklüğünde, kimisi de portakal büyüklüğündedir. Bilincimiz büyüdükçe farkındalıklarımız artar ve uyanış başlar. Bilinç küçükse, anlama ve idrak etmede aynı ölçüde az olur. Ne anlatırsanız anlatın, kişi sahip olduğu bilinç kadarını anlar. Bilinci küçük olan kişiler genelde dar görüşlü, zihinde yaşayan, illüzyonun içinde kaybolmuş ve madde dünyaya aşırı bağlanmış kişilerdir. Okumak öğrenmek yerine, birinin yönlendirmesine göre sürü psikolijisiyle hareket ederler. Herkes ne yöne giderse onlar da oraya giderler. Sorgulama yapmazlar. Bu ruhlar, evrimleşme sürecinin henüz başındalar. Hep kendilerine onlar yerine karar verecek güçlü birini seçip onun peşinden sürüklenirler. Bu bağlamda birçok tarikatin, grubun, ortaya çıkışı ve yayılması düşük bilinçliler için bir yol ve ihtiyaç giderme olmuştur.

Ne kadar çok bilgi, sorgulama ve araştırma yapılırsa o kadar çok öğrenilir ve farkındalık gelişir. Farkındalığımız geliştikçe, uyanış hızlanır ve bilinç patlaması olur. Uyanış yaşayan insanlarda öyle hızlı bir bilinç büyümesi olur ki bırakın aylarla ölçülen bilinç farkını, günlük bilinçleri bile farklı olabilir. Her gün yeni bir şeyler öğrenileceğinden, bir gün önceki bilinç, bir gün sonrakine göre düşük frekansta kalabilir. Bilgi her alanda uyanışı hızlandırır, frekansı yükseltir ve bilincin büyümesini sağlar.

Sadeleşme ve Gereksiz Bağımlılıklardan Kurtulma

Uyanışımız başladığında, hızlı yükselebilmek için sadeleşmeliyiz ve maddi manevi gereksiz yüklerimizden kurtulmalıyız. Bize fayda sağlamayan insanlardan, eşyalardan, kronikleşmiş dertlerden kendimizi kurtarmalıyız. Kişi ya da eşyalara aşırı bağımlılık enerjimizi tüketir, özgürlüğümüzü kısıtlar ve ayaklarımızdan iplerle bağlanmışız hissi uyandırır. Böylece kanatlarımız ağırlaşır, rahat uçamayız. Oysa hep hafif olmalıyız ki kolay uçabilelim. Geçmiş yaşamlardan getirdiğimiz yükler, bu yaşamımızdaki sorunlar, egolarımız ve bağımlılıklarımız bizim fazlalıklarımızdır. Bunların hepsi ceplerimize doldurulmuş ağır taşlar gibidir. Bize ağırlık yapar ve hızlı ilerlememizi engeller. Bu yüzden o taşlardan tek tek kurtulup rahatlamalıyız ki özgürleşip yükselebilelim.

1-Fiziksel Sadeleşme

Madde olan şeyler bizi asla mutlu etmez. İhtiyacımız olmadığı halde sürekli bir şeyler almak egolarımızı besler. Aldığımız eşyaların enerjisi olduğu için evimizdeki enerji alanını fazlasıyla işgal edeceklerinden, bize düşen kişisel enerji alanı azalmış olur. Evimizde ne kadar az eşya olursa, bize düşen enerji alanı o kadar çok olur. Bu yüzden evde gereksiz eşya stoğu iyi değildir. İşimize yaramayan eşyaları, ihtiyacı olan birilerine verdiğimizde kendimizi daha rahatlamış hissederiz. Bu rahatlama hissi, biz vermeye devam ettikçe daha da büyür. Çünkü verdiğimiz eşyaların evimizde işgal ettiği alanları boşalacağından, bizim kullanabileceğimiz enerji alanımız daha da genişler. Giymediğimiz kıyafetleri ve ayakkabıları ihtiyacı olanlara verdiğimizde hem biz hafifleriz hem de onlar mutlu olur. Ayrıca güzel bir şeylere katkımız olduğu için oradan bize gelecek pozitif yansımayla da kendimizi iyi hissederiz, güzelleşip, sadeleşiriz. Sadeleşmenin ruhsal uyanışımıza etkisi çok büyüktür. Üzerinde önemle durulması gerekir.

2- Duygusal Sadeleşme

Bize fayda sağlamayan insanlardan, ilişkilerden ve bağımlılıklardan kendimizi kurtarıp sadeleşmeliyiz. Enerjimizi düşüren negatif insanlardan uzak durmalıyız. Yıllarca bizi üzen insanlarla bağımızı kesip sadeleşmeliyiz. Çocuklarımıza, anne babamıza veya eşlerimize aşırı derecede bağlanıp onların hayatını kontrol etmekten uzak durmayılız. İnsanları olduğu gibi kabul edip kendi ayakları üzerinde durmalarına, kendi sınavlarını yaşamalarına izin vermeliyiz. Özellikle çocuklarımıza karşı olan aşırı bağımlılıklarımız hem bizim hem onların sağlıklı ilerlemesini engelleyecektir. Bu nedenle bütün duygusal ilişkileri dengede kurmak ve aşırı bir bağımlılığa dönüştürmemek lazımdır. Herkes hayatımızdan, bir gün elbette çıkıp gidecektir... Buna hazır olmak gerekir. Gidene yol, gelene yer vermeliyiz.

3-Zihinsel Sadeleşme

Zihnimizdeki bütün dar kalıplı düşüncelerden, işe yaramaz inançlardan, gereksiz blokaj ve filtrelerden kurtulmamız ve sadeleşmemiz lazım. Sabit fikirli olmak, her düşüncemizi putlaştırmak bizim doğruya ulaşmamızı engelleyen en büyük blokajlardır. Zihindeki karmaşa, korku ve bilgi kirliliği, içimizdeki ruhun etrafına büyük bir duvar örer ve ona bir hapishane hayatı yaşatır. Hapsolmuş ruh, mutsuz olur. Bize gelen bilgileri zihnimizde yarattığımız inancımıza göre filtreleyerek elemek, gerçeklere ulaşmamızı engeller. Bu nedenle zihnimizi işgal eden gereksiz bilgi, takıntı, inanç ve düşüncelerden kurtulup sadeleşmeliyiz.

Mutluluk Dışarıda Değil İçeridedir.

Mutluluğu dışarıda arayanlar, en güzel evlere, arabalara, elbiselere sahip olsalar da kısa süreli bir mutluluk duyup sonra yine mutsuz olurlar. Onlar bunun gerçek sebebini anlamadığı için her mutsuz olduklarında daha çok para harcarlar daha çok mal, mülk sahibi olurlar. Çünkü mutlu etmeye çalıştıkları şey kendileri değil, egolarıdır. Ego asla tatmin olmaz. Hep daha fazlasını ister. Zihin bütün hayatı kontrol eder ve kişi tatminsizlikle baş edemez. Bu arada, içerdeki masum çocuk bütün bu olanları sabırla izler ve fark edileceği günü bekler.

Mutluluk sadece içerideki çocuk mutlu olduğunda hissedilebilecek bir duygudur. İçerideki çocukla kastediğim ruh diye tanımladığımız gerçek bizdir, özümüzdür. Mutluluk, egomuza değil, ruhumuza hitap ediyorsa mutluluktur. Olaylar karşısında bir çocuk gibi seviniyorsak, hücrelerimize kadar yayılan bir sıcaklık hissediyorsak; o, gerçek mutluluktur. Bunun dışındaki her mutluluk duygusu sadece dışarıda kalır ve içeriye giriş yapamaz. Gerçek mutluluk, içeriden dışarıya doğru yaşanır.

Hayallerimiz Zihnimizi Değil, Kalbimizi Beslemeli

Sözlerimiz, hayallerimiz ve düşüncelerimiz yaratımlarımızı oluşturur. Ne düşünürsek O'yuz. Ne hayal edersek onu yaratmış oluruz. Ne konuşursak yaratırız. Çünkü sözler, düşünceler ve hayaller de enerjidir. Onları kullandığımız zaman, enerjilerini aktif ettiğimiz için yaratımını da yapmış oluruz. Bu yüzden düşüncelerimiz, sözlerimiz ve kurduğumuz hayaller çok önemlidir. Ne yarattığımıza dikkat etmeliyiz. Negatif ya da egosal yaratımlar bize fayda getirmez. En hızlı yaratımlar güzel ve pozitif hayallerle, sözlerle ve düşüncelerle yapılanlardır. Egosal ve negatif dönüşümlere sebep olacak yaratımlar ya gerçekleşmez ya da çok geç olur. Çünkü enerjisi düşük frekanslı olduğundan evrende çok yavaş ilerler. Ayrıca bütüne hizmet etmediği için bize geri dönüşü de negatif olabilir. Ama sevgiyle yapılan, zihne değil de kalbe hitap eden, bütünün hayrına olan bütün pozitif yaratımlar çabuk gerçekleşir. Çünkü onlar, titreşimi yüksek duygularla yapılmış pozitif isteklerdir. Bunu basit bir örnekle şöyle anlatabiliriz: Aynı noktaya üç farklı yolla gitmeye çalışan üç kişi düşünün. Uçakla giden, en erken ulaşır. Otobüsle giden daha geç ulaşır. Yürüyerek giden ise en geç ulaşan kişi olur. Evrende en hızlı hareket eden düşünceler, pozitif düşüncelerdir.

İçeriden ve Dışarıdan Beslenme Arasındaki Fark

Aslında evrendeki bütün bilgilere, kendi üzerimizden erişebilme imkanımız vardır. Fikirler, buluşlar, kitaplara konu olan bilgiler, ilhamlar hep aynı kaynaktan bize gelir. Hepsi kollektif bilinç dediğimiz, evrensel akaşadan çekilen bilgilerdir. Belirli bir frekansa erişildiğinde bu bilgilere ulaşılabilir. Ancak bu tür bilgilere ulaşmak için öncelikle dışarıya değil, içeriye yönelmemiz gerekir.

Bizler, başkaları tarafından ortaya atılmış fikirlerle, bilgilerle kendimizi sürekli dışarıdan beslemeye çalışıyoruz. Oysa onların erişebildiği bilgiye biz de erişebiliriz. Dışarıdan öğrenmeye çalıştığımız her şey aslında bizde de mevcuttur. Belli bir titreşim seviyesine geldiğimizde, kollektif bilince bağlanıp oradan bilgi çekebilir veya eğitim alabiliriz. Buna içeriden beslenme deniyor. Dinginlik haliyle, meditasyon haliyle içeriye yönelip iç sesimizle veya üçüncü göz vasıtasıyla kaynağa; başkası üzerinden değil de kendimiz direkt bağlanabilir, bilgi çekebiliriz. Zamanla gelişecek hislerimizle, rüyalarımızla, durugörü, duruişiti veya vizyonlarla da kollektif bilinçten bilgi almak mümkündür.

Uyanış döneminde, bireysel eğitimlerimiz, bizler içeriyle bağlantıyı kurana kadar, öncelikle dışarıdan yapılıyor. Bunun için karşımıza aniden kitaplar, yazılar, filmler, müzikler, insanlar veya hayvanlar çıkabilir. Bunların hiç birisi tesadüf değildir. Her şey bir plan dahilinde gerçekleşiyor. Eğitimimiz biz tamamen içeriye inene kadar, dışarıdan devam eder. Hazır olduğumuz da içeriden direkt kaynakla bağlantıya geçer ve eğitiliriz. Aradığımız her sorunun cevabı, bize içeriden gelmeye başlar. Ayrıca uyanış safhasında dışarıdan gelen bütün işaretleri de çok iyi takip etmeliyiz.

İşaretleri Takip Edelim

Evren bizimle daima işaretlerle ve sembollerle konuşur. Bunun farkındalığına varıp takip etmeyi öğrenirsek, onunla iletişim kurmak o kadar zevkli ki… Bir yazı ya da kitap zamanı gelmeden anlaşılamaz. Kişinin bilinci hazır oldukça seviyesine göre mesajlar, bilgiler, kişiler karşısına çıkar. Öğrenci hazır olduğunda öğretmen belirir. Hiçbir şey tesadüf eseri hayatımıza girmez. Bu nedenle çok iyi bir gözlemci olmalıyız. Alanımızdaki bütün işaretleri takip etmeliyiz. Bize verilen mesajları iyi anlamalıyız. Farkındalığımız iyi ise, işaretlerle gelen mesajları çok çabuk alır ve gerekeni yaparız. Ama farkındalığımız yoksa o mesajları kaçırırız ya da yıllar sonra anlarız ama iş işten geçmiş olur. Hayatımız belli bir plan ve programa dayalı olarak gelişir. Evrendeki her şey mükemmel işleyen tanrısal mekanizmanın bir parçasıdır ve dakiktir. Bize ne gelirse zamanı olduğu için ve gerekli olduğu içindir. Bu kadercilikle aynı şey değildir.

Bizler bu mükemmel işleyen planın hem parçasıyız hem de kurucusuyuz. Yüksek benimiz, bizden gelen verilere göre bir plan-programlama yapar. Tüm avatarlar, rollerini oynar. Biz parçalar büyüdükçe, geliştikçe bütün dediğimiz Tanrı da büyür. Evrimleşme süreklidir...

Bazen kalbimize yeterince inememişsek ve günlük şarjlarımız yeterli değilse evrenle bağlantımız zayıf olur ve bize direkt gönderilen mesajları alamayabiliriz ya da perdenin diğer tarafındakiler bize ulaşmada sorun yaşıyor olabilir. Onlar böyle durumlarda, bizimle bağlantı kurmak için çevremizdeki dış unsurları (insan, hayvan, işaretler, semboller, kitap, yazı veya filmler gibi) araç olarak kullanıp mesajlar yollayabilirler. Bu nedenle farkındalığımızı açık tutup işaretleri iyi okumamız gerekir.

Farklı olun- Cesur Olun

Herkesle aynı yöne gitmek zorunda değiliz. Farklılığımız, farkımız olsun. Gerektiğinde, bize başkaları tarafından çizilmiş yollardan, çıkmaktan korkmayalım. Korkunun bittiği yerde cesaret başlar... Cesur olalım. Kendimiz olalım. Başkalarının ne düşüneceğine aldırmadan özgürce yaşamayı ilke edinelim. Kendi kişiliğimizi bastırıp içerideki çocuğu susturup başkalarını memnun edecek bir kişiliğe bürünmek sadece bize zarar verecektir. O an anlaşılamazsa bile ileride büyük hasarlarla kendini gösterecektir. Bizler, kendimizi bulmak ve kendimizi memnun etmek için buradayız. Kendimize hizmet ederken zaten bütüne hizmet etmiş oluyoruz. Herkes sadece kendi yolculuğu için burada. Yapmak istedikleri için buradadır. Hayattaki her şey güllük gülistanlık olsaydı ne sabrın önemini ne de cesareti öğrenemezdik, büyüyemezdik. İçimizdeki çocuk yerinde sayardı. En çok öğrendiğimiz şeyler, cesurca atılıp başladığımız işlerden gelir. Denemezsek, başarılı olup olmayacağımızı öğrenemeyiz. Bu nedenle cesurca değişimi başlatıp yeni enerjiye uyumlanıp seçimlerimizi buna göre yapmalıyız. Hayatımızda eski enerjiye ait ne varsa; bizi kontrol etmesine 'dur' demeliyiz artık…

"Korkaklar birçok kez ölür, cesurlar bir kez." William Shakespeare

"İçinden geçenleri söylemeye cesaretin yoksa, içinde kalanların esareti ağır olur." Anonim

"Uçmayı seviyorsan, düşmeyi de bileceksin. Korkarak yaşıyorsan, yalnızca hayatı seyredersin." Anonim

Olayları Dışarıdan İzlemek- Gözlemci Olmak

Yaşadığımız olaylara kendimizi kaptırırsak, uzun süre etkisinde kalıp boş yere acı çekeriz ve çıkış yolu bulmakta zorlanırız. Gerçekleri net göremeyiz. Bu da enerjimizi düşürür ve ruhsal yönden kolay çökeriz. Frekansımız düşerse ve benzer enerjilere ait olayları kendimize daha çok çekeriz. Çünkü dışarıya ne yansıtırsak onun yansımasını geri alırız. Bu yüzden de olaylara karşı daha nötr olmayı ve dışarıdan gözlem yapmayı öğrenmemiz lazım. Yaşanılan bir negatif olayı sevgi ve bilgelikle dönüştürmeyi öğrenmemiz lazım. Saatlerce günlerce o tatsız olayı düşünerek enerjisini beslemeyelim, güçlendirmeyelim. Güçlendirdiğimiz olaylar hayatımızda daha uzun süre kalır. Eğer bir kişiyle tartışmamız kavgaya ve gereksiz sonuçlara doğru ilerlemişse, karşıdaki kişiyi etkilemek imkansızsa, o an bulunduğumuz ortamda, gerekirse bilerek geri adım atmayı öğrenmemiz lazım. Haklı bile olsak, gerektiğinde özür dileyen ilk kişi olup tartışmayı sevgiyle kendi yararımıza dönüştürebiliriz. O an için belki faydası olmaz diye düşünsek bile yapmaya devam edelim. Geri dönüşü muhteşem olacaktır. Karşımızdaki kişiler ile aynı frekansta buluşamıyorsak, o frekans alanından dışarı çıkmayı bilmemiz lazım. Yani o ortamı çevreleyen çemberden bir adım dışarı çıkıp biraz da olaya dışarıdan bakmayı öğrenmemiz lazım. Bazen çemberin (olayın) içindeyken resmi farklı görebiliriz. Dışarıdan bir süre gözlem yapınca, kendimizi de o çemberdeki hallerimizle, konuşmalarımızla değerlendirince, gerçek resmi daha net ve tarafsız görebiliriz. Böylece olaylara bakış açımız değişir ve daha çok dengede oluruz. Olayları, büyümeden kontrol altına almayı öğreniriz.

Bu yazdıklarımı ülkemizde yaşanan olumsuz bütün olaylar içinde aynı şekilde uygulayalım. Ülkenin gidişatı konusunda duygusal davranmak yerine, yine nötr olmayı dışarıdan gözlemci olmayı deneyelim. Aksi halde olaylara, yaşanan çarpıklıklara üzülerek, umutsuzlanarak, karamsar düşünerek, karşı tarafın enerjisini bilmeden beslemiş oluruz. Ayrıca kendimizin de enerjisini düşürmüş oluruz. Her ne olursa olsun, anında dengelenip kendimizi toparlayalım. Olaylara kendimizi kaptırıp hem kendimize hem de bizim gibi düşünenlere zarar vermeyelim. Düşünce ve davranış-larımızla negatif zincire halka olacağımıza, pozitif düşünce ve davranışlarımızla ışık zincirine halka olalım.

Çekim Yasası

"Çekim yasasının kuralı şudur: Ne istiyorsan onu çekemezsin. Neysen onu çekersin."

Dr. Wayne Dyer

Evrendeki her şey enerjidir ve bu enerjilerin de frekansı vardır. Frekanslar farklı farklıdır. Her bir frekans kendisiyle aynı olan frekansa doğru çekilir. Buna 'çekim yasası' denir ve bu yasa hayatın her alanında mükemmel çalışır. Biz ne isek onu kendimize çekeriz. Sahip olduğumuz duygu düşünce ve davranışlardan yayılan enerji, tıpkı bizim gibi davranan, düşünen kişileri bulur ve bize çeker. Yani mutlu ve sevgi dolu bir insansak, çekim yasası gereği mutlu ve sevgi dolu insanlar gelir alanımıza. Sorunlu, negatif bir insansak, yine bizim gibi sorunlu ve negatif olan insanları çekeriz kendimize. Çekim yasasını iyi anlarsak, karşımıza çıkan insanlar için başkasını suçlamaktan vazgeçeriz. Kaynağın, bizden yayılan enerjiler olduğunu anlarız ve kendimize çeki düzen veririz.

Yansıma Yasası

İçeride olanın, dışarıdan bize geri dönmesine yansıma denir. Hayatımıza giren herkes, bizim bir özelliğimize ayna tutar ki kendimizin farkına varalım. Çevremizdeki her şey bize bir aynadır. Onlara baktığımızda en derinlerde gizlenmiş bir özelliğimizi görürüz. Başkasında gördüğümüz her şey aslında kendi iç yansımamızdır. İçeride olanın dışarıya çıkması ve aynaya çarpıp bize geri dönmesidir. İstemediğimiz halde dedikodu yapan birisi hep karşımıza çıkıyorsa; onda bize ait, görmemiz gereken bir yanımız vardır. Birisini yargılamakla veya kötü olmakla suçladığımızda, onda gördüğümüz aslında kendimiziz. Belki de en derinlerde ve henüz açığa çıkmamış özelliklerimizdir bunlar ve o kişi bize ayna oluyordur. Hiç kimse tesadüfen karşımıza çıkmaz. İnsanlar, hayvanlar, olaylar bize hep saklı kalmış bir yanımızı gösterir. Yansıma yasası evrenin her alanında çalışıyor. Bilelim ve bu yasayı doğru okuyalım.

Yargılama Mekanizmasından Kurtulma

Yargılamak, karşımızdakileri kendi beklentilerimize ve kalıplarımıza uymadığı için küçümsemek veya dışlamak demektir. Peki nereden geliyor bu beklenti ve kalıplar? Tabii ki dışardan bize öğretilerek… Yani çocukluktan itibaren zihnimizin içine hapsolalım diye bize kibir, ayrıştırma, ego, 'ben'ci olmak ve yargılama öğretiliyor. Aileden, oyun arkadaşlarımızdan ve okullardaki eğitimden hep bu duygularımızı besleyen programlanmalar alıyoruz. Okul yıllarında düşüncesine, kıyafetine, rengine, konuşmasına ve dinine göre insanları yargılamaya başlıyoruz. Sonra yaş ilerledikçe bu ayrıştırmaların yerini politik seçimler, kültür, statüler, dinsel ve cinsel tercihler alıyor. İlişkilerimiz hep ayrıştırmayla, bölmeyle ve yargılamayla şekilleniyor. Çünkü bizi, öyle olalım diye programlıyorlar. Zamanla, çocuk saflığımızla, bu dünyaya getirdiğimiz empati, merhamet ve sevgi yok oluyor. Suçluluk duygusu, cezalandırma korkusu ve pişmanlıklarla büyüdüğümüz için ilk önce kendimizi yargılıyoruz. Kendimizi sevmeyi unutuyoruz. Bu duygu haliyle içeriden dışarıya doğru torus gibi yayılan bir iç yansıma yaşıyoruz ve başkalarını da kendimizi yargıladığımız gibi yargılıyoruz. Yani aslında başkalarını yargılarken, bilmeden kendimizi yargılamış oluyoruz.

Bunu değiştirmenin tek yolu, kendimizi içeriden düzeltmektir. İçeriden başlayan düzeltmeler sonradan dışarıya da yansıyacaktır. İçeriden yapılacak düzeltmenin temeli ise kendimizi sevmek, affetmek ve yargılamayı bırakmakla başlar. Yaşadığımız her şeyin, yaşamı öğrenmek için gerekli dersler olduğunu düşünürsek o zaman olayları iyi ya da kötü diye tanımlamaktan vazgeçeriz. İyi ya da kötü diye tanımladığımız olaylara öğrenilmiş ya da henüz öğrenilmemiş dersler diye bakarız. Bu da bize hoşgörüyü, koşulsuz sevmeyi, yargılamamayı ve olduğu gibi kabullenmeyi öğretecektir. Bir sebeple yargıladığımız kişilerin durumuna mutlaka biz de düşeriz. Yargıladığımız her şeyi kendimiz de yaşamadan dünyadan ayrılmayız. Dünyadaki evrimleşme karma döngüsüyle çalışıyor. Alma verme dengesi hiç şaşmıyor. Eninde sonunda yerini buluyor. **Bu yüzden de yargılama, yargılanırsın!**

An'da Yaşamak

"Depresyonda iseniz geçmişte yaşıyorsunuz. Endişeli iseniz gelecekte yaşıyorsunuz. Huzur içindeyseniz şimdide yaşıyorsunuzdur."

Lau Tzu

Yaşamımız bir deneyimdir. Bu deneyim boyunca hep geçmişe ya da hep geleceğe odaklanırsak 'an'da yaşamayı kaçırırız. Ne geçmiş zaman gerçektir ne de gelecek zaman. Tek gerçek şimdiki zamandır. an'dır. Geçmişe ya da geleceğe takıldığımız sürece an'ı kaçırırız. Yaşanılan olayları, bir saniye sonrasına taşımak bile, an'ı kaçırmak demektir. Yaşanmış olanı değiştiremiyeceğimize göre hemen kabullenip ona uygun şartlar yaratmalıyız ki hemen an'a geri dönebilelim. Gelecek zamanı, şimdiden düşünüp planlayıp endişelerimizle beslemek de doğru değildir. Şimdiki zaman için kullanmamız gereken enerjiyi, ileriki zamana aktarmak demektir. Yapacaklarımızı ileriye erteleyerek enerjimizi boşuna dağıtmış oluruz. Oysa o enerjiye en çok şimdide ihtiyacımız var. An'da güçlü olamayan, gelecekte de güçlü olamaz.

Geçmişe ait olaylardan dolayı hissedilen pişmanlıklar, suçluluk duyguları ve korkuları an'a taşımak da doğru değildir. Yıllarca önce yaşanmış olanları besleyerek günümüze taşırsak onlarla ilgili duygulara süreklilik kazandırırız. Bu duygular bizi esir alır ve iç dünyamızda hasara sebep olur. En büyük zararı da şimdide yaşamamızı engeller.

Bu yüzden her ne olursa olsun, biz onlara değer kattığımız için hayatımızda yer alırlar. Onları düşünerek beslemeyi bıraktığımızda, hayatımızdaki etkileri son bulur ve an'da yaşama döneriz.

An'da yaşayan bir insan için zaman sıfırlanır… Kişi, an'da ne gelirse onu yaşar. Olayları akışına bırakır ve geleni, gideni serbest bırakır. İzleyici olur… Acı çekmez. Nötr olur ve yaşamın gerçek tadına varır.

Zaman Sıfırlanması: Dijital saatlerde tesadüfen 00:00 gördüğümüzde bizim için o an zaman sıfırlanir ve yeni bir başlangıç için fırsat elde etmiş oluruz. Hayatımızda yeni bir sayfa açılır. Bu nedenle gözümüz 00.00'a takılırsa hemen geçmişimizde olumsuz iz bırakmış olayları ve kişileri affedip salıvermeliyiz. Artık bize hizmet etmeyen kişilerle olan kontratları iptal edip hayatımıza yeni insanlar ve rehberler çağırmalıyız. 00.00 sıfırlanma, arınma ve yeni bir döneme geçmek için şans demektir. Hayatımızda bir değişim istiyorsak, bu şansı değerlendirmeliyiz. Kryon'un önerdigi 'Nötr Aşı'yı '00.00' gördüğümüzde uygulayarak da aynı işlemi yapmış oluruz.

Programlanma-Kodlarla veya Geometrik Şekillerle Yüklemeler Alma

Hepimiz bilinç seviyemize göre uyanıkken veya uyku halindeyken yüklemeler alabiliyoruz. Özellikle uyku halindeyken, üçüncü göz ekranımızdan yazılı, sözlü ya da görüntülü olarak eğitim alıyoruz. Bazen bizleri, yukarı çekerek üzerimizde 'uyumlanma' veya Dna aktivasyonu çalışması yapıyorlar. Bazen de biz uyurken, alanımıza girip üzerimizde gerekli aktivasyonları yapıyorlar. Bireysel uyumlanma ve aktivasyonlar genelde görevliler için yapılıyor.

Yüklemeler ise uzaktan yollanan ışık küreleriyle, kodlarla, sembollerle, rakamlarla, geometrik şekillerle ve renkli enerjilerle de yapılabiliyor. Tıpkı bir bilgisayara yükleme yapılır gibi. Hepsi holografik alanda gerçekleşiyor. Bazen yapılan bu bireysel uyumlanma ve yüklemeleri biz rüya olarak da hatırlayabiliriz.

Işık Küreleriyle Yükleme: Uyku halindeyken odamıza bir greyfurt büyüklüğünde, titreşen ışık küresi girip bize yükleme yapabilir. O küreler yarı açık bilinçle fark edildiği zaman küreden yayılan enerjinin etkisi, bedende yoğun bir titreşime ve karıncalanmaya sebep olabilir. Ardından hemen derin bir uykuya dalarız. Yükleme tamamlanınca, ışık küresi geldiği yere geri gider.

Kodlarla Yükleme: Bilgisayarlarda kullanılan binary kod (011001011) sistemiyle bize uzaktan yüklemeler yapılabiliyor. Üçüncü göz ekranından bu yüklemeler yakalanabilir. Bazen dikey şekilde bazen yatay şekilde gelebiliyorlar. Beyaz enerjiden veya yeşil enerjiden yapılmış olabilirler. Bazen tek bir kelimeden oluşan kodlar da gelebiliyor.

Sembollerle Yükleme: Tarihimizde iz bırakmış antik sembollerle yapılan yüklemelerdir. Yaşam çiçeği sembolü, yin yang sembolu, ejderha sembolü, tekli ya da üçlü spiral sembolü, artı sembolü, trinity sembolü, güneş, ay, yıldız vb. sembollerle ya da sahip olduğumuz kültür ya da dinle ilgili sembollerle de bize yükleme yapılabilir.

Geometrik Şekillerle Yükleme: Kare, daire, küp, tek üçgen, iç içe girmiş zıt yönlü iki üçgen, merkaba, Metatron, tetrahedron, Fibonacci spirali vb... şekillerle yükleme alabiliriz.

Rakamlarla Yükleme: Bu yüklemeler internetteki bilgisayarların IP numarası gibi rakamlardan oluşmuştur. 13.102.609.213... diye devam edip gidebilir. Bazen uzun bazen kısa kodlar şeklinde gelirler.

Uyanış sürecinde bize, bazı rakamlar aracılığıyla mesajlar gelmeye başlar. Bu rakamlardan bazıları tekli, bazıları ikili veya üçlü olabilir. Bu rakamların anlamını bilirsek, yüksek benliğimizden bize gelen mesajları doğru okuyabilir ve yolumuzu aydınlatabiliriz.

Evrenesel Uyanış Kodları Olan Rakamlar

Tekli Rakamlar

0= Son, bitiş, sıfırlanma.

1= Başlangıç, var olma.

2= Kutupluluk, ikililik, ikiz enerji, dişil ve erilin dengesi.

3= Yaratıcının enerjisini temsil eder. Spiritüellik, kaynağa ulaştıran güç.

4= Gaia annenin enerjisini taşır. Tam dengede olmak demektir.

5= Değişim-hızlı ve ruhsal bir değişimi müjdeler.

6= Kutsal olan, uyum ve şans demektir.

7= Tanrısal olan, yaratım, bütünleşme, mucize ve kutsallık.

8= Uygulama, enerjiyi harekete geçirme, sonsuzluk, alma verme enerjisinde denge.

9= Tamamlanma enerjisini taşır. Bütünleşme, bilgelik ve üstatlık.

İkili Rakamlar

11= Aydınlanma, üstat sayı, dişil enerjiyi ve yaşama gücünü temsil eder. Pozitiftir.

12= Aydınlanma, üstat sayı, enerjisi yüksektir. Bütünleşmeye, dönüşüme giden yol.

22= Denge demektir. İnşa eden ve kozmik yasaları uygulayan bir rakamdır. Üstat sayıdır.

33= Mesih enerjisi- üstat sayı

44= Spiritüel evrimleşmenizi ve size o anda gönderilen Melek enerjisini temsil eder.

Üçlü Rakamlar:

111- Senin için yeni bir enerji kapısı açıldı. Düşüncelerin gerçekleşiyor. Bu yüzden güzel düşün ve düşüncelerinin isteklerin doğrultusunda olmasına dikkat et. Korkularına odaklanıp onların enerjisini besleme. Işığa tutun.

222- Endişe etme. Olaylar, kendi kendine herkesin hayrına olacak şekilde yoluna girecektir. Olması gerekenler olur.

333- Yükselmiş üstatlarla birleştin (ya da bütünleştin) ve onlar gece gündüz birçok konuda seninle birlikte çalışıyorlar. Seni her zaman seviyor, rehberlik ediyorlar ve koruyorlar.

444- Meleklerle güçlü bir bağlantın var. Seni seviyorlar ve destekliyorlar. Sen dünyalı bir meleksin. Korkulacak hiçbir şey yok ve her şey yolunda.

555- Senin için büyük değişiklikler ve önemli dönüşümler geliyor. Kabuğundan çıkıp hak ettiğin harika yaşamı ortaya çıkarmak için fırsatı değerlendir. Değişim başladı.

666- Ruhuna odaklanıp hayatını dengeleme, şifalandırma ve iyileştirme zamanıdır. Gelecek yardımları kabul et.

777- Rehberlerini dinliyorsun ve bilgiyi verimli şekilde kullanıyorsun. Başarılarınla başkalarına örnek oluyorsun. Gücünü kullanmaya devam et.

888- Yan yatmış sekiz, sonsuzluğun sembolüdür. Üçlü sekiz, ruhsal yaşamınızda bir dönemin kapanmasını ve daha üst bir spiritüel alana geçişinizi müjdeler. Kısacası frekans yükselişini getirir.

999- Çalışmalısın ışık işçisi. Dünyanın şu anda senin ilahi yaşam amacına ihtiyacı var. Kutsal görevini, geciktirmeden ve tereddüt etmeden yerine getir.

000- Sıfırlanma. Bir dönemin kapanışı, bitişi demektir. Yeniden başlama.

Eğer günlük yaşamımızda, rakamların bizim en yüksek potansiyelimize rehberlik etmesine izin verirsek başka birçok sayı kombinasyonları alabiliriz. Evren bizimle bu şekilde haberleşir. Gelen rakamlar iç benliğimize, yüksek benliğimize ve ruhumuza mesajlar getirir.

Üstat Rakamlar

Saatlerde tesadüfen gözümüze takılan 11:11, 12:12, 13:13 ve 22:22, evrensel uyaniş kodlarıdır. Üstat rakamlardır. Bu saatlere denk geldiğimiz zaman o anda perdenin diğer tarafından izleniyoruz demektir. Dileklerimizi, sevgilerimizi iletip uyanışımız ve gelişimimiz için yardım isteyelim. Frekansımızın yükselmesi için gerekli kodların ve yüklemelerin yapılmasını isteyelim. Mutlaka yardım gelecektir.

8. BÖLÜM

Kendini ve Çevreni Şifalandırma

Kendimiz sağlıklı olursak enerjimizi temiz tutarsak çevremizdeki insanların da enerjisini dengeleriz ve alanımızdaki tüm canlıları şifalandırırız. Aile bireylerimizden frekansı düşük olan insanları, kendi enerjimizle şifalar ve enerjilerini yükseltiriz. Bu yüzden uyanış yaşayan insanlar, düzenli olarak kendini ve çevresindekileri şifalamalı. Böylece temiz bir enerji alanı oluşturarak şifa yayarlar ve ışığı beslemiş olurlar.

Kendimizi ve Başkalarını Şifalama Yöntemleri

Şifa çalışmaları çeşitli renklerle yapılabilir. Genelde yeşil, beyaz ve pembe renklerle çalışılır. Mor, mavi ya da altın sarısı enerjiyle çalışanlar da vardır.

1-Beyaz Enerjiyle Şifa: Ayakta durulacak. Sol el, dua eder gibi avuç yukarıya açık olacak. Sağ el ise şifa yapılacak yere ya da kişiye karşı küçük bir el aynası şeklinde tutulacak. Evrenden sol avucumuza bir ışık sütunu gibi beyaz enerji indiğini düşünüyoruz. Sonra da bu enerjinin, sol koldan bedenimize girip oradan sağ kola geçerek, sağ avuçtan da lazer ışını gibi yansıyıp şifa yapılacak yere ulaştığını imgeliyoruz. Bu enerji yansıtma işlemini en az beş dakika, sorunlu alan üzerine akıtıyoruz ve oranın şifalanıp iyileştiğini hayal ediyoruz. Aynı çalışmayı farklı renkteki enerjilerle yapabiliriz.

2-Yeşil Enerjiyle Şifa: Sol elimizi kalp çakramızın üzerine kapatıyoruz. Sağ elimizi ise yine ayna tutar gibi şifa yapılacak kişi ya da alana doğru tutuyoruz. Kalp çakrasından çıkan yeşil enerjinin sol koldan geçerek sağ kola, oradan da sağ avuca gidip yeşil lazer ışını gibi avucumuzdan şifa yapılacak yerin üzerine yansıdığını ve orayı iyileştirdiğini hayal ediyoruz.

3-Pembe (sevgi) Enerjiyle Şifa: Sol elimizi kalbimizin üzerine kapatıyoruz ve sağ elimizi yine bir el aynası gibi şifa yapılacak yerin üzerine tutuyoruz. Kalbimizden pembe sevgi enerjisinin sol kolumuzdan geçerek sağ kolumuza ulaştığını ve oradan da sağ avuca gidip pembe lazer ışını gibi elimizden şifa yapılacak alanın üzerine yansıdığını ve orayı iyileştirdiğini imgeliyoruz.

4- Yaşam Çiçeği Küresiyle Şifa: Bu yöntemde her iki avucumuzu yan yana yukarıya doğru açık şekilde tutuyoruz ve kaynaktan ellerimize belirlediğimiz bir renkteki şifa enerjisinin gelmesini istiyoruz. Sonra avuçlarımızın içine yukarıdan sütun şeklinde bu enerjinin aktığını hayal ediyoruz. (Renk seçimini şifacı kendisi yapabilir.) Pembe, beyaz karışımı bir enerjiyi avucumuzda hayal ediyoruz ve onu ellerimizle küre gibi şekillendiriyoruz. Sonra imgeleme ile yaşam çiçeği motiflerinin, yaptığımız enerji küresinin üzerine yerleştiğini hayal ediyoruz. Ardından şifa yapacağımız kişinin adını, şifa küresinin üzerine imgeleme ile yazıyoruz ve nereyi şifalayacağını da mutlaka belirtiyoruz. (Örnek: Ayşe'nin midesini iyileştir... gibi) Buna 'şifa küresinin kodlanması' deniliyor. Sonra küreyi o kişiye yolluyoruz ve kürenin hedefe ulaştığını, şifa yapılacak alana enerjiyi yaydığını ve orayı iyileştirdiğini imgeliyoruz.

Yaşam çiçeği kürelerini birçok şey için programlayabiliriz. Kendimizi, toprağı, hayvanları, ağaçları, doğayı ve suyu şifalamada kullanabiliriz. Bu tür şifalamalarda yüzde yüz 'inanmak' çok önemlidir. İnanılarak yapılan her enerji ve şifa çalışmasında, başarı kesindir.

Bedendeki Rahatsızlıkları Şifalama Yöntemleri

Bu tür şifa çalışmalar beyaz, pembe, mor ya da yeşil enerjilerle yapılabilir. Uzaktaki kişiye şifa yapacaksak, bize; o kişinin resmi ve ismi lazımdır. Ayrıca o kişinin, bu şifaya inanması, şifaya gönüllü olması ve kabul etmesi iyi olur. Bütün şifa çalışmalarından önce, şifa yapılacak kişinin aura alanı imgeleme ile temizlensin sonra çakraları tek tek temizlensin ve aktif edilsin, ardından şifaya başlansın. Şifa yaparken sol elimiz yukarı doğru avuç açık olsun. Oradan, rengini belirlediğimiz kozmik şifa enerjisi aksın bedenimize ve sol koldan geçerek sağ kola gitsin ve sonrada sağ elle lazer ışını yansıtır gibi şifa yapılacak kişiye aksın.

Kanserli Hücreleri Şifalama: Kanserli bir alana çalışacaksak eğer; önce kanserli noktayı bilmemiz ve orada birikmiş negatif enerjiyi temizlemiz lazım. Kanserli alanı şifalarken, direkt kanserli hücreleri gözümüzün önüne getiriyoruz ve onlara sağ elimizle uzaktan lazer ışını yansıtır gibi şifa enerjisi yolluyoruz. Sonra şifa enerjisi alan o kanserli hücrelerin giderek küçüldüğünü ve nokta haline gelip birden yok olduklarını imgeliyoruz. Bu tür ağır hastalıklarda şifa çalışması, hasta iyileşene kadar her gün düzenli olarak yapılmalıdır. Şifalama süresini, durumumuza göre, kendimiz belirleyebiliriz. Her şifadan sonra da kendi enerji alanımızı imgeleme ile temizlersek iyi olur.

Cilt Yaralarını Şifalama: Yukarıdaki teknikle yine sol elimizle enerjiyi alıp sağ ele aktarıyoruz. Sağ elimizi dik bir şekilde ayna gibi tutarak yara olan alana yaklaştırıyoruz. Sonra lazer ışını yansıtır gibi sağ elimizden, şifa enerjisini yaranın üzerine yansıtıyoruz ve oradaki yaranın giderek küçüldüğünü sonrada nokta haline gelerek yok olduğunu imgeliyoruz. Kendi belirleyeceğiniz aralıklarla onar dakikalık çalışmalar yapabilirsiniz.

Dikişleri Şifalama: Sol elden alığımız enerjiyi sağ elimize aktarıyoruz ve dikişli alana, o enerjiyi yansıtıyoruz. Oradaki dikişlerin iyileşerek azaldığını ve iyice küçülerek ince bir çizgiye dönüştüğünü, sonra da o çizginin kaybolduğunu imgeliyoruz. Benzer imgelemeyi kesikler veya çizikler için de yapabiliriz. Kesik ya da çiziklerin giderek inceldiğini, küçüldüğünü ve kaybolduğunu imgeliyoruz.

Bölgesel Rahatsızlıkları Şifalama: Bedenin bir bölümünde ağrı ya da sızı varsa, oraya yine sağ elimizle enerjiyi yansıtıp ağrının ya da sızının geçtiğini imgeliyoruz.

Bizler bütün bu çalışmaları istediğimiz sıklıkta ya da sürelerde yapabiliriz. Kendimize de bu yöntemlerle şifa yapabiliriz. Başkalarına şifa yaparken elimizi o kişinin bedeninin üzerine koymadan yaparsak daha iyi olur. Çünkü fiziksel temasla onların düşük enerjisini kendimize çekebiliriz ve çalışma sonrasında kendimizi tükenmiş, hasta hissedebiliriz. Ağır bir hastaya şifa yaptıktan sonra, her seferinde doğal bir ametist taşına dokunarak bizde biriken negatif enerjiyi o taşa aktarabiliriz. Şifadan sonra mutlaka enerji temizliği yapalım ve topraklanalım.

Uzaktan şifa çalışmalarında istersek, kendimizi devreden çıkarıp, kozmik enerjiyi direkt şifa yapacağımız insanın üstüne aktarabiliriz. Bu yöntemde imgeleme gücü çok önemlidir. Çünkü bütün çalışma, kişinin hologram bedeni üzerinde imgelenerek yapılmaktadır.

Enerji Bedenini Temizleme ve Şarj Etme Yöntemleri

1- Günlük koşuşturma sürecinde gece boyunca uyuyarak depoladığımız enerjimizi konuşarak, yemek yiyerek, hareket ederek, çevremizdeki düşük frekanslı insanları dengeleyerek ve bir işte çalışarak harcarız. Gün bitiminde kendimizi bitmiş ve tükenmiş hissedebiliriz. Böyle durumlarda eve geldiğimizde ya duş almalıyız ya el ve ayaklarımızı tuzlu suyla yıkamalıyız ya da 30 dakika uyumalıyız ki üzerimizde birikmiş negatif enerjileri temizleyelim, yorgun düşmüş bedenimizi biraz toparlayalım, şarj edelim.

2- İmgeleme ile kendimizi ormanda, bir şelalenin önünde görüyoruz. Sonra o şelalenin altına geçip yıkanıyoruz. Akan serin ve temiz suyun enerjisiyle bedenimizi şarj ediyoruz. İmgeleme ile suyun başımızdan aşağı dökülürken bizdeki bütün kirli enerjiyi aşağı doğru ittiğini ve negatif enerjinin ayaklarımızdan çıkarak akan suyla beraber gittiğini düşünüyoruz. Bu imgelemeyi en az iki üç defa arka arkaya tekrarlamak iyi olur.

3-Kendimizi yükselmiş ve gökyüzünde havada görüyoruz. Sonra kozmik enerjinin, elektrik akımı şeklinde bedenimizin çeşitli yerlerinden içeri girdiğini ve girmesiyle beraber bütün damarlarımızda, kan yerine bu kozmik enerjinin dolaştığını imgeliyoruz. Sonra da bütün çakraların sırayla ampul gibi yandığını ve çarkların aynı anda hızlı hızlı döndüğünü hayal ediyoruz. Bu imgeleme ile en az beş dakika, bedene enerji akışı yapılmalıdır.

4- Kendimizi imgeleme ile denizin üzerinde duruyormuş gibi görüyoruz. Sonra mavi denizden bedenimize, ayaklarımızdan girerek tüm bedene yayılan mavi renkli bir enerjiyi hayal ediyoruz. Hologram bedenimizi, masmavi enerjiyle dolmuş, temizlenmiş ve şarj olmuş bir şekilde pırıl pırıl görüyoruz. Sonra da bütün çakraların canlı ve temiz renkleriyle aktif olduğunu, parladığını ve hızlı hızlı döndüğünü imgeliyoruz.

5- Meditasyon pozisyonunda oturuyoruz ve kendimizi beyaz bir enerji balonunun içine alıyoruz. Beş dakikalık burundan yavaşca nefes alıp verme egzersizinden sonra etrafımızdaki beyaz enerji balonunun, birden kırmızı renge dönüştüğünü görüyoruz. Kırmızı renkli balonun içindeyken kök çakramızın temizlendiğini ve çalışmaya başladığını imgeliyoruz. Sonra balonun rengi turuncuya dönüşsün ve bu seferde turuncu renkli enerji, sakral (cinsel) çakramızı temizleyip çalıştırsın. Ardından balonumuzun renginin, sarıya dönüştüğünü görüyoruz ve sarı enerji ile mide çakramızın temizlenip şarj olduğunu ve dönerek çalışmaya başladığını imgeliyoruz. Aynı işlemi diğer kalan çakra renklerimizle tek tek yapıyoruz ve en son bütün çakraların aynı anda çalıştığını görüyoruz. Sonra da kuyruk sokumundan bir altın renkli enerjinin, DNA sarmalımızdan yukarı doğru çıkarak tepede bir lotus çiçeğine dönüştüğünü görüyoruz. Böylece kundalinimiz yükselmiş olur. Bedenimiz şarj olmuş olur. İşlem bittiğinde balon imgelemesi de kalkar.

6- Kendimizi uzayda, dünya annenin üzerinde ayakta durmuş olarak hayal ediyoruz ve topraktan çıkan altın renkli enerjinin ayaklarımızdan girerek bütün bedenimizi sardığını ve kökten başlayarak bütün çakralarımızı sırayla tek tek lamba gibi çakra renklerinde yakarak çalıştırdığını görüyoruz. Çakra renklerimizi temiz ve canlı gördükten sonra kendimizi, hafiflemiş ve harika hissettiğimizi imgeliyoruz.

7- Bulunduğumuz yerde ayağa kalkıyoruz ve kalp alanımızdan, beyaz kozmik enerjinin bir ışık topu gibi yandığını ve git gide büyüyerek bütün bedenimizi sardığını, daha da büyüyerek bütün aura alanımızı sardığını hayal ediyoruz. Sonra bu imgelemeyi, altın renkli enerjiyle yapıyoruz. Daha sonra da pembe renkli enerjiyle yapıp bedenimizi şarj ediyoruz.

8- Ayaktayız ve dünyanın içinden ayaklarımıza doğru altın renkli enerji geliyor ve bütün bedenimizden yukarı çıkarak tepemizden dışarı doğru fışkırıyor ve bir torus enerjisi oluşturarak aura alanımıza daire şeklinde yayılıp oradan da ayaklarımıza düşüp tekrar ayaklardan bedenimize giriş yaptığını imgeliyoruz. Bu çalışmayı, istediğimiz renkle veya gökkuşağının bütün renkleriyle çalışarak da yapabiliriz. Torus enerjisi imgelemesi çok güçlü ve etkili bir çalışmadır.

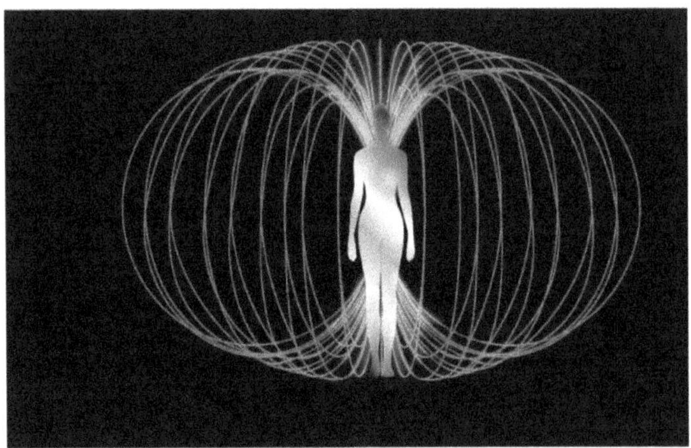

Meditasyon ve Nefes Çalışmaları

Meditasyon içimizdeki kapıyı açmak, iç sesimizi duymak ve kaynağa bağlanmak için gereklidir. Meditasyon, zihni susturup dışarıyla bağını kesmek içeriye bağlanmak demektir. Meditasyon ruhsal gelişimimizi hızlandırır ve farkındalığımızı arttırır. Kanallarımızı temizler ve aktif eder.

Meditasyonun belli bir kalıp içinde yapılmasını gerekli görmüyorum. Kişi kendisini nasıl rahat hissediyorsa o pozisyonda ve yöntemde yapmalıdır. İsteyen tam lotus, isteyen yarım lotus isteyen uzanarak meditasyon yapabilir. Hatta kitap okumak, resim yapmak, bahçe işleriyle uğraşmak, ormanda gezmek, müzik yapmak bile bir çeşit meditasyon halidir. Meditasyon deyince aklımıza bildiğimiz klasik lotus oturuşundaki meditasyon gelmesin. Dinginlik haline ulaşabildiğimiz her yöntem uygundur.

Yeni meditasyona başlayan kişilerde başlarda zihni susturmak kolay değildir. Bu yüzden yeni başlayanlar, beşer dakikalık çalışmalarla meditasyon yapıp sadece nefesine odaklanarak zihnini susturmayı öğrenebilirler. Bu düzenli egzersizler, zihni zamanla susturacaktır. Zihin susmayı öğrenince, meditasyon süresi kademeli olarak arttırılabilir.

Günde en az 15 dakikalik sessizlik ve dinginlik hali bizim için gereklidir. Meditasyonlarımıza nefes çalışmalarını da katarsak verimi ikiye katlarız. Nefes her alanda sağlık demektir. Çakraları çalıştırır, üçüncü gözümüzü açar. Hücrelerimizi ve organlarımızı canlandırır, sağlıklı olmamızı sağlar. Doğru alınan nefesle fiziksel ve ruhsal olarak mucizeler yaşarız.

Şimdi bazı nefes tekniklerini öğrenelim:

4, 4, 4, 4 tekniği

4'e kadar sayarak burnumuzdan nefes alıyoruz. 4'e kadar sayarak nefesi içimizde tutuyoruz. 4'e kadar sayarak nefesimizi ağızdan boşaltıyoruz. 4'e kadar sayarak nefessiz kalıyoruz. Yeniden 4'e kadar sayarak burnumuzdan nefes alıyoruz. Bu çalışmayı en az 15 dakika, aynı şekilde tekrar ederek yapmalıyız.

7, 7, 7, 7 tekniği

7'ye kadar sayarak burnumuzdan nefes alıyoruz. 7'ye kadar sayarak nefesi içimizde tutuyoruz. 7'ye kadar sayarak nefesimizi ağızdan boşaltıyoruz. 7'ye kadar sayarak nefessiz kalıyoruz. Yeniden 7'ye kadar sayarak burnumuzdan nefes alıyoruz. Bu çalışmayı en az 15 dakika, aynı şekilde tekrar ederek yapmalıyız.

9, 9, 9, 9 tekniği

9'a kadar sayarak burnumuzdan nefes alıyoruz. 9'a kadar sayarak nefesi içimizde tutuyoruz. 9'a kadar sayarak nefesimizi ağızdan boşaltıyoruz. 9'a kadar sayarak nefessiz kalıyoruz. Yeniden 9'a kadar sayıp burnumuzdan nefes alıyoruz. Bu çalışmayı en az 15 dakika, aynı şekilde tekrar ederek yapmalıyız.

12, 12, 12, 12 tekniği

12'ye kadar sayarak burnumuzdan nefes alıyoruz. 12'ye kadar sayarak nefesi içimizde tutuyoruz. 12'ye kadar sayarak nefesimizi ağızdan boşaltıyoruz. 12'ye kadar sayarak nefessiz kalıyoruz. Yeniden 12'ye kadar sayarak, burnumuzdan nefes alıyoruz. Bu işlemi de en az 15 dakika aynı şekilde tekrar ederek yapmalıyız.

Not: Nefes çalışmasında sayılan sayılar, kişinin durumuna göre arttırılabilir veya azaltılabilir.

Topraklanma Yöntemleri

Topraklanma Nedir? : Yorgunluk, negatif bir ruh hali ve sebepsiz yere duygu patlaması yaşıyorsak enerjimiz kirlenmiştir. Başımızda, ensemizde ve ellerimizde, ısınma veya karıncalanma varsa hafif melankolik, sarhoşluk, uyku hali varsa bedenimizde çok fazla enerji (elektrik) var demektir. Böyle anlarda beş elementle bağlantı kurarak kendimizi dengelemeye **topraklanma** denir. Kısacası topraklanma, kirlenmiş ya da çok fazla yüklenilmiş enerjiden kurtularak rahatlama demektir.

Topraklanma; imgeleme ile, meditasyonla, ses terapisi ile, doğa yürüyüşleriyle ve bahçe işleriyle ilgilenerek yapılabilir. Bedende biriken fazla elektriği dört elementle dengelemeyi kısaca açıklamak gerekirse:

1-Su (Suyla temas etmek, yıkanmak, el veya ayakları tuzlu suyla yıkamak bize çok iyi gelir.)

2-Toprak (Toprakta çıplak ayak gezmek, doğa yürüyüşleri yapmak ve ağaçlara sarılmak bize iyi gelir.)

3-Ateş (Güneşten enerji çekerek, bedendeki negatif enerjiyi temizlemek ve dönüştürerek dengelemek, bize iyi gelir.)

4-Hava (Temiz havada nefes çalışmaları yapmak bize iyi gelir.)

Ruh, öz, kaynak beşinci elementtir. Bedenimizi dengelemek için imgeleme ile kalbimizden kaynağa bağlanıp ondan sevgi enerjisini çekerek bütün bedenimizi, bir şişeyi doldurur gibi sevgi enerjisiyle doldurmak bize iyi gelecektir.

1-Ağaç İmgelemesi ile Topraklanma: Açık alanda isek çıplak ayakla toprak veya çimenlerin üzerinde duruyoruz ve toprağın nemini, çimenin serinliğini hissediyoruz. Eğer kapalı alanda isek temiz hava olan bir yerde ayakta duruyoruz. Sonra imgeleme ile ayaklarımızdan toprağın içine doğru uzanan köklerimizi görüyoruz. Bir ağaç gibi… Sonra tepeden başlayarak grimsi bir enerjinin bedenden aşağı doğru akarak ayaklarımıza indiğini ve oradan çıkarak toprağın içine o köklerle gittiğini düşünüyoruz. Bu çalışmayı, bizden akan enerjinin rengi beyazlaşana kadar yapmaya devam ediyoruz. Enerjimiz kristal gibi şeffaflaşınca çalışmayı bitirip köklerimizi topraktan geri çekiyoruz.

2-Meditasyonla Topraklanma: Meditasyon pozisyonunda oturuyoruz ve beş dakikalık bir nefes çalışmasından sonra kök çakramızdan çıkan eterik bir kordonun toprağın içine hortum gibi indiğini ve bizden akan bütün kirli enerjinin o kordonla toprağa geçtiğini imgeliyoruz. Bedenimizden akan enerji tamamen beyaz olana kadar bu imgelemeye devam ediyoruz.

3-Kara Deliğe Negatif Enerji Süpürerek Topraklanma: İmgeleme ile kendimizi ayakta dururken görüyoruz ve tam karşımıza, sağ elimizle sola doğru bir kara delik açıp bedenimizdeki bütün negatif enerjinin o kara deliğin içine doğru çekildiğini görüyoruz. Bu işlemi, akan enerjinin rengi tamamen beyazlaşana kadar devam ettiriyoruz. Sonrada kara deliği kapatıp teşekkür ediyoruz.

4-Enerji Banyosuyla Topraklanma: İmgeleme ile kendimizi banyoda duş başlığının altında görüyoruz ve musluğu açar açmaz duş başlığından su yerine altın renkli bir enerjinin başımızdan aşağı aktığını hayal ediyoruz. Bu altın renkli enerjinin, başımızdan yavaş yavaş içeri girerek bedenimizdeki bütün kirli enerjiyi aşağı doğru ittiğini ve ayaklarımızdan dışarı attığını imgeliyoruz. Bu çalışmayı, bedenimiz tamamen temizlenene kadar devam ediyoruz ve çalışma bitince altın gibi parladığımızı hayal ediyoruz.

5-Altın Tozunda Topraklanma: Kendimize, imgeleme ile bir küçük havuz yaratıyoruz ve içine suyla beraber altın tozu dolduruyoruz. Sonra o havuza girip yıkanıyoruz. Yıkanma sırasında bütün negatif duygularımızdan, düşüncelerimizden, yüklerimizden, arındığımızı ve özgürleştiğimizi hayal ediyoruz. Bütün hücrelerimizin onarıldığını imgeliyoruz. Kendimizi, rahatlamış ve yenilenmiş gibi hissediyoruz. Hazır olduğumuzda, havuzdan çıkıyoruz ve imgeleme ile bir aynanın karşısına geçip altın gibi parlayan bedenimizi seyrediyoruz.

Not: Bazen bedenimizde çok fazla pozitif enerji biriktiğinde de rahatsız olabiliriz. Bu durumda pozitif güzel enerjimizi hayvanlara, bitkilere, alan temizliklerine, insanları şifalandırmaya ve dengelemeye kullanabiliriz.

Hologram Beden Görme ve Tarama Yapma

Her şeyin diğer her şeyle bağlantısı nedeniyle, düşüncelerimiz ve niyetlerimiz mekansızlık içinde olayları etkileyebilir. Buna kuantumda mekansızlık özelliği deniliyor. Bu özellikle, uzaktaki bir kişinin resmine bakılarak onun frekansına bağlanılabilir, hologramı görülebilir, onunla ilgili bilgilere ulaşılabilir veya şifa verilebilir. Bu özelliği falcılar, medyumlar, halk arasında 'hoca' diye bilinen kişiler bilmeden kullanırlar hep. Çok eski zamanlarda şamanlar, peygamberler ve evliyalar bu tür bilgileri hologram okuyarak gerçekleştiriyorlardı. Bizler teknoloji geliştikçe, onun esiri olduk ve özümüze giden yolları bloke ederek güçlerimizi kaybettik veya farkına varamadık. Yeniden kendimize dönerek sahip olduğumuz bu yetenekleri yüzeye çıkarabiliriz.

Bedenleri holografik ortamda görmek ve okumak için hayal gücümüzü kullanmamız gerekir. Bir kişiye holografik tarama yapılacaksa bu, aurasını ve çakralarını kontrol etmek için olmalı ya da sağlık durumuna bakmak için. Her iki durumda holografik tarama yapılacak kişi ya o sırada bedenen karşımızda ayakta durmalı ya da elimizde o kişiye ait, ayakta durmuş, en son haliyle çekilmiş bir resim olmalı. Biz o kişinin resmine, bedenine bakıp detaylarına kadar tüm görüntüsünü zihnimize yüklüyoruz ve sonra onun hologram bedenini astral planda gözümüzün önüne getiriyoruz, taramayı yapıyoruz.

Hologram bedenler tamamen ışıktan oluşmuştur ve biz o bedenlerin üzerinde yukarıdan aşağıya doğru tarama yaparak sorunlu alanları tespit ederiz. Başlangıçta imgeleme ile yapsak bile zamanla o bedenlerden bize gerçek sinyaller gelmeye başlıyor. Sorunlu alanlar kendini siyah, kırmızı, yeşil ya da sarı olarak göstererek veya öne doğru çıkarak dikkatimizi çekmeye çalışırlar. Kırmızı görülen alanlar ciddi bir rahatsızlığı belirtir. Siyah görülen yerler, kemoterapi ya da ağır ilaçların kullandıldığı yerler olabilir. Yeşil, mavi veya sarımtırak görülen alanlarda sorun var ama hayati riski yok demektir.

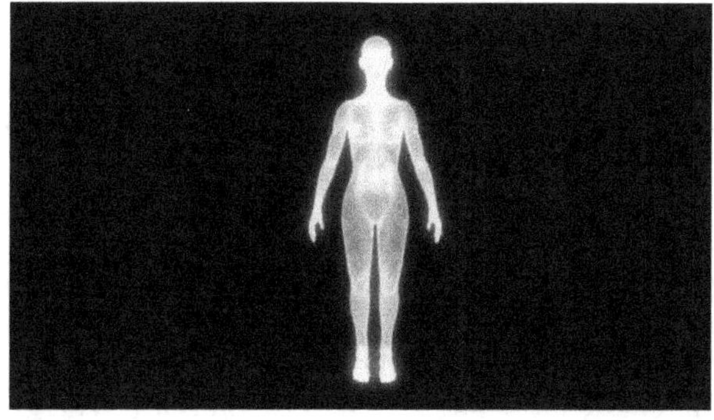

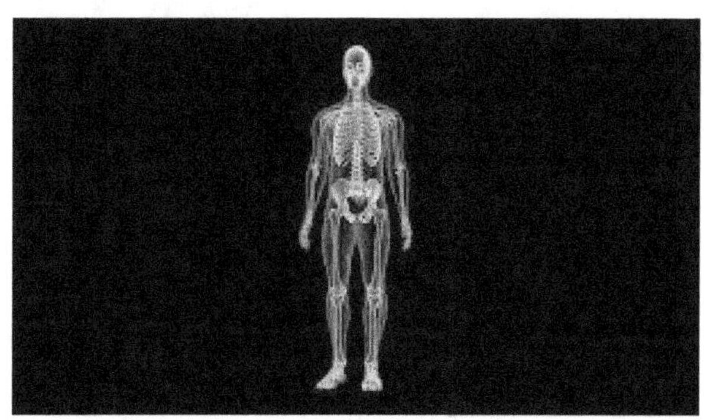

Holografik tarama ile aura ve çakralar da kontrol edilebilir. Ayakta durmuş bir hologram beden üzerinde bütün çakralar sırayla taranır ve daralması, genişlemesi, blokajı olan çakralar belirlenir. Aynı işlemle bedenlerin aurası görülebilir ve enerji alanının temiz olup olmadığı tespit edilebilir.

Holografik tarama egzersizlerimizi önce resimler üzerinde çalışıp daha sonra bireylerin kendisi üzerinde çalışmalıyız. Tekniğimizi geliştirene kadar tanıdıklarımızın üzerinde sonra yabancı insanların üzerinde tarama yapmaya başlamalıyız.

Not: Hologram bedenlerden bahsetmişken, bazen çevremizde başka boyutlardan gelen hologram bedenler görebileceğimizi söylemiştim daha önce. Gördüğümüz bu ışık-hologram bedenlerin negatif veya pozitif enerjili olup olmadığını anlamamızın tek yolu, bizde ne hissettirdiğidir. Bu konuda kendimize ve iç sesimize güvenelim. İyi hissediyorsak korku yoksa gelenler pozitiftir. Korku varsa negatiflerdir.

Alanımıza Yapılan Negatif Saldırıları Tanıma ve Korunma Yöntemlerini Öğrenme

Negatif saldırılar iki şekilde olur: Biz uykudayken astralden yapılan saldırılar. Biz uyanıkken yapılan fiziki ve psişik saldırılar.

Astralden Yapılan Saldırılar: Derin rüya halinde, astral planda gezerken ya da yaratım yaparken düşük frekanstan giriş yapmışsak eğer o zaman negatif bazı saldırılar yaşayabiliriz. Bunları ya uyandığımızda rüya şeklinde hatırlarız ya da hiç hatırlamayabiliriz. Geceleri, rahat bir uyku için yatmadan evvel, kendimizi bir enerji balonunun içine alarak, uyku sırasında bizi rahatsız edebilecek negatif enerjilere karşı enerji alanımızı kapatarak koruma yapabiliriz.

Psişik Saldırılar: Görünmeyen enerji halindeki saldırılarıdır. Genelde biz uyanıkken olur ve enerji halimizin, ruh halimizin aniden değişmesine sebep olur. Mesela kendimizi harika hissediyoruz. Mükemmel bir gün ve bir yere gidiyoruz ya da arkadaş toplantısına katılıyoruz. Orada, birden kendimizi huzursuz hissetmeye başlıyoruz. Enerji halimiz değişiyor. Neşeliyken birden çok sıkıntılı hissetmeye başlıyoruz. Uykumuz geliyor, esnemeye başlıyoruz ve oradan bir an önce kaçıp gitmek istiyoruz. Çoğu insanlar bunu 'nazara geldim' diye tanımlar. Aslında yaşanılan şey, bulunduğumuz ortamdan bize gelen bir negatif enerji saldırısıdır. Bu psişik saldırı ya oradaki negatif insanların düşüncelerinden, onlar farkında olmadan bize geliyor ya da o alanda yaşayan bedensiz bir varlık var bizi rahatsız ediyor ve enerjimizden besleniyor. Bu yüzden eğer, kalabalık içine gireceksek, önceden kendimizi koruma balonuyla korumaya alıp dışarıdan gelecek her türlü negatif enerjilere karşı önlem almış oluruz.

Koruma Balonu Yapma: Tamamen imgeleme ile holografik ortamda yapılan bir enerji balonudur. İstediğimiz renkte yapabiliriz. Ancak frekansı yüksek olan renkleri kullanmak daha iyidir. Ben beyaz, mavi ya da mor renklerle yapılanı daha çok öneririm. Balonun büyüklüğü, bütün bedenimizi içine alacak şekilde olmalıdır. İsteyenler daha büyük bir balon yaparak aura alanını da korumaya alabilir.

Alanımızda yaşayan negatif varlıkları ve kendi duygularımızla oluşturduğumuz negatif formları tanıyalım

Alanımızla kastettiğim, kendi kişisel enerji alanımız, evimizin içi veya dışıdır. Evimizde veya dışarıda gezdiğimiz, zaman geçirdiğimiz yerlerde başka boyutta yaşayıp da bizim enerjimizden beslenmeye çalışan bedensiz düşük titreşimli varlıklar olabilir. Bu bedensizler, genelde ölüp de düşük titreşimde oldukları için bir üst boyuta çıkamamış yani geçiş yapamamış insanların ruhlarıdır. Bunların frekansı çok düşük olduğu için, kendileri için gerekli olan enerjiyi bizden çekebiliyorlar. Bu yüzden de onlar bizim alanımızdan beslendiklerinde, kendimizi daha yorgun hisederiz. Hep uyumak isteriz, çalışmak için motivasyonumuz olmaz. Agresif, huzursuz, uzlaşmaktan hoşlanmayan, kavgacı insanlara dönüşürüz. Kişiliğimiz, rüyalarımız değişir, alışkanlıklarımız değişir. Ruhsal yönden gelgitler yaşarız. Enerjimiz emildiğinden dolayı, kendimiz için kullanacağımız enerjimiz yetersiz kalır ve çakralarımız yetersiz çalışır, haliyle fizik bedende hastalıklar görülmeye başlanır. Eğer kendimizde veya aile bireylerimizde bu tür belirtiler varsa hemen titreşimimizi yükseltecek şeyler yapmalıyız ki o bedensiz varlıklara görünmez olalım. Onlar sadece bizi düşük titreşimde görebilir ve rahatsız edebilirler. Yüksek frekansa geçtiğimizde aramızdaki enerji perdesi kalınlaşacağından, biz onlara görünmez oluruz ve haliyle de rahat ediyoruz.

Bedensiz negatif varlıklardan korunmanın diğer yolları şunlardır: Kendi alanımıza imgeleme ile yapacağımız bir koruma kalkanı (balonu) faydalı olacaktır. (Mesela; enerji alanımı bütün boyut ve katmanlarda tüm negatif varlıklara ve formlara kapatıyorum diyebiliriz.) Evimizi düzenli olarak sirkeli suyla temizlemek ve adaçayıyla tütsülemek iyi olacaktır. Kızılderililerin kullandığı sweetgrass ya da üzerlik tohumuyla tütsüleme de temizleme işini gayet iyi yapacaktır.

Alanımızdaki negatif enerji varlıklarından bahsederken bir de kendimizin, farkında olmadan yarattığı negatif enerji formlarına değinelim.

Bunlar evimizin içinde, köşelerde, tavanda birikmiş koyu renkli duman şeklindeki enerjilerdir. Onları evde yaptığımız kavgalarımızla, sözlü tartışmalarımızla, kızgınlıklarımızla, egolarımızla, acılarımızla, hastalıklarımızla ve söyleyemediğimiz negatif düşüncelerle, duygularla bilmeden bizler oluşturuyoruz. Bizden yayılan bu olumsuz enerjilerin frekansı düşüktür. Bunlar, ev içinde zamanla birikir ve birleşerek çoğalırlar. Yeterli çoğunluğa eriştiğinde bir forma dönüşürler. Bu formlar, zamanla varlığa da dönüşebilir. Bizi uyurken rahatsız edebileceği gibi rüyalarımızın kabusa dönüşmesine de sebep olabilirler. Hatta bazı aile bireyleri psişik yetenekleri varsa, farkında olmadan da bu formları üretebilirler. Aile içinde birine karşı duyulan aşırı kızgınlık ya da nefret enerjisiyle, farkında olmadan bir form yaratıp onu kızdıkları kişiye zarar vermede kullanabilirler. Bu formlara genelde 'poltergeist' deniliyor. Küçük çocuklar kızgın olduklarında, kızdıkları kişiden intikam alma hırsıyla bilmeden bu negatif formları yaratırlar. Çocuklar büyüklere göre daha psişik olurlar. Yeteneklidirler ama bilgisiz oldukları için güçlerini kontrolsuz kullanırlar. Yaratılmış bu formlar enerji temizliğiyle rahatlıkla temizlenebilir, gönderilebilir.

Bütün bunları bilip korkmadan onlarla başa çıkmayı öğrenmemiz lazım. Çünkü bu formları biz yaratıyoruz. Göndermek de bize düşer. Bu yüzden de evde pencereler açık, haftada bir adaçayı tütsüsü yapılmalı ve evdeki bütün negatif enerjilerin, o tütsüyle beraber temizlenerek pencereden çıkıp gittiği hayal edilmelidir. Tütsüleme yaparken "Bu tütsünün dumanı ve kokusu evimdeki bütün negatif enerjileri temizliyor ve pencereden çıkıp gidiyor." diyelim. Ayrıca evde birisi öldüyse, uzun süre hastalık yaşayan acı çeken biri varsa, enerji temizliği daha sık yapılmalıdır. Ek olarak evdeki tartışma ve kavgalardan sonra da tütsü temizliği yapılsa iyi olur. Tartışmalar sırasından kötü sözlerimizden ve davranışlarımızdan yayılan enerjiler temizlenmezse zamanla güçlenerek bizden beslenen negatif formlara dönüşebilirler.

İmgeleme ile Enerji Temizliği: Evdeki enerji temizliği tütsülerle yapılabileceği gibi, imgeleme ile de yapılabilir. Odanın ortasında durup bir pencereyi açıp o odanın içindeki bütün grimsi, kirli enerjiyi ellerimizle süpürür gibi yaparak pencereden dışarıya gittiğini imgeleyebiliriz. Hayal ederek yaptığınız bu işlem, inanılarak yapıldığında en az tütsü kadar etkilidir. Sonra temizlenmiş odanın ortasında durarak kendimize yukarıdan, evrenden beyaz kozmik enerjinin aktığını, bu enerjinin bizden yayılarak bütün odayı sardığını ve odanın enerjisini temizleyerek güzelleştirdiğini imgeleyebiliriz.

Negatif Alan temizliği- Ev veya Eşyadaki Eski Enerjiyi Temizleme

Alan temizliği, genelde ölüm, kaza, hastalık gibi acı olayların yaşandığı yerlerde yapılır. Çünkü yaşanan kötü olaylardan dolayı, o alanın enerjisi kirlenir ve bu da orada yaşayan canlıları olumsuz yönde etkiler. Eğer yeni bir eve taşınacaksak, evde eski enerji temizliği yapmadan içine girmeyelim. Bizden önce yaşayan insanların bıraktığı negatif enerjiler evin köşelerine tavanlarına yerleşmiş olabilir. Bu enerjiler zamanla forma dönüşmüşse, bizim ruh halimizi ve sağlığımızı olumsuz etkileyebilir. Bu yüzden de taşınma öncesi, evde enerji temizliği yapmak çok faydalı olur.

Başkasına ait eşyaları veya ikinci el eşya dükkanlarından aldığımız her şeyi, kullanmadan önce enerjisini mutlaka temizlemeliyiz. Bu temizliği sirkeli su ile yıkayarak veya tütsüleyerek yapabiliriz. Çünkü o eşyalara, onu kullanan kişilerin enerjileri sinmiştir. Bu durumda eğer eski sahibinin kronik bir hastalığı olmuşsa, bu hastalığından dolayı acı çekerken negatif bir enerji yayar ve bu kötü enerji ona ait bütün şahsi eşyalara ya da ev eşyalarına geçer. Bu nedenle yeni sahibi, bu eşyaları kullanmadan önce enerjisini temizlemelidir. Aksi halde, o eşyayla beraber, üzerine sinmiş enerjileri de kendi alanına taşımış olur.

Alan temizliğine örnek: Diyelim ki yaşadığınız mahallede kötü bir olay oldu ve birçok insan öldü. Bu trajik olayın olduğu yerde, yaşanan travma ve ölümlerin etkisiyle grimsi bir negatif enerji oluşur. Bu enerji o alandan geçen her şeyi olumsuz etkiler. Ayrıca orası, negatif bir enerji alanına dönüştüğü için, çekim yasası gereği başka negatif enerjilere ve formlara portallık edecektir. Bu nedenle alan temizliği şarttır.

Alan temizliğini, pembe renkli sevgi enerjisiyle yapabiliriz. Belirlediğimiz alana, evrenden sütun şeklinde sevgi enerjisi indirip vortekse dönüştürüyoruz ve vakum şeklinde negatif enerjiyi içine çekip temizlediğini imgeliyoruz. Bu imgelemeyi o alandaki enerjinin tertemiz olduğuna inandığımız ana kadar yapıyoruz. İnanmak çok önemlidir.

Enerjilere Kanallık Etmek

Enerjiye kanallık eden kişilerin, kendi kişisel enerjileri kanallık sırasında mutlaka temiz olmalı. O an frekansları yüksek olmalı. Eğer bağlanma anından enerjisi herhangi bir olaydan dolayı düşmüşse, kanallık ettiği enerjide bundan etkilenir. Hasta insanların enerjisi, genelde sağlıklı olduğu anlara göre daha düşük olur. Hastalığın onlara verdiği üzüntü ve sıkıntı, titreşimini düşürmüş olacağından, kendi kendilerine ya da başkalarına şifa yapmasınlar, herhangi bir enerjiye kanallık etmesinler. Eğer şifa istiyorlarsa, bunu enerjisi daha temiz ve yüksek olan birine yaptırsınlar. Bu daha çok şifa verecek, hasta olan kişinin düşük enerjisini dengeleyecektir.

Bilgiye Kanallık Etmek ve Otomatik Yazı Tekniği :

Belli bir frekansa gelmiş herkes bilgiye kanallık yapabilir. Kalbe inmiş, sevgi frekansına demirlenmiş kişiler temiz oldukları için temiz frekanstan bilgi çekerler. Hepimizde evrenle bağlanıp oradan bilgi çekebilme yeteneği vardır. Sahip olduğumuz titreşime uygun alanlara erişip oradan bilgi çekebiliriz. Titreşimimiz yükseldikçe daha yüksek boyutlara erişebiliriz ve oradan frekansı çok yüksek bilgileri çekebiliriz. Egoları olan bir insanın kanal bilgileri güvenilir ve temiz olmaz. Bu yüzden egosuz, nötr, tarafsız, arınmış ve temiz bir yürekle kanallık işine başlamak gerekir.

Bir radyo bandının üzerinde nasıl ki farklı frekanslarda farklı müzik yayını yapan kanallar varsa ve biz hangi kanalı dinlemek istersek, o kanalın frekansına gidiyorsak; benzer bir sistem bilgiye kanallık etmek için düşünülebilir. Bütün kanallar farklı frekanslarda aynı bant üzerinde dizilirler ve en düşükten başlayarak en tepedeki frekansa kadar kişiler bilinç seviyesine göre o kanallara bağlanır ve bilgi çekerler.

Kanallık yapan bir kişiye önceleri önemsiz ve anlamsız bilgiler gelse de zamanla bilgi kanalı daha da temizleneceği için, anlamlı bilgiler gelmeye başlar. Bu yeni açılan su kuyusundan su çekerken önce taş, kum ve kirli suyun gelip de sonradan temiz ve berrak bir suyun gelmesine benzetilebilir. Bilgiye kanallık ederken en başlarda kirlilik olabilir, negatif bilgiler gelebilir ama sonra kanal temizlenir ve yüksek frekanstan, pozitif bilgiler gelmeye başlar. Kanallıkla gelen bilgiler, bütünün hayrına olacak şekilde paylaşılmalıdır. Egolara hitap eden bilgilerden uzak durulmalıdır.

Bilgiye kanallık etmek için güzel bir çalışma tekniği vardır. **'Otomatik yazı yazma tekniği'**. Bu teknikte elimize kalem kağıt alıp sakin bir yere oturuyoruz ve on dakika nefes çalışması yapıp ardından yazmaya başlıyoruz. Yazıyoruz, yazıyoruz. Aklımıza ne gelirse yazıyoruz... Saçma da olsa yazıyoruz. Böylece yavaş yavaş bilgi kanalımız temizlenecek sonra da güzel bilgi akışı başlayacaktır. Otomatik yazı tekniğini her gün 15-20 dakika deneyerek bu yeteneğimizi güçlendirmeliyiz. Zamanla gelen bilgiler önemli ve anlamlı olur.

Hangi konuda olursa olsun, yeter ki bir şeyler yazmaya başlayıp kanalımızı besleyelim. Gün gelir yazmaya başladığımızda öyle hızlı bir bilgi akışı olur ki yazmakta zorlanırız, kağıt kalem yetersiz kalır. Kanallık yaparken dikkat edilecek bir diğer nokta ise gelen bilgiyi, paylaşmadan önce iyice tartmaktır. Çünkü bilmeden negatif kanallardan da bilgi çekebiliriz. Bu nedenle gelen bilgiyi paylaşmadan önce iyi düşünmeliyiz.

Negatif Kanaldan Bilgi Çektiğimizin Belirtileri

1- Korku, endişe ve suçluluk duygusu yaratan mesajlar geliyorsa,

2- İnsanları manipule edecek bilgiler geliyorsa,

3- Egoları besleyen bilgiler geliyorsa,

4- Savaş, cinnet, saldırganlık, cinsellik bilgileri geliyorsa,

5- Kanallık yaptığımız andan itibaren ruh halimizde ve sağlığımızda olumsuz değişimler varsa,

6- Materyalist tutkuları güçlendiren bilgiler geliyorsa,

7- Kanallık yapan kişide, kendisini başkalarından üstün görme ve ego kabarması varsa,

8- Kanallık bilgileri, dinleyenlerde; frekans düşmesi, korku ve endişe yaratıyorsa,

O kanal negatif bir kanaldır hemen iptal edip bağlantımızı kesmeliyiz.

Işığa ait kanallarda sadece sevgi frekansından bilgiler gelir. Birleştirici, bütünleştirici, şifalayıcı, titreşimleri yükselten bilgiler gelir…'Aşk' gelir…

Kanallar

Bilgi çekilen kanallar tıpkı bildiğimiz radyo kanalları gibidir. Her birinin ayrı frekansı vardır ve sadece o frekansa erişebilenler oradan bilgi çekebilirler. Yukarıda yazdığımız gibi, kimi kanallar negatif kimisi de pozitif olabilir. Frekans yükseldikçe pozitif, düştükçe negatif kanallardan bilgiler çekilebilir.

Benim, Deneyimlediğim Kanallar

1-Teknolojik Kanal: Manyetik alandan beslenen, yüksek frekanslı bir kanaldır. Kryon ve ekibi tarafından desteklenmektedir. Bu kanala bağlandığınızda kodlar, semboller, geometrik şekiller, uzun veya kısa rakamlarla yükleme ve uyumlanma alırsınız. Üçüncü göz ekranından eğitim alır, okumalar yapar, görüntüler izler ve telepatik iletişimle görüntülü görüşmeler yaparsınız. Matriksi görürsünüz ve solucan deliklerinden geçerek başka boyutlara ulaşırsınız. Astral seyahatleriniz bilinçli olur ve istediğiniz gezegene birkaç saniyede gidersiniz. Bütün varlıkların auralarını ve çakralarını görürsünüz. Bütün varlıklarla telepatik iletişim kurarsınız. Bu kanaldan teknolojik buluşlarla ilgili bilgiler, astronomi, sanat, yaratım, spiritüel konular ve bilim alanında bilgiler çekersiniz. Evrensel akaşadan bilgi çekersiniz. Kendinizin ve dünyanın akaşasına ulaşırsınız. Birkaç saat uykuyla bütün gün enerjik olursunuz. Bu kanalda iken başka gezegenlerden, ırklardan mesajlar, üçüncü gözden direkt görüntülü temaslar alabilirsiniz. Enerji olarak frekansı çok yüksek bir kanal olduğundan bağlı kalmak için bilinç seviyemizin yüksek olması gerekir. Aksi halde o enerjiyi ve sorumluluğu uzun süre taşıyamayız.

2-Yeşil Kanal: Bu kanal din ve tasavvuf kanalıdır. Evrensel bilgiler bu kanaldan, kişilerin bilincine ve dini inancına göre veriliyor. Frekans olarak teknolojik kanaldan daha düşük bir kanaldır. Bilgiler, dini temalarla gelir. Kişi hangi dine inanıyorsa; ona uygun rüyalarla, sembollerle, işaretlerle ve yüklemelerle eğitilir. Teknolojik kanalda olan birisine rüyada görünen kanatlı bir ışık varlık, yeşil kanalda olan birisine evliya ya da peygamber olarak görünebilir. Aslında ikisi de aynı varlık olabilir. Sadece formu; kişinin bilinç seviyesine göre değişir.

Yeşil kanalın içinde, bir de tasavvuffi konuların geldiği bir frekans vardır. Dini doyuma ulaşan kişiler, bu sefer de tasavvufa yönelerek kendini geliştirir. Daha önce dini temalarla öğrendiği her şeyi yavaş yavaş yumuşatarak felsefi bir anlayışla algılamaya başlar. Bilgiler, radikal dini anlayıştan sufizm tarzı yumuşak bir öğretiye dönüşür. Evrensel hafızadan gelen bilgiler, tasavvuf ilmiyle, sembolleriyle ve işaretleriyle gelir. Rüyalarda bilinen tasavvuf üstatları görülür. Onlardan mesajlar gelir. Bu farklı kanallardan çekilen bilgiler aslında ortak bilgilerdir. Aynı merkezden gelmesine rağmen kişinin bilincine göre şekillenirler. Bilinç ne kadar hazırsa, o kadarını algılar.

9. BÖLÜM

Gücünün Farkında Ol

Üçüncü Göz ve Açma Yöntemleri

Üçüncü gözümüz, iki kaşımızın ortasından çok az yukarıda yer alan bir görme organıdır. O bizim kozmik antenimizdir. Diğer boyutlara açılan portalımızdır. Ruhumuzun gözüdür. Üçüncü gözün olduğu alana aynı zamanda üçüncü göz çakrası denmektedir ve enerji rengi indigo mavisidir. Üçüncü gözümüzle diğer boyutlardaki varlıkları ve yerleri görebiliriz. Onlarla iletişim kurabiliriz, göz ekranından görünenlerle telepatik olarak konuşabiliriz. Kendi akaşamıza veya dünyanın akaşasına ulaşabiliriz.

Beynimiz biyolojik bir televizyon ya da radyo gibi çalışıyor. Üçüncü gözümüz ise onun anteni gibidir. Bedenimizi yeterince şarj edersek antenimiz iyi çeker ve erişebildiği frekanstaki bilgileri bize, yani ekranımıza yansıtır. Sorduğumuz soruların cevabını görüntülü ya da yazılı olarak bize verir. Bu yüzden üçüncü gözümüz çok önemlidir. Onu aktif etmek demek uyanmış olmakla eşdeğerdir.

Üçüncü göz, bebekler doğarken açıktır. Çocuklar 8- 9 yaşlarına gelene kadar hâlâ açık olur. Bu yüzden bu yaşlardaki çocukların yaptıkları resimlere, yaratımlarına, konuşmalarına dikkat etmek gerekir. Üçüncü gözden izleme yaptıkları için çok psişiktirler, bazen başka boyutlara ait bilgiler verebilirler ya da geçmiş yaşamlarını hatırlaya-bilirler.

Biz çocukken temiz olan epifiz bezimiz; zamanla beslenme şeklimiz, içtiğimiz klorlu su ve diş macunundaki floritten dolayı yavaş yavaş kireçlenmeye başlar ve görme alanı azalır ya da kapanır. Bu nedenle çocuklarımızı ve kendimizi şekerli, asitli, hamurlu yiyeceklerden uzak tutmalıyız. Floritsiz diş macunu kullanmalı ve klorsuz su içmeliyiz. Organik yiyeceklerle beslenmeliyiz. Hazır yemeklerden ve içeceklerden uzak durmalıyız. Her türlü tatlandırıcıdan, mısır şurubu kullanılmış yiyeceklerden uzak durmalıyız. Beyaz ışık yayan florasan lambalardan uzak durmalıyız.

Epifiz Bezinde Oluşmuş Kireçlenmeyi Temizlemek İçin

-Sabah uyanır uyanmaz temiz havada beş dakika derin nefes alıp verme çalışması yapabiliriz.

-Her sabah aç karnına limonlu ılık su içebiliriz.

-Salatalarımıza elma sirkesi ekleyebiliriz. Bazıları aç karnına bir kaşık sirke içiyor ama ben denedim mideme zarar verdi o yüzden tavsiye etmiyorum.

-Günlük olarak iki litre suya bir tatlı kaşığı elma sirkesi ile yarım çay kaşığı tarçın ekleyip gün içinde tüketebiliriz.

-Sabahları bir diş taze sarımsağı kesmeden bütün olarak hap yutar gibi yutabiliriz. Bu şekilde tüketildiğinde koku yapmıyor ama eğer yaparsa limon suyuna katılarak tüketilmesi tavsiye edilir.

-Vücudumuzdaki melatonin ve serotonin miktarını arttıran yiyecekler tüketebiliriz.

(Maydanoz, kekik yağı, ceviz, hindistan cevizi yağı, limon suyu, zerdecal, kırmızı pancar, yonca filizleri, mavi-yeşil yosun, deniz yosunu, vb.)

Üçüncü gözümüzü açarsak, fiziki dünyaya bağlı olduğumuz zincirlerimizi kırmış oluruz. Farkındalığımız büyür. Matriksten çıkarız, gerçeklerle yüzleşiriz. İllüzyon olan madde dünyanın önemi azalır. Bu nedenle hızlı bir uyanış için üçüncü gözümüzün açılması çok önemlidir.

Aşağıdaki tekniklerden uygun olanıyla çalışmaya başlarsak, bir süre sonra gözümüzü kapattığımızda, şafak kırmızısı renginde bir ekran görürüz. Sonra ara ara mavi veya altın renkli kıvılcımlar görülmeye başlanır. Zamanla beyazlaşma başlar, beyazımsı ekrandan önce siyah beyaz görüntüler gelir ve sonra da renkli görüntüler gelmeye başlar. Genelde bebekliğimizle ilgili görüntüler, hayvan görüntüleri ya da doğa görüntüleri ilk görebileceklerimizdir. Derken televizyon ekranı gibi renkli, büyük bir ekran açılır. Açılan bu ekranda telepatik olarak sorgulama yapabilir, soru sorabilir ve gelen cevapları izleyebiliriz. İnternetten nasıl bilgi sorgulaması yapıyorsak aynı şekilde burada da düşünce ile yapabiliriz. O bir modem gibi bizi başka evrenlere ve boyutlara bağlar.

Üçüncü Gözümüzü Açmaya Yardımcı Olacak Bazı Teknikler

1-Nefes Çalışması Tekniği

Günde on dakika nefes çalışması yapabiliriz. Oturarak ya da uzanarak gözümüz kapalı, derin bir nefes alıp karnımızı şişiriyoruz. Sonra da nefesimizi, karnımız içe çökene kadar boşaltıyoruz. Her gün ara vermeden bu çalışmayı yaparsak zamanla ensemizde enerji hareketliliği ve bir sıcaklık hissederiz. Sonra üçüncü göz alanımız beyazlaşmaya başlar, görüntüler gelir.

2-'Hû' Sesiyle Açma Tekniği

Oturarak ya da uzanarak gözlerimiz kapalı, derin bir nefes alıp karnımızı şişiriyoruz ve nefesimiz tükenene kadar **Hûûûûûûû** diyerek nefesimizi boşaltıyoruz. Ardından ara vermeden tekrar nefes alıyoruz ve yine bu sesi çıkararak nefesimizi boşaltıyoruz. **'Hû' sesi** teta frekansındadır. Titreşimi çok güçlüdür ve bütün çakraları çalıştırdığı için bedenimize çok faydalıdır. Her gün on dakika çalışmak faydalı olur.

3- Güneş Enerjisinden Yararlanma Tekniği

Serotonin ve melatonin maddeleri epifiz bezinin çalışması için gereklidir ve sağlıklı olmamıza da etki eder. Bedenimiz bu iki maddeyi yiyeceklerden, güneş enerjisinden ve karanlıktan üretir. Gündüz serotonin, gece melatonin depolarız. Gece bedenimizde melatonin seviyesi yüksek, serotonin seviyesi düşükken; gündüz ise bu durumun tam tersi olur. Güneş ışığından mümkün olduğunca yararlanmalıyız. Bedenimiz güneş ışınlarındaki D vitaminini, serotonin üretiminde kullanıyor. Işık çokken melatonin az olur. Bu yüzden uyurken odamızın karanlık olması faydalıdır. Böylece hem bedenimiz daha çok melatonin üretir hem de daha iyi uyuruz. Dolunaylarda ışık çok olduğu için melatonin seviyesi düşük olur. Bu yüzden uyumakta zorlanabiliriz.

4- Müzik DinlemeTekniği

İnternetten üçüncü gözü açma müziklerini, gece yatmadan ve sabah uyanınca birer kez dinleyebiliriz. Yalnız bilinçaltı kodlaması yapılmayan, temiz müzik olmasına dikkat etmeliyiz. Bilinçaltı kodlaması yapılmış müzikleri dinlersek fayda yerine zarar görebiliriz. Eğer müziği dinledikten sonra ruh halimiz ve rüyalarımız negatif yönde değişmişse, dinlediğimiz müzikler temiz değildir. Temiz müziklerde titreşimimizin yükseldiğini anlar, kendimizi hafiflemiş ve iyi hissederiz.

5-Işık İmgelemesi Tekniği:

Bu teknikte üçüncü göz alanımızda sarı bir ışık olduğunu hayal ediyoruz. En az 15 dakika bu ışığın orada ampul gibi yandığını düşünüyoruz. Sonra o ışığın alnımızda indigo mavisi renginde bir daireye dönüştüğünü ve bu dairenin çark gibi döndüğünü imgeliyoruz. Bu çalışma sırasında dönen üçüncü göz çakrasıyla beraber kendimizi dönüyormuş gibi hissedebiliriz. Bu normaldir.

6-Yoga ve Meditasyon Tekniği

Her gün 10-15 dakika, kundalini yoga yaptıktan sonra ardından, 20-30 dakikalık bir meditasyonla üçüncü gözümüzü açma çalışması yapabiliriz. Sessizce oturarak gözlerimiz kapalı halde, iç sesimizi dinliyoruz ve nefesimizi takip ediyoruz. Zamanla üçüncü göz ekranımız beyazlaş-maya, sonra da renklenmeye başlar. Epifiz bezinin kireçli olması ihtimalini göz önüne alarak bu çalışmalarımızda biraz sabırlı olmalıyız.

7-Nesneleri Hayal Etme Tekniği

Herhangi bir nesneyi (vazo, bardak, çiçek, fotograf vb) karşımıza koyup en az üç dört dakika o nesneye bakıyoruz. Ne kadar az göz kırparak bakarsak o kadar iyi olur. Sonra gözlerimizi kapatıp üçüncü göz ekranından o nesneyi izliyoruz. Nesneler genelde holografik şekilde ya da eski fotoğraf negatifleri gibi görünüyorlar. Bu tür egzersizler, tembelleşmiş, kireçlenmiş epifiz bezini hareketlendirir.

8-Kundalini Yükseltme Tekniği

Bedenimizdeki yedi çakranın aynı anda dengede ve tam kapasitede çalışmasıyla kundalinimiz yükselir ve aktif hale gelir. İmgeleme yöntemiyle, topraktan altın renginde bir enerjinin geldiğini, kök çakramızdan içeri girdiğini ve oradan da sırayla bütün çakralarımızı dolaşarak tepe çakrasına çıkıp, orada bir enerji patlamasına sebep olduğunu ve lotus çiçeğini açtığını imgeliyoruz. Sonra kök çakradan gelen altın renginde bir enerjinin DNA sarmalımızdan geçerek üçüncü göze kadar yükseldiğini ve oradan da dışarıya, nefes gibi çıktığını hayal ediyoruz. Nefes alır verir gibi bu çalışmayı beş on kez yapmak iyi olur.

9-Görüntü Kaydırma Tekniği

Bu teknikte, normal iki gözümüzle gördüğümüz her şeyi sanki üçüncü gözümüzle görüyormuşuz gibi düşünüyoruz. Karşımızdaki nesnelere bakarken oradaki görüntülerin odak noktasına üçüncü gözden bakmaya çalışıyoruz. Çevremize bakarken, tv izlerken bütün görüntüleri üçüncü gözümüze kaydırarak oradan izliyormuş gibi yapıyoruz. Bu egzersizler üçüncü göz için gerçekten faydalıdır. Kireçlenmeyi çözerek, üçüncü gözün daha esnek olmasına yardımcı olur.

10-Uykuya Dalarken Üçüncü Göz Ekranı Açıkmış Gibi İmgeleme Yapma Tekniği

Bu teknikte uykuya dalarken gözlerimiz kapalı halde karşımızda renkli bir ekran varmış gibi düşünüyoruz ve o ekrandan bildiğimiz bir cümleyi ya da kısa yazıyı okuma çalışması yapıyoruz. Aynı çalışmayı çok iyi bildiğimiz resimler ya da fotoğrafları ekrandan holografik olarak görmeye çalışarak yapmalıyız. Ayrıca rakamları, saatleri ya da harfleri ekrandan okuma egzersizleri de yapabiliriz. Bu çalışmayla bilinçaltımıza, üçüncü gözümüzle görmeye hazır olduğumuz mesajını veriyoruz.

11- -İiiiiiiiiiii Sesiyle Üçüncü Göz Açma Tekniği:

Gözlerimiz kapalı olarak derin bir nefes alıyoruz ve nefesimiz bitene kadar iiiiiiiiiiiiiiiiiiiiiiiiiiiiiiiiiiiiiiiiiiiiiiiiiiiiiiii diye ses çıkarıyoruz. Bu çalışmayı günde birkaç kez, en az 10-15 dakika yapmalıyız. Kendi sesimizle yapacağımız bu egzersiz, gerçekten etkili bir yöntemdir. Bireysel eğitimim sırasında, ekrandan bana bu sesle yapılmış bir ezgi öğretilmişti ve bu ezgi üçüncü gözü çok çabuk aktive ediyor.

12-Dışarıdan DMT Maddesi Alarak Üçüncü Göz Açma:

Bizim bedenimiz doğal olarak DMT maddesi üretiyor. Bu üretimi, melatonin ve serotonin maddelerini kullanarak yapıyor. Gündüzleri güneş ve bazı bitkiler aracılığıyla serotonin depolarsak, geceleri ise karanlıkta uyuyarak melatonin (bazı bitkiler aracılığı ile melatonin alınabiliyor) depolarsak, bedenimiz bu iki maddeyi kullanarak DMT üretir ve üçüncü gözümüz açılır. Son yıllarda bazı bitki çaylarıyla (Ayahuasca çayı, üzerlik tohumu çayı) DMT maddesi dışarıdan bedene yükleniyor ve üçüncü göz açtırılıyor. Ancak bu yöntemle üçüncü göz açma, bir ya da birkaç seferlik etki getirebilir. Beden doğal olarak üretmediği için her seferinde dışarıdan DMT yüklemek gerekir. Yüklenmezse yine üçüncü göz normale döner. Oysa bedeniniz üretirse doğal olarak devamlılık esas olur. Ben bedenimizin ürettiği doğal DMT ile üçüncü gözün açılması gerektiğini düşünüyorum.

Üçüncü Gözden Açılan Solucan Delikleri Bilgisi

Üçüncü göz açıkken, oradan hologramdan oluşan bir ışık tüneli görebiliriz. Buna solucan deliği deniliyor ve biz bilinç olarak o solucan deliğinin içine vakum gibi çekilerek, boyutlar arası yolculuklar yapabiliriz. Başka boyutlara bu deliklerden geçerek gidebiliriz. Geçme işlemi, boşlukta kayarak gidiyormuşuz gibi bir his veriyor. Saniyeler sürüyor ve gittiğimiz yerler daha çok bizimle ilgilidir. O anki frekansımızla erişebildiğimiz yere kadar gidip dünyaya gelmeden önce tanıdığımız kişileri veya bildiğimiz yerleri görebiliriz. DMT'yi dışarıdan alma seanslarında üçüncü gözden bu solucan deliklerini görmek ve içine çekilmek mümkündür. Seans öncesinde solucan deliği bilgimiz olursa, daha rahat ederiz.

Üçüncü Gözden Okuma ve İzleme Yapma-Akaşik Kayıtlara Erişim

Üçüncü gözümüz, hologram ortamda evrensel kütüphaneye ulaşmak için kullandığımız bir kapıdır. Buradan bireysel eğitim alabilir, görsel veya yazılı bilgi okuyabiliriz. Merak ettiğimiz konularla ilgili sorgulama yapabiliriz. Kendi kişisel akaşamızdan veya dünyanın akaşasından bilgi çekebiliriz. İleri safhalarda evrensel hafızadan da bilgi çekebiliriz. Akaşık kayıtlara illa da üçüncü gözden ulaşılır diye bir şey yok. Hiç üçüncü gözü açık olmayan ama alıcıları kuvvetli olan insanlar da bu bilgileri gün içinde veya uyku halinde kendine çekebilir. Bunlar durugörü, rüya, vizyon, ilham, fikir, his, icat, formül şeklinde de olabilir.

Uyanış aşamasında bedenimizdeki enerji yeterli miktarda depolandığında, yani yeterli DMT'miz olduğunda üçüncü gözümüz bir televizyon ekranı gibi ya da bir web sayfası gibi açılır ve biz oradan yarı açık bilinçle okuma yapabiliriz. Bu ekran okuması sırasında yüksek frekanslı enerjiye dayanamayıp uykuya dalarsak, okuma derin uykuda da devam edebiliyor. Benim yarı açık bilinçle bağlı kalmam en fazla birkaç dakika sürüyor ama uykudayken çok okuma yapıyorum. Bazen ara ara kendime geliyorum ve ekrandaki bilgileri okuduğumu görüyorum. Sonra tekrar uyumaya dönüyorum. Sabah uyandığımda okuduklarımı hatırlamıyorum. Ancak zaman içinde o bilgiler bana yüklendiği için, bir şekilde aklıma geliyor. Uykuda yapılan okumalar, daha sonra çeşitli yollarla (fikir beyan etme, aniden yazma isteği şeklinde) açığa çıkıyor.

Kişisel Akaşamız: Geçmiş yaşamlarımıza ait kayıtları, nereden geldiğimizi, nasıl bir formda göründüğümüzü ve dünyadaki misyonumuzla ilgili bilgileri içerir. Bizler, zihnen ve ruhen hazır olduğumuzda bu bilgilere kendimiz ulaşabiliriz. Başkasının bu sorgulamayı yapma yetkisi yoktur. (Akaşik kayıt görevlileri ve koruyucuları, başkasına ait kişisel verilere ulaşabilir ancak, bu bilgiyi paylaşmaları doğru değildir.)

Dünyanın Akaşası: Dünya annenin, başlangıçtan beri kendi üzerinde yaşanılan bütün olayların hepsinin kayıtlı olduğu bilgilerdir. İçinde, üzerinde yaşayan her varlığın bilgisini barındırır. Her zerre ile ilgili verilerin kayıt edildiği yerdir. Yeterli seviyeye geldiğimizde üçüncü gözden dünyanın akaşasına ulaşarak, yaşanmış bütün olayları izleyebilir veya okuyabiliriz.

Evrensel Akaşa (Evrensel Hafıza): En büyük veri arşividir. Başlangıçtan beri bütün evrenlerde ve katmanlarda yaşanan her şeyin kayıtlı olduğu yerdir. Evrensel hafızadan bilgi çekmek çok yüksek bir titreşime sahip olmayı gerektirir. Tesla, Edgar Casey, Einstein, L. Da Vinci, benim bilgimce evrensel akaşadan bilgi çekmişlerdir.

Astral Yolculuk

Astral seyahatleri hepimiz uyku halinde yapıyoruz zaten. Ama derin uykuda yapmışsak ya hatırlamıyoruz ya da rüyada uçuyormuşuz gibi hatırlıyoruz. O aslında yapılmış bir astraldir ama derin uykuda olunduğu için rüyada uçmak şeklinde tanımlanıyor. Astral yolculuklar, fizik bedenle değil, enerji bedenle yapılır. Kişi fiziken kendisini yatağında görür; ama his olarak bilincin gittiği yerdedir. Beynimiz öyle gösterdiği için bedeniyle uçuyormuş gibi bir düşünceye kapılır.

Astral yolculuklar bilinçli şekilde yapılırsa, istenilen yere astral planda enerji bedenle gidilebilir. Olaylara müdahele edilebilir, bilgi toplanabilir ve hatta zamanda ileri- geri gidilebilir. Astral yolculuk başlarken enerji beden fizik bedenden ayrılırken kalp çakrasının olduğu alandan bir ışık topu şeklinde çıkar. Bu çıkış sırasında eğer bilincimiz yerinde ise ruhumuzun bedenimizden çıkışını, bedenimizden bir parça çıkarılıyormuş gibi hissedebiliriz. Çıkış başladıktan sonra, kulaklarda derin bir uğultu olur ve kalp çakrası da adeta bir çark şeklinde hızlı hızlı dönmeye başlar. Boğaz çakrasında da kalp atışı şeklinde bir hareketlilik olabilir.

Astral yolculuk sonrası enerji bedenin fizik bedene girişi sırasında bilincimiz yerinde ise, tıpkı boş bir kabın suyla dolduruluşu gibi bir hisse kapılabiliriz ve plastik poşetlerin hışırtı sesi gibi bir ses duyabiliriz.

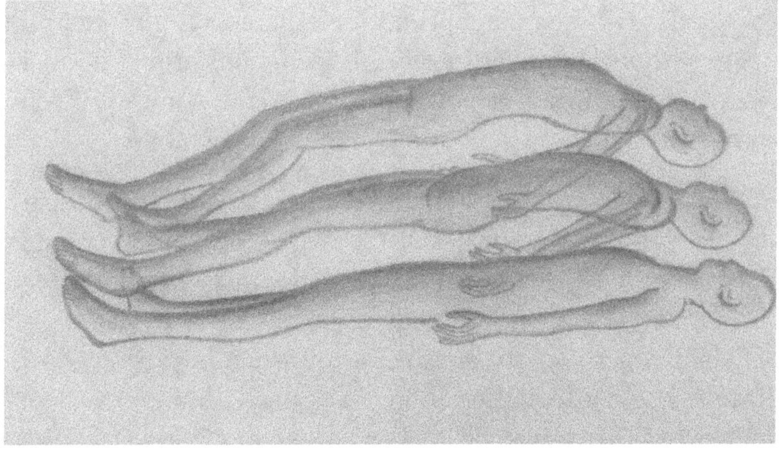

Astral Yolculuklara Hazırlık Teknikleri

1-Bedenden Çıkış Egzersizleri: Yatağımıza uzanıyoruz ve gözlerimizi kapatıp imgeleme yöntemi ile enerji bedenenimizin, fizik bedenden çıktığını ve 10 cm kadar yukarıda askıda durduğunu görüyoruz. Birkaç dakika bu şekilde kalarak askıdaki enerji bedenimizin kuş tüyü gibi bir sağa bir sola doğru hafifçe sallandığını imgeliyoruz. Sonra enerji bedenin yarım metre kadar daha yükseldiğini görüyoruz ve enerji bedenin yüzünü kendimize çevirerek, yataktaki fizik bedenimize yukarıdan bakıyoruz. Bedenimizle ilgili detayları tek tek inceliyoruz. Daha sonra tavana kadar yükselip enerji bedenimizin sırtını tavana dayıyoruz. Oradan yataktaki fizik bedenimize bakıyoruz. En küçük detaylara kadar iyice inceliyoruz. Son olarak da odanın içindeki eşyalara ve ince detaylara odaklanıp o eşyaların yerlerini, renklerini ve biçimlerini zihnimize not ediyoruz. Sonra yavaşça aşağı inip bedenimize geri giriyoruz. Gözlerimizi açıyoruz ve yukarıda asılı iken odayla ilgili gördüğümüz tüm detayları tek tek kontrol edip karşılaştırıyoruz. Astral yolculuk yapmaktan korkan kişiler, bu egzersizi 21 gün boyunca düzenli olarak her gün yaparsa astralle ilgili korkuları azalır. Beden çıkışlarının normal olduğuna bilinçaltını inandırır. Böylece onu yeniden programlayarak rahatça astral yolculuklara çıkabilir.

2-Mekan Değiştirme Tekniği: Bu tekniğe, 1. maddedeki beden çıkışı egzersizlerini 21 gün yaptıktan sonra başlıyoruz. Yine yatağımızda gözlerimiz kapalı halde uzanırken imgeleme ile bedenden çıkıyoruz. Evimizdeki odalardan her gün bir tanesine, astral bedenle gidip o odayı inceleyip gördüğümüz tüm detayları zihinimize not ediyoruz. Bu çalışmada mekanlardaki bütün eşyaların en ince detaylarına dikkat ediyoruz, zihnimize not ediyoruz.

Sonra bedenimize geri dönüp gözlerimizi açıyoruz ve kalkıp astral ziyaret yaptığımız odaya gidip gördüğümüz detayları karşılaştırıyoruz.

Bu şekilde evin bütün odalarını astral bedenle gezdikten sonra sıra, dış mekanlarda dolaşmaya geliyor. Bedenimizden çıkıp yükseliyoruz ve pencere ya da duvarlardan geçip evimizi terk ediyoruz. Uçarak yükselirken önce evimizin çatısını görüyoruz sonra biraz daha yükselerek sokağımızı ve mahalleleri görüyoruz. Yükselmeye devam ediyoruz ve şehrimizle beraber, dağları ve gölleri izliyoruz. Daha da yükselerek başka şehirleri, ülkeleri ve sonunda da dünyayı uzaktan izliyoruz. Sonra uzayda serbestçe kuş gibi uçuyoruz. Zaman zaman dünyaya doğru alçalıyoruz ve tekrar uzaya yükseliyoruz. Bu yükselişler sırasında sürekli detaylara dikkat ediyoruz ve not ediyoruz. Astral yolculuk egzersizlerinde ne kadar çok detay görülürse o kadar faydalı olur. Bütün duyu organlarımızdan yararlanmalıyız. Koku, renk, şekiller, sesler ve tatlar, astral deneyimini güçlendirir.

3-Okuma ve Nokta Ziyareti Egzersizleri: Okuma tekniği, hem üçüncü gözümüzün açılmasına yardımcı olur hem de astral yolculuklarımıza yardımcı olur. Bu çalışma öncesi, bir aile bireyi bize göstermeden bir kağıt parçasına bir şekil çizecek ya da bir kelime yazacak ve o kağıdı evin bir odasına koyacak. Sonra biz yatağımızda uzanırken, yine imgeleme ile bedenimizden çıkıyoruz ve yükselip odamızı terk ediyoruz. Belirlenen o odaya gidip o kağıdı bulup yazı ya da şekli okumaya çalışıyoruz. Kolay bir çalışma değil ama düzenli olarak yapıldığında psişik yeteneklerimizi de geliştirir.

Nokta ziyaretlerinde; kendimize bir yer belirliyoruz ve oraya astral bedenimizi yollayıp detaylara bakıyor ve geri dönüyoruz. Örneğin bir akrabamızın evine astral ziyaret yapıyoruz ve ne yaptıklarını gözlemleyip geri dönüyoruz. Sonra da onlara telefon açıp, az önce evde ne yaptıklarını soruyoruz, onların cevaplarını kendi gördüklerinizle karşılaştırıyorsunuz. Benzerlik çoksa gelişmeler iyi demektir. Azsa, daha çok çalışmamız gerekir.

Astral Planda Çalışma Yöntemleri (Kontrollü astrallerle yararlı işler yapabilme)

Astral plan denilen olay, bizim rüya halindeyken, meditasyon halindeyken, hipnoz veya trans halindeyken içine girdiğimiz alandır. Öldükten sonra da yine içine gireceğimiz alandır. Tamamen enerjiden oluşmuş bir holografik alandır. Mucizelerin olduğu yerdir. Orada sadece bilincimizle (Meditasyon ve trans halinde iken) ya da enerji bedenimizle (astral yolculukla) bulunabiliriz. Orada zaman, mekan kavramı yoktur. Sınırlarımız yoktur. Orası, yeterli bilgi ve deneyimle tanrısallığımızı deneyimlediğimiz yerdir. Belli bir birikime sahip olduktan sonra astral planda yaratımlar yapabiliriz, realitemize etkide bulunabiliriz. Sadece kendimizin değil, bütün dünyanın realitesine etki edebiliriz. Bizler orada özümüzün rehberliğinde hareket ederiz.

Astral planda olaylara müdahele etme ve değiştirme şansını elde edebiliriz. Derin uyku halinde iken bile, birçok yararlı işler yapabiliriz. Ama yarı açık bilinçle, bilerek yaratım yapanlarımız da vardır. Örneğin; bilinçli bir astral plan gezisinde zor durumda olan bir hayvan veya insan görürsek onları kurtarabilir, koruyabilir, şifalandırabiliriz. Çünkü o planda, gücümüzde sınırlama yoktur. Her istediğimiz anında yaratılır. Orası tamamen bizim kontrolümüzde ve emrimizdedir. Akan bir suyu durdurabiliriz. Düşmekte olan bir taşı havada durdurabiliriz. Yağan yağmura müdahele edebiliriz. Güneşi doğdurabiliriz. "Ol" dediğimiz her şey olur. Çünkü biz orada saf kaynağız. Tanrı'yız, Tanrıçayız. Unuttuğumuz bütün yeteneklerimiz açığa çıkar.

Kontrollü (yani yarı uyanık haldeyken) yaptığımız astrallerde, gitmek istediğimiz yerlere gidebiliriz. Geçmişe ya da geleceğe gidebiliriz. Bilgi çekebiliriz. Başkalarının konuşmalarını dinleyip önemli bölümleri bu tarafa taşıyabiliriz. Uyanıkken giremeyeceğimiz çeşitli gizli mekanlara girip bilgi belge okuyabiliriz. Merak ettiğimiz insanların evine girip kontrol edebiliriz, gözlemleyebiliriz. Bunu yaparken oradakiler uyanıkken bizi asla göremezler. Ama onlar da astral planda ise o anda, (yani uyku ya da trans halinde ise) bizi enerji olarak hissedebilir veya görebilirler. Bazı psişik insanlar, uyanıkken bile astral plan gezginlerini hissedebilir veya görebilirler.

Benim astral plan eğitimlerimde; bana, gökyüzünden üzerime doğru düşen büyük bir kayanın, daha havadayken, elimi kaldırarak "Dur! " diyerek, onu havada durdurabilme becerisi öğretildi. Yağan yağmurun altında ıslanmamak için sadece kendi alanımda bir koruma kalkanı yaparak yağmurdan korunma yöntemi öğretildi. Ayakları sakat bir köpeğin ayaklarına, dokunarak ve düzelmesini isteyerek onun yürümesini sağlamak öğretildi. Solucan deliklerinden geçme öğretildi. Astral plan saldırılarına karşı kendimi koruma ve karşı koyma yöntemleri öğretildi (Görünmezlik, kalkan oluşturma ve kılıç kullanmak vb.).

Astral planda müdahele yapmayı öğrenmenin yolu, bolca imgeleme ve yaratım yapmaktır. Ayrıca orada yapılan yaratımların bu boyuta yansıması erken olabileceği gibi, geç de olabilir. Yapılan yaratımların amacı, yapan kişinin enerjisi ve o yaratımın bütüne etkisi, onların realiteye yansıması hızını belirler.

Bütün dünyevi bağımlılıklarımızdan, kancalarımızdan kurtularak sadeleşmek, özgürleşip astral planda yararlı işler yapabilmemize yardımcı olacaktır.

İmgeleme

İmgeleme kısaca imajinasyon yani hayal etmek demektir. Bir şeyi düşünürken, onu enerji olarak şekillendirmek demektir. Biz düşündüklerimizi önce enerji olarak oluştururuz evrende, sonra o düşünceleri gerçek hayatımızda uygulayarak maddeleştiririz. Örneğin bir ressam yapacağı bir resmi önce hayal eder, kafasında biçimlendirir ve enerji olarak yaratır. Sonra da o resmi tablolara boyalarla işleyip maddeleştirir. Bu halk arasında daha çok ilham veya yetenek olarak bilinir. Aslında o yaratıcı imgelemedir ve her ressam iyi bir imgelemecidir.

Evrenin tamamı bir enerji alanıdır ve biz de o enerji alanının birer parçasıyız. Yani biz de enerjiyiz ve bizim düşüncelerimiz de evrende enerji olarak yer alır. Sonra çekim yasası ile bize döner. Biz evrene ne yansıtırsak, o çekim yasası ile bize geri döner. Her zaman dediğim gibi "Ne ekersek onu biçeriz". Bu yüzden ne düşündüğümüz ve ne konuştuğumuz çok önemlidir. Çünkü düşünceler ve sözler de enerjidir. Her bir düşüncemiz, sözümüz ve imgelememiz hayatımızı olumlu ya da olumsuz yönde şekillendirir. Eğer güzel şeyler düşünüp, hayal edip, konuşuyorsak bunun yansıması gereği, çevremizde bizim gibi insanları yaratmış oluruz. Fakat karamsar, mutsuz, korkak ve sorunlu bir yaşam tarzı ile evrene de aynı duygu ve düşünceleri yollarsak, yine çekim yasası gereği bize bu duyguların aynısını yansıtacak kişilerle karşılaşırız. Yani aslında etrafımızdaki kişileri ve olayların hepsini biz yaratıyoruz. Onlar bizim yansımalarımızdır. Kimseyi suçlamaya gerek yok. İçeride ne isek, dışarıda da oyuz. Bu nedenle ne düşündüğümüze ne konuştuğumuza ve neyi hayal ettiğimize çok dikkat etmemiz gerekir.

Yaratıcı İmgeleme

İmgeleme en çok sanatçılarda ve çocuklarda aktiftir. Bu yüzden onların hayal güçleriyle yarattıklarına hep hayran kalmışızdır. İmgeleme olmasaydı hiçbir şeyi yaratamazdık, keşfedemezdik. Günlük hayatta kullandığımız en basit aletin bulunmasında bile yaratıcı bir imgeleme yapılmıştır. Çok başarılı insanlar, bu gücünü yaratıcı imgelemeye borçlular. Çünkü onlar herkeste mevcut olan bu yeteneği iyi kullanmayı öğrenmişlerdir. Bizde mevcut olan bu imgeleme yeteneğini, isteklerimiz ve ihtiyaçlarımız açığa çıkarır. Örneğin bir telefona ihtiyacımız vardır. Bu ihtiyacı farkederiz ve telefon alma imgelemesi yaparız. Bunu gün içinde defalarca yaparız. Kendimizi bir dükkanda, telefon alırken hayal ederiz. Bir süre sonra da bu olayı gerçekleştiririz. Eğer paramız varsa, bu imgeleme hemen gerçek oluyor. Paramız yoksa, ay sonunu beklememiz gerektiğini veya düşüncemizle belirlediğiniz bir başka zamana ertelemeyi yine imgeleme ile yaparız. Her düşünce ve imgelememizde hedefi, zamanı ve mekanı yine biz belirleriz. Paramız yokken bile sahip olmak istediğimiz bir şeyi, pozitif bir düşünceyle imgelersek en kısa zamanda bir şekilde ona sahip oluruz. Çünkü pozitif düşünce ve olumlu düşünce imgelemesi evrende çok hızlı hareket eder.

Milyarlarca insanın durmaksızın sürekli imgelemelerle dünyayı ve evreni şekillendirdiğini düşünürsek, bu durumda o insanların ne düşündüğü, neyi imgelediği, büyük önem taşır. Eğer dünyayı olumlu yönde değiştirecek sevgi ve barış içerikli imgelemeler yapılırsa, tüm dünyada savaşlar ve açlık biter. Bu yüzden de karanlık taraf, insanoğluna sürekli korku, savaş, açlık, hastalık, umutsuzluk, mutsuzluk ve nefret pompalar ki insanlardaki tüm güzel düşünceler umutlar yok olsun. Böylece bu insanlar, önce umutsuzluklarını ve mutsuzluklarını dünyaya yansıtır ve sonra onu geri çekerler. Farkında olmadan hem kendilerine hem de dünyaya zarar verirler.

Bizler bu durumu pozitif düşüncelerimizle değiştirebiliriz. Barış ve sevgi dolu bir dünya ve evren hayal ederek, onu yaratabiliriz. Dünyanın değişmesini istiyorsak, önce biz değişmeliyiz. Biz değişmezsek, hiçbir şey değişmez. Birimiz değişsek hepimiz değişiriz. Her birimiz, bir diğerine; kendimiz ve başkaları üstündeki bu etkiyi anlatarak güzel bir dünya yaratmaya katkıda bulunabiliriz. Hayal ettiklerimize kavuşabiliriz. Kendimizi iyileştirerek, dünyayı iyileştirebiliriz. Buna gücümüz var. Yeter ki inanalım!

İmgeleme Gücümüzü Kullanarak Hayatımızı ve Dünyayı Nasıl Değiştirebiliriz?

Önce imgeleme gücümüzü açığa çıkarmak için bazı hazırlık egzersizleri yapmalıyız. Zamanla imgeleme yeteneğimiz bu egzersizlerle daha iyiye gider. İmgelemeyi yaparken duyma, koklama, tatma, dokunma duyularımızı katarak yaparsak yaratımlarımız daha etkili olur. Gerçekten oluyormuş hissini yaşamamız gerektiğini unutmayalım. İmgelemeleri hep olumlu yönde kullanalım. Bir şeyi yok etmek için değil, var etmek için kullanalım. Pozitif imgelemeler çok çabuk gerçekleşir.

Yaratıcı İmgeleme Egzersizleri

İmgeleme egzersizleri için günde on dakika ayırmamız yeterlidir. Örneğin kendimizi mutfaktaki masada bir limonu keserken hayal edebiliriz. Limonun ekşiliğinden dolayı ağzımızın sulandığını ve kabuğunu soyarken yüzümüze limon suyunun sıçradığını hayal edebiliriz. Bir kitabı hayalimizde canlandırabilir bir masanın üzerine koyup sayfalarını çevirdiğimizi hayal edebiliriz ve sayfa çeviriş seslerini dinleyebiliriz. Bir deniz kıyısında gözleriniz kapalı, denizin kokusunu alıp rüzgarın esintisini tenimizde hissedip dalga seslerini dinleyebiliriz. Kendimizi çiçek bahçesinde gezerken imgeleyip gülleri ve yaseminleri koklayabiliriz. Ormanda gezdiğimizi ve ağaçların kokusunu, kelebeklerin rengini, kuşların renklerini ve seslerini imgeleyebiliriz. Sevdiğimiz bir yemeğin görüntüsünü, kokusunu ve sıcaklığını imgeleyebiliriz. Şöminenin önünde oturup ateşin sıcaklığını tenimizde hissedebilir, yanan odunların çıtırtısını kulağımızla duyabilir ve kokusunu burnumuzla alabiliriz. Bütün bu imgelemeler zamanla bizde yaratıcı imgelemeyi aktif hale getirecektir. Sonrasında esas çalışmalarımıza başlayabiliriz.

Yaratıcı İmgelemenin Etkisini Artırmanın Yolları

1-Öncelikle imgelemelerimizin başarılı olmasını istiyorsak, bizde iz bırakmış tüm geçmişimizin etkilerini temizleyip arınıp kendimizi bağışlamamız lazım. Çünkü her ne yaşadıysak hepsi bize bazı dersler öğretti, bizi olgunlaştırdı. Teşekkür edip vedalaşıp sevgi ile o anıları serbest bırakmalıyız. Böylece bedenen ve zihnen sadeleşiriz, frekansımız yükselir, imgelemelerimiz hızlı gerçekleşir.

2-Hedefimiz net olmalı. Kararsız ve değişken imgelemeler başarılı olmaz. Bir araba istiyorsak eğer, bu arabanın markası, rengi, şekli ve anahtarı net bir şekilde belirmeli kafamızda. Hatta varsa arabanın resmini bulmalıyız ve her imgeleme çalışmasını, aynı resme bakarak yapmalıyız. Şekil değişiklikleri sorun yaratabilir.

3- Her gün aynı saatte ve sürede, aynı istek üzerinde imgeleme yaparsak daha verimli oluruz.

4-İmgelemelerimiz olumlu ve herkesin hayrına bir imgeleme olmalıdır. Kötü yönde yapılan bir imgeleme, yansıma gereği hem bize hem başkalarına zarar verir.

5-İmgelemelerimize pozitif enerjimizi ve sevgimizi yükleyelim. Çalışmaya girmeden önce kendimizi günlük sıkıntı ve sorunlardan arındıralım. Yoksa bu sorunlardan dolayı taşıdığımız negatif enerjiyi imgelemelerimize yükleriz ve çalışmamız bozulur.

6-Bütün koşullar uygunsa, evin sessiz bir yerinde oturarak 10 dakika nefes çalışması yapıp bedenimizi gevşetiyoruz. Bedenimiz iyice rahatladıktan sonra istediğimiz şeyin gerçekleştiğini ve ona sahip olduğumuzu imgeliyoruz. Net, pozitif ve sevgi içinde. Bu çalışmayı niyetimiz gerçekleşene kadar devam ettiriyoruz.

Telkin ve Olumlama Hazırlama, Olumlamaların Etkisini Artırmanın Yolları

DNA'mız konuşulan her kelimeden, solunan havadan, yaşanılan olaylardan, içilen su veya yenilen yemeğe kadar her şeyden etkilenir. Ağzımızdan çıkan kelimeler, düşüncelerimiz, davranışlarımız güzel olursa, yediklerimiz ve içtiklerimize şifa kodlanırsa, DNA'mız bundan olumlu etkilenir. Tam tersi olursa, olumsuz etkilenir. Bu yüzden DNA'mızı ve bilinçaltımızı programlamak mümkündür. Olumlama ve bilinçaltı telkinleriyle yaşamımıza pozitif yönde bir katkı sağlayabiliriz.

Bizler doğduğumuz andan itibaren dışarıdan programlanarak, içinde bulunduğumuz ülkenin ve ailenin dini ve kültürel yapısına göre şekillendiriliyoruz. Tıpkı bir bilgisayar programlar gibi bilinçaltımız kodlanıyor ve programlanıyor. Bu programlanmada korku, cezalandırma, utanma, pişmanlık, suçluluk ve yargılama temaları ağırlıklı olarak kullanılıyor. Bu nedenle bizler, kötü programlanma yüzünden kendimizi zihin içine hapsederiz, etrafımıza kalın duvarlar öreriz ve köleleşerek özgürlüğümüzü kaybederiz.

Ruh halimiz üzerinde sorunlar yaratan bu tür kötü kodlamalar ve programlanmalar, bilinçaltımızdan silinebilir ve bilinçaltımız yeniden programlanabilir. Bu olay tıpkı bilgisayardaki işe yaramayan bir programı silip yerine daha iyisini yüklemek gibidir. Zihnimiz, bilinçli hali ve bilinçaltı hali olmak üzere iki bölüme ayrılır. Ruhsal durumumuzu belirleyen zihin, bizim bilinçaltı zihnimizdir. Bilinçaltımıza, bilinçli zihnimizle 21 gün boyunca tekrar edeceğimiz olumlu telkin cümleleri ile yeni bir programlama yapabiliriz.

21 günlük bilinçaltı kodlamaları bir kere yapılabileceği gibi etkisini arttırmak için arka arkaya birer hafta arayla da tekrar edilebilir.

Telkin Çeşitleri

1-Müzik eşliğinde yapılan telkinler: Doğru belirlenmiş müziklerle, yapılan telkinlerin etkisi artırılabilir. Burada müziğin amacı; kişiyi meditasyon haline sokmak ve titreşimini yükselterek o telkinin çabuk kabul edilmesini sağlamaktır.

2-Subliminal mesaj şeklinde yapılan telkinler: Çok kısık bir sesle belirlenen bir telkinin, müzik içine gömülmesiyle yapılan telkinlerdir. Böyle bir telkini dinleyerek uyursak bilinçaltına kodlanması daha hızlı olabilir.

3-Sadece sözlü olarak yapılan telkinler: Kısa ve pozitif cümleleri tekrar ederek yapılan telkinlerdir. Gün içinde defalarca tekrar edilerek yapılır. Her gün aynı saatte yapılırsa daha etkili olur.

4- Yazılarak yapılan telkinler: Kısa bir nefes çalışması veya titreşim yükseltme çalışmasından sonra, belirlenen pozitif kısa bir telkin cümlesinin; kırk kere sesli olarak söylenip sonra da bir sayfaya yazılmasıyla yapılan çalışmadır. Bu çalışma 21 gün boyunca ara verilmeden her gün tekrar edilerek yapılır. 21 günlük yazma işlemi tamamlandığında, yazılan sayfalar yakılır.

Telkin çalışmalarının daha etkili olması için; sabah uyanır uyanmaz veya akşam yatmadan önce yapılması daha iyi olur. Onları, en güzel duygularımızla ve hayallerimizle desteklemeliyiz ve en önemlisi de yüzde yüz inançla yapmalıyız.

Başlıca Olumlama ve Telkin Cümleleri

1-Para Enerjisi Çekme

Ben parayı hak ediyorum.

Para bana kolaylıkla geliyor.

Emeğimin karşılığını fazlasıyla alıyorum.

Parayı kendime çekiyorum.

Evrendeki bütün zenginlikler bana akıyor.

Parayı sevgiyle kazanıyorum ve sevgiyle harcıyorum.

Paranın bana sevgiyle akmasına izin veriyorum.

Alma verme enerjim dengede. Evren bana hizmet ediyor.

2-Affetme-Sevme

Kendimi koşulsuzca seviyorum.

Ben çok değerliyim ve kendimle gurur duyuyorum.

Ben evrenle birim ve bütünün bir parçasıyım.

Bana her şeyin en güzeli geliyor.

Bütün ilişkilerimde başarılıyım ve saygı görüyorum.

Sevmek ve sevilmek benim en doğal hakkım.

Ben sevgiyi kendime çekiyorum.

Kendimi olduğum gibi kabul ediyorum ve seviyorum.

Özgürüm ve kendime güvenim tam.

Ben sevgiyi ve aşkı kendime çekiyorum.

Ben sevilmeyi hak ediyorum.

Kendimi affediyorum ve kendimle gurur duyuyorum.

Hayatıma girmiş herkesi ve her şeyi sevgiyle affediyorum.

Kendimi ve başkalarını affettikçe güzelleşiyorum.

Geçmişimi serbest bıraktım ve yaşadığım her şeyi sevgiyle uğurladım.

3-Sağlık Enerjisi Çekme

Bedenimle ve zihnimle bütün halinde dengedeyim.

Sağlıklıyım ve dengedeyim.

Yaşamıma şifayı çağırıyorum.

Her gün biraz daha sağlıklıyım ve dengedeyim.

Kendimi özgürce ve sevgiyle ifade ediyorum.

Hayatımda yaratmış olduğum tüm blokajları iptal ediyorum.

Her sabah tazelenmiş olarak uyanıyorum.

Geceleri rahat ve huzurlu uyuyorum.

Bedenimi seviyorum ve ona iyi bakıyorum.

Hücrelerim her gece yenileniyor ve güçleniyor.

Bedenim, ruhum ve zihnim uyum içinde.

Hücrelerim birbiriyle uyumlu ve bedenimi yeniliyorlar.

Ben sağlıklı olmayı hak ediyorum. Sağlıklı olmayı seçiyorum.

Her katmanda ve boyutta sevgiyle şifalanıyorum.

21 Günlük Bilinçaltı Programlama Çalışması Örnekleri:

Çalışmalarımızın daha etkili olması için frekansımızın yüksek olması gerekir. Düşük titreşimli bir ruh haliyle yaptığımız çalışmalar evrende yavaş hareket edeceğinden, bize geri dönüşü de yavaş olur. Hızlı hareket etmesi için titreşimimizin yüksek olması lazım. Bu yüzden çalışma öncesi eğer kendimizi iyi hissetmiyorsak, aşağıdaki titreşim yükseltme çalışmasını yapıp öyle olumlamalarımıza başlayabiliriz.

Titreşim Yükseltme çalışması: Meditasyon pozisyonunda oturuyoruz ya da uzanıyoruz. Burundan derin bir nefes alıyoruz ve yavaşça ağızdan boşaltıyoruz. Yine derin bir nefes alıp yavaşça ağızdan boşaltıyoruz. Birkaç defa daha nefes çalışmasını tekrar ediyoruz. Nefes alışverişimiz yumuşak, düzgün ve sakin olsun. Her nefesle bedenimizin biraz daha rahatladığını, gevşediğini düşünüyoruz. Sonra evrenden tepemize doğru kozmik beyaz enerjinin aktığını hayal ediyoruz. Her nefesimizde bedenimizin bu ışıkla iyice dolduğunu ve sonra bu ışığın hücrelerimize, organlarımıza ve çakralarımıza gittiğini imgeliyoruz. Nefes alıp verirken zihnimizin bütün düşüncelerden yavaşça kurtulduğunu ve dinginleştiğimizi hayal ediyoruz. Sonra kalbimize odaklanıyoruz. Kalbimizdeki titreşimin farkında olmaya başlıyoruz. Kalbimizin giderek pembe bir enerjiyle genişlediğini ve çok hoş bir sıcaklık hissettirdiğini düşünüyoruz. Bu enerji ve bu sıcaklık, kaynaktan gelen sevgi enerjisidir. Bunu hissediyoruz, farkediyoruz ve mutlu oluyoruz. Gülümseyen bir yüz ifadesiyle çalışmamıza başlıyoruz.

1-Kendini Affetme Çalışması

"Kendimi affediyorum, kendimi seviyorum" cümlesini 1. gün, bir defter yaprağına kırk kez sesli şekilde söyleyip yazıyoruz. Aynı işlemi 21 gün boyunca her gün ayrı bir sayfaya önce okuyoruz, sonra yazıyoruz. Bu çalışmayı 21 gün boyunca her gün tekrar ediyoruz. 21. gün bittikten sonra sayfaları koparıp yakıyoruz ve o çalışmayı unutuyoruz, bir daha düşünmüyoruz. Çünkü enerjisini serbest bırakmalıyız ki bize geri dönüşü daha çabuk olsun.

2-İş Bulma Çalışması

Önce frekans yükseltme çalışmamızı yapıyoruz, sonra 21 gün boyunca, sırayla bir defterin her gün bir sayfasına en güzel ve en mutlu halimizi üzerimize yerleştirerek, 40 defa **"Enerjime uygun işleri, kolaylıkla buluyorum"** cümlesini söylüyoruz ve yazıyoruz. Çalışmamızın daha başarılı olması için kendimizi bir işte çalışıyorken hayal ediyoruz ve mutlu oluyoruz.

21 günlük yazma işlemi tamamlandığında yazılı 21 sayfayı tek tek koparıp yakıyoruz. Bu çalışmayı, istediğimiz bütün isteklerimiz için yapabiliriz. Ödeyemediğimiz borçlarımız için, iş bulmak için ya da daha sağlıklı olmak için...

Önerim; sadece ihtiyacımız olan şeyler için yapmak. Daha fazla zengin olmak, ihtiyacımız yokken daha fazlası için çalışma yapmak, egoya hizmet edeceği için bize negatif dönüşleri olabilir. Mümkün olduğunca materyalistlikten kopmaya çalışmalıyız. Aksi halde madde dünyaya daha çok bağlanırız ve yükselişimiz gecikir.

Çalışmalar 21 günlük telkin zinciri kırılmadan yapılmalıdır. Bir gün çalışma yapmayı unutursak, yeniden 1. güne dönüp baştan başlamamız gerekir.

Olumlamalar

Bilinçaltımız yaşadığımız kötü olaylardan dolayı kendine olumsuz bir kodlama yapar ve bu olumsuz kodlamaları, zamanla negatif bir kalıba dönüştürüp genelleme yapar. Sonra her yaşadığımız olayı, bu negatif kalıba göre değerlendirir ve geçmişte olduğu gibi kötü sonuçlar doğuracağına inanır. Çünkü yıllarca, benzer kötü olayları yaşamış ve negatif bir yargıya varmıştır. Bunu değiştirmenin tek yolu o olumsuz kodlamaları silip yerine olumlu kodlamalar yapıp bilinçaltımızı yeniden programlamaktır. Bunu da ancak telkin veya olumlamalarla yapabiliriz.

Olumlamaları, tıpkı telkinler gibi 21 günlük yapabileceğimiz gibi, daha kısa ya da daha uzun bir sürede de yapabiliriz. Bir doğa müziği eşliğinde kendimize olumlama cümleleri okuyup sesimizi kaydedebilir ve onları kayıttan dinleyebiliriz ya da olumlamaları bir kâğıda yazıp her gün okuyabiliriz.

Olumlamaları ihtiyacımıza göre pozitif bir ya da birden fazla cümle halinde hazırlayabiliriz. Hazırlarken olumsuzluk eki "-me/-ma"yı cümlelerimizde kullanmamaya özen gösterelim. "Param bitmesin" yerine "Param çoğalıyor" olumlamasını kullanmak daha uygundur.

Olumlamalarımızı, en güzel ve en mutlu ruh halimizle yapmalıyız. Ayrıca imgeleme, hissetme, duyma ve koklama duyularımızı da kullanarak olumlama yapmak, çalışmalarımızdaki etkiyi arttırır.

Doğal Taşlar

Doğadaki bütün taşlar değerlidir ve hafızaları vardır. Tanık oldukları olayları kaydederler ve gittikleri alanlara aktarırlar. Onlar da enerjiden oluşmuştur ve haliyle diğer enerjilere de etki edebiliyorlar. Sıradan bir taş parçasına bile sevgimizi yükleyip suya atarsak o taş, yüklediğimiz sevgiyi suya akıtır ve su bu sevgiyle şifalanır, temizlenir. Böylece suyun içindeki canlılar da şifalanmış olur.

Arkadaşımdan gelen cintemani taşını boynuma astığım gece, taş benimle bağlantı kurdu ve hafızasında taşıdığı tüm bilgileri bana aktardı. Gece yarısı gözyaşları içinde bütün hücrelerime kadar acı çekerek uyandım. Çünkü, aktardığı kayıtlardan kızılderililere yapılan soykırımı ve vahşeti izledim. Çok korkunçtu ve çok ağladım. Ertesi gün arkadaşıma olayı anlattığımda, o taşın Arizona'dan geldiğini ve orada çok Amerikan yerlisinin yaşadığını söylemişti. Taş, tanık olduğu her şeyi kaydetmişti ve benim alanıma girdiğinde de bu bilgileri bana aktardı.

Yaşanılan olayları sadece taşlar değil, doğadaki her şey kaydeder. Var olan her şeyin kendine göre bir bilinci vardır. Örneğin yaşanan bir savaştaki tüm olaylar, savaşın olduğu o alana kaydolur. Dağa, taşa, ağaca, toprağa ve suya…Hepsi enerji halinde olduğu için, yaşananlar da enerji halinde o alanda kalmaya devam eder ve bu enerji oradaki her şeye etki eder. Olumsuz olaylar, negatif etki eder; olumlu olaylar ise pozitif etki eder. Trajik olayların olduğu yerlerde ağır bir enerjinin hissedilmesi, evliya veya âlim diye tanımlanan insanların mezarlarının olduğu yerlerde pozitif bir enerjinin hisedilmesi buna örnek olarak gösterilebilir.

Anıtkabir buna en güzel örnektir. Oraya gidildiğinde müthiş bir sevgi, coşku ve huzur sarar insanı. Çünkü orada sevgi var, ışık var, bilgi var, umut var... Orada Atatürk enerjisi var.

Kristaller ve Kullanımı

Kristaller, güçlü enerji taşlarıdır. Dünyamız ve üzerinde yaşayan tüm canlılar için çok faydalıdırlar. İnsanları, hayvanları, bitkileri, suyu ve havayı temizler, arındırırlar. Kristaller, içlerinde enerji depolarlar ve o enerjiyi yenileyerek çevresine yayarlar. Yani evrenden, aldığı pozitif enerjiyi içinde depolayıp daha etkili bir hale getirip çevresine geri yayar. Bu işlevini durmaksızın 24 saat yaparlar. Eğer evinizde bir adet kristaliniz yoksa hemen almanızı tavsiye ederim. Çünkü en çok ihtiyacımızın olduğu dönemlerdeyiz. Suyumuza, havamıza ve yiyeceklerimize karışan radyasyon ve diğer zararlı maddelerden korunmak için kristallerden yararlanabiliriz.

Öncelikle her birey üzerinde bir adet kristal taşımalıdır. Bu kristaller üzerimizdeyken, evrenden topladıkları enerjiyi depolayıp bize yansıtırlar. Biz böylece daha enerjik ve pozitif oluruz. Mısır piramitlerinin dünyamıza enerji sağlayan kristal görevi gören enerji makineleri olduğunu biliyor muydunuz? Bu piramitlerden elde edilen enerjiyle şimdiki teknolojiden bile daha ileri bir seviyeye gelinmişti.

Dünyadaki en büyük bilgisayarın hafızası, yeni bulunmuş küçücük bir kristale kaydedildi. Çünkü kristaller sadece enerjiyi değil, bilgiyi de depolayabiliyor. Ne kadar yüklersek yükleyelim asla dolmuyorlar. Sınırsız bilgi ve enerji depolama kapasiteleri var. Yakın gelecekte, bilgi depolama için kristaller daha çok tercih edilecektir.

Elimize küçük bir kristali alıp ona sevgimizi, enerjimizi veya bize ait bir bilgiyi yüklersek; o kristal, bu bilgiyi sonsuza kadar saklar. Kristaller kendi başına çalışan, kendi kendini şarj eden ve temizleyen taşlardır. Kristallerin, radyasyonu temizlediği ispatlanmıştır. Bilgisayar, telefon veya televizyon kenarlarına konan kristaller radyasyonu temizleyeceğinden dolayı mutlaka evimizde bulundurmamız gerekir. Eğer onları özel bir çalışmada kullanacaksak, programlamamız lazım. Örneğin, pembe kuars kristalinin sevgiyi artırmasını istiyorsak onu buna göre programlamamız lazım. Şeffaf bir kristali, elektronik aletlerden yayılan radyasyonu temizlemesi için kullanacaksak, buna göre programlamalıyız.

Kristallerin Temizlenmesi ve Programlanması

Yeni alınan kristallerin, kullanılmadan önce temizlenmesi gerekir. Aslında kristaller kendi kendini temizleyebilirler ama, başkaları tarafından kullanılmış ve programlanmış olabilir. Bu nedenle aldığımız kristalleri, 24 saat toprak altında tutup enerjisini temizlemeliyiz. Daha sonra akan suyun altında bir dakika kadar tutup yıkamalıyız. Kuruttuktan sonra onları kendimize göre ve ne için kullanacaksak ona göre programlamalıyız.

Buzdolabına, televizyon kenarlarına, suyun içine koyacağımız kristaller ve boynumuza takacağımız kristaller için sadece birer kez programlama yapmamız yeterlidir. Ancak, kristali her seferinde farklı bir amaç için kullanacaksak, az sirke damlatılmış suyla yıkayıp kurulayıp yeniden programlamalıyız.

Programlama: O kristalin ne yapmasını istiyorsak bunu ona sesli olarak birkaç kez söylememiz yeterlidir.

Kristalleri Günlük Hayatımızda Nerelerde Kullanabiliriz?

1-Buzdolabına koyacağımız bir kristal; sebze, meyve, et, balık ve diğer yiyeceklerimizdeki tüm radyasyonu temizler.

2-İçme suyumuza attığımız, sevgi yüklenmiş ve şifaya programlanmış bir kristal, sudaki tüm kristallerle iletişime geçip onlara sevgi ve şifa yükler, suyu temizler.

3-Sadece su değil, her türlü sıvı içeceğimizin içine kristal koyarak onu temizleyip öyle içebiliriz. Örneğin, ben içinde kristal olan büyükçe bir sürahiye su koyup bir gece bekletiyorum. Günlük su tüketimimi o sürahiden yapıyorum. Kullandıkça üzerine su ekliyorum. Yemek ve çay suyunu bile oradan kullanıyorum. Siz de deneyin ve suyun tadındaki değişimi fark etiğinizde inanamayacaksınız.

4-Yaşadığımız yerde göl, nehir veya deniz varsa içine atacağımız sevgiyle programlanmış kristaller, sudaki tüm kristallerle iletişime geçer ve onlara o sevgiyi aktarırlar.

Böylece sevgi enerjisi, suyu ve içindeki canlıları temizleyip ve şifalayacaktır.

5-Köyde yaşıyorsak ve kuyu suyundan su içiyorsak, mutlaka o kuyuya şifa kodlanmış büyük bir kristal atmamız iyi olur. İçme suyumuz bir gecede temizlenmiş olur. Kristal orada durduğu sürece de o su yeniden kirlenmez.

6-Meditasyon yaparken, elimize alacağımız veya başımıza koyacağımız bir kristal, bize gelen enerji akışını hızlandırır ve daha çabuk transa girmemizi sağlar.

7-Gece uyurken elimize alacağımız kodlanmış bir kristal veya boynumuza taktığımız bir kristal, sabahleyin daha zinde ve enerji dolu uyanmamıza sebep olur. Kristal, gece boyunca bizden yayılan negatif enerjileri temizler ve bedenimizi şarj eder. Kristaller, bedenimizdeki su kristalleriyle de iletişimde olurlar ve enerji aktarımı yaparlar.

8-Boynumuza sürekli takacağımız bir kristal, bizi bulunduğunuz her ortamdaki radyasyondan ve negatif enerjilerden korur.

Tüm doğal taşlar arada sırada yıkanmalı ve şarj edilip yeniden kullanılmalıdır. En geç üç ayda bir taşlarımızı yıkayarak ya da adaçayı tütsüsüyle temizleyelim. Onlar da kirleniyor. Yıkanmış taşlar, ay ışığında ve güneş ışığında şarj edilebilir. Ayrıca şarj piramitleri alınabilir.

Doğal taşları şarj eden bakır piramit.

Ben her dolunayda taşlarımı yıkarım ve şarj piramitine koyup bir gece ay ışığında bekletirim. Sonra yeniden programlayıp kulanırım. Kristallerin kendi kendini temizleme özellikleri vardır ama açıkta kaldığında tozlanabilirler. Meditasyon için elimize aldığımız kristaller de zamanla ellerimizdeki ter ya da kremden dolayı kirlenebilir. Bu nedenle ayda bir temizlenmeleri iyi olur.

10. BÖLÜM

İnsanlar Nasıl Kontrol Ediliyor?

1-Dışarıdan bilinçaltımızı programlayarak

Çocukken özgürüz, cesuruz, safız, temiziz ve yaratıcıya çok yakınız. Sonradan, dışarıdan programlanmalarla başkalarının istediği bir bireye dönüşerek, özgürlüğümüzü kaybederiz. En başta ailemiz tarafından programlanmaya başlanırız. Geldiğimiz ailenin dini değerlerine, inanç kalıplarına ve kültürüne uygun eğitim alarak programlanırız. Amaç, onları üzmeyecek, karşı gelmeyecek, sadık bir bireye dönüşmektir. Hem aileye hem sisteme uygun bireyler olana kadar dışarıdan programlanmamız aşama aşama devam eder. Aileden çıkan çocuk, okullar aracılığıyla tek tip eğitim sistemiyle birer robot şeklinde programlanır. Bu programlanmaya cezalandırma, pişmanlık, suçluluk ve korku duyguları da yüklenerek güçlendirilir. Çünkü bizden, beklenen kişi olmaya mecbur tutuluruz. Aksi halde, sistem bizi bozuk bir makineymiş gibi tamir etmeye çalışır ve ayarlarımızı bozar. Uyum sağlayamazsak, hasta veya deli kategorisine alınararak ilaçlarla pasif moda getiririz. Bunun adı da 'şifa' olur.

Böylece düşünemeyen, hayal kurmayan, sorgulamayan, ayıran, bölen, yargılayan, korkan ve koşulsuz biat eden bireylere dönüşürüz. İçimizdeki çocuğu, dört duvar içine hapsedip dışardan programlanmış bir zihinde yaşamaya başlarız. Kim olduğumuzu, niçin dünyaya geldiğimizi unuturuz. İllüzyonun içinde kayboluruz. İçimizdeki çocukla bağlantımız kopar ve acı çekeriz. Bu sistemin işlemesine yardım eden en önemli faktörler de din, para, politika, cinsellik ve eğitim sistemidir.

Şimdiki çocuklar, mevcut sisteme uyum sağlayamıyorlar ve okula gitmek istemiyorlar. Onlar, zaten donanımlı geliyorlar. Her şeyi biliyorlar. Sadece yüzeye çıkarmakta zorlanıyorlar. Bunun sebebi de doğdukları andan itibaren dışarıdan gelen kötü programlanmalar ile içerideki potansiyellerinin bastırılmasıdır.

Bu çocuklar az uyuyan, az yiyen, başka boyutlardan sesler duyan ve görüntüler gören, kendi kendine dil öğrenen, telepatik, medyumluk gibi özel yetenekleri olan çok zeki çocuklardır. Gün gelecek okula bile gitmeden her şeyi kendileri öğreniyor olacaklar.

Dünyaya önce gökkuşağı çocukları geldi. Gökkuşağı serisi 1970'lerde dünyaya sevgi ve barışı yaymaya çalıştılar. Ancak karanlık tarafından fark edildiler ve önleri kesildi. Bu ışık çocuklarının artmasından korktukları için hayatımıza klorlu suyu, DNA'sıyla oynanmış tohumları, aşıları ve hastalıkları soktular. Sonraki yıllarda dünyamıza indigolar geldi. 2000 yılından sonra indigolara, yıldız tohumu çocuklar eşlik etti. 2012 yılından itibaren, kristal çocuklar gelmeye başladı. Şimdi ise elmas çocuklar geliyor. Hem de milyonlarcası... Bu çocuklar dünyayı ayağa kaldıracaklar ve bizi kurtaracaklar. Onlar bizim geleceğimiz. Onları mümkün olduğunca sistemden uzak tutmalıyız ve korumalıyız. Önlerini açarak, yapmak istedikleri için destek vermeliyiz. Onlar çocuk değiller, aslında bizim atalarımızdır. Hepimizden daha yaşlı ve daha bilgedirler. Dünyayı bu özel çocuklar ve onların doğmasına portallık eden kadınlar kurtaracaktır.

Bu yüzden de karanlığın şu anki ilk hedefi çocuklardır. Çünkü sevginin, ışığın, şifanın, barışın, hayvanların ve doğanın koruyucularıdır o çocuklar. "Gaia"nin çarpan yüreğidirler onlar… Bu yüzden de çok iyi korunmaları gerekir.

2-Zihin kontrolüyle

Sömürücü düzen, asla bilinçli ve zeki toplum istemez. Çünkü bilinçli toplumlar çabuk uyanır ve ayaklanır. Onları kontrol altında tutmak zorlaşır. Sömürmek ve haklarından çalmak zorlaşır. Uyanmış kitleler, kölelik düzenine engel teşkil ederler. Bu yüzden de neler olup bittiğini anlayamayan, anlasa da tepki göstermeyen, hakları için savaşmayan ve 'Bana dokunmayan yılan bin yaşasın' diyen bir insan türüne ihtiyaç duyarlar. Bunu da planlı ve programlı olarak ince ince işleyerek başarıya ulaşırlar. En çok kullandıkları 'Subliminal mesajlarla zihin kontrolü' özellikle teknoloji ve medya sektörünün yaygınlaşması ile birlikte ortaya çıkmış bir 'piskolojik savaş silahıdır.'

Medya organları, bilgisayar, internet ve sinema en büyük beyin yıkama araçlarıdır. Asıl hedef çocuklardır. Çünkü "Ağaç yaşken eğilir." Bilinçaltımız, telkin yoluyla ikna olmaya müsaittir. Bütün alışkanlıklarımız, inançlarımız ve kendiliğinden gelişen eylemlerimiz belleğimize kaydolur ve zamanla bunlar tekrarlandıkça bilinçaltı tarafından 'kodlanma' olarak kabul edilir. Bilinçaltı, depoladığı bu bilgileri kullanarak bizim ruh halimizi veya kararlarımızı etkiler. Bilinçaltımız biz farkında olmadan evrenden sürekli sinyaller alır ve hafızasına kaydeder. İşimize yaramayan milyarlarca kayıt barındırır. Bu kayıtlardan bizim ilgi alanımıza göre bazı verileri kullanır, diğerlerini de hafızada tutmaya devam eder. Bilinçaltı tıpkı bir bilgisayar gibidir. Yükleme ya da silme yapılabilir. Hatta bilinçaltı kayıtları kopyalanıp başka bir yere taşınabilir. Bilim adamları, önümüzdeki 20-30 yılda, insan bilincinin bir bilgisayara ya da başka bir bedene transfer edilebileceğini söylüyorlar. Bilinç, klonlanmış bedenlerin beynine aktarılabilecek ve yaşam süresi uzayacak.

Kabal'ın bu çalışmaları çoktan başardığına ve malum aile bireylerinin, kendi bilinçlerini, zamanı geldiğinde yarattıkları yeni bedenlere transfer edip ondan sonra da eski beden için ölmüş süsü verilerek ortadan kaldırdıklarını düşünüyorum.

Subliminal mesaj tekniğiyle

1940'lı yıllarda Hitler Almanya'sının denemeye başladığı, telkinle zihin kontrolü çalışmalarına, daha sonra Rusya ve Amerika devam etmiştir. Akıl hastanesindeki hastalar, cezaevlerindeki suçlular ve kimsesiz insanlar üzerinde bilinçli olarak yıllarca denemeler yapılarak başarı elde edilmiş ve günümüze kadar da yeni zihin kontrol teknikleri geliştirilmiştir. Bu tekniklerden en önemlileri 'Subliminal mesaj' ve '25. Kare' tekniğidir. Birçok devlet, halkını kontrol altında tutmak için zihin kontrolüne önem vermekte ve bunun için çok büyük paralar harcamaktadır. Öyle ki sadece zihin kontrolü yapmak için tv kanalları kuruluyor, filmler ve diziler yapılıyor. Özellikle çizgi filmler, en kolay subliminal mesaj tekniği uygulanan programlardır ve hedefleri de saf çocuklardır.

Belirlenen tek tip fikirlerin insanlara görsel karelerle empoze edilmesi, uzun zamandır subliminal mesaj tekniği ile yapılmaktadır. Subliminal mesaj, ekrandaki bir nesnenin içine dikkatli bakılmadıkça fark edilemeyecek kadar belirsiz şekilde bir sembol, resim ya da kelime yazılarak, bilinçaltına tohum olarak ekilmesi şeklinde oluyor. Belirli bir süre bu mesaj tekrar edilirse de bilinçaltı tarafından, bu bir programlanma olarak kabul ediliyor. Bunların hepsi, biz farkında olmadan gerçekleşiyor.

25. Kare tekniği ile zihin kontrolü

Bu teknik en çok televizyon ve sinemalarda yayınlanan programlarda kullanılıyor. Müzik videoları, bilgisayar oyunları da bunun içindedir. İzlediğimiz filmlerin sinema bandında saat, dakika ve saniye olarak dizilişi vardır. Her bir görüntüde, saniyeden sonra gelen karede 24 tane küçük kare bulunur. Bu her küçük 24 kare, bir ekran büyüklüğünde kareyi oluşturur. Bu sıralamada yer alan 'control-track' denilen aralık; kesilerek anlık bir görüntü şeklindeki 25. kare oluşturulur. Böylece görüntü 1/24 yerine 1/25 olur ve her 25. karedeki görüntü, ekranda en dikkatli izleyicilerin bile farkına varamayacağı bir patlama şeklinde görünüp kaybolur ve bilinçaltına kaydolur. Bu olay saniyeler içinde gerçekleştiği için gözle görülemez ama bilinçaltına kaydolur. Bu yüzden de fark edilmeden ustaca kullanılıyor ve bilinçler programlanarak zihinler kontrol altına alınıyor.

Bu teknik eskiden en çok ürün satışlarını arttırmak için kullanılıyorken son yıllarda, özellikle bilgisayar oyunlarına ve çizgi filmlere eklenen cinsellik ve şiddet içerikli mesajlarla yeni nesli bozmak için kullanılıyor. Ayrıca uyuşturucu, alkol ve sigara kullanımı aşılamak, dini ya da politik fikirleri aşılamak için de kullanılmaya başlandı.

Sürekli bilgisayar oyunları oynayan çocuklarda ve gençlerde davranış bozuklukları, saldırganlık ve algılama zorluğu tespit edilmiştir. Çizgi film izleyen çocukların bedensel ve zihinsel gelişmelerindeki dengenin bozulduğu gözlenmiştir. Erkek çocuklarda erken tüylenme ve kız çocuklarda regl başlangıcı 7- 8 yaşına kadar düşmeye başladı. DNA'sı bozulmuş gıdalarla genlerimiz bozulurken, diğer taraftan da subliminal mesajlarla ve 25. kare tekniğiyle bilinçaltımıza hastalıklı mesajlar kodlanarak hasta bir toplum haline getiriliyoruz. Bu yüzden son yıllarda çocuk tecavüzleri, hayvan tecavüzleri, ensest ilişkiler, bunalım geçirip intihar eden gençler, cinnet geçirip karısını ve çocuklarını katleden erkeklerin sayısında artış olmuştur. Şiddet ve cinayetlerdeki bu artış ile bonzai kullanımı, içki ve sigara kullanımının sebebi yıllardır insanlara uygulanan subliminal mesajlarla yapilan zihin kontrolüdür.

Toplumlardaki bu bozulmayı engellemek için öncelikle çocuklarımızı ve gençlerimizi bu tür planlı saldırılardan korumalıyız. Onlara çizgi filmleri, dizileri, videoları ve televizyonu izletmeyelim. Bilgisayar oyunu oynatmayalım. Dijital ortamda hazırlanmış düşük frekanslı müzikleri dinletmeyelim. Çocuklarımızı doğaya çıkaralım. Plastik oyuncaklar yerine bakırdan, demirden, tahtadan, bezden yapılmış oyuncaklar alalım. Hayvanlarla zaman geçirmelerini sağlayalım. Resim, müzik, dans, spor ve sanat etkinliklerine yönlendirelim. Doğada zaman geçirmelerini sağlayalım. Bütün bunlar, onlara çok iyi gelecektir.

11.BÖLÜM

Bedenen, Zihnen ve Ruhen Gelişme

Müzik ve Dansın Beden Üzerindeki Etkisi Müziğin Faydaları

Biliyoruz ki insan bedeninin titreşimi yükseldiğinde frekansı da yükselir, daha sağlıklı olur. Müzik ve dans, titreşim yükseltmenin en kolay yollarından biridir. "Müzik ruhun gıdasıdır." sözü çok doğrudur. Çünkü müzik gerçekten ruhu besler. Frekansı yüksek müzikler ruh üzerinde güzel etkiler bırakır. Hele müzik bir de dansla birleşirse, ruh daha da coşar ve titreşimi çok yükselir. Müzik kan basıncımızı, nefesimizi, kalp ritmimizi, hormonlarımızı, kaslarımızın gevşemesini ve hafızamızı olumlu yönde etkiler.

Doğru frekanstaki müziklerle şifalanabiliriz. Bedenimizin titreşimini yükseltebilir ve hastalıklarımızı tedavi edebiliriz. Çakralarımızın belirli bir frekansı vardır. O frekansa uygun müziklerle çakralarımız temizlenebilir ve bedene sağlıklı bir enerji akışı sağlanabilir. Çakralarımızdaki enerji akışı sağlıklı olmazsa, fizik bedenimizde hastalıklar başlar ve ruhsal yönden de kendimizi kötü hissederiz. Bu yüzden çakralarımızın sağlıklı çalışması çok önemlidir. Ayrıca doğru frekanstaki müziklerin içine gömülmüş pozitif mesajlarla, bilinçaltımıza şifa kodlanabilir, hücrelerimize programlanma yapılabilir. Yeni enerjilerle uyumlanmak için şarkı söylemek, dans etmek, müzik yapmak ve doğru frekanslı müzikleri dinlemek çok faydalıdır.

Müziği dinleyenler o müziğin frekansıyla ruhsal yönden yükselebileceği gibi düşüş de yaşayabilirler. Bu nedenle dinlediğimiz müziklerin frekansı çok önemlidir. Yüksek frekanslı müziklerin yanında, düşük frekanslı müzikler de yapılabiliyor. Özellikle son yıllarda yapılan düşük frekanslı müzikler ve içine eklenmiş subliminal mesajlarla insanların bilinçaltlarına kötü kodlamalar yapılabilmektedir. Şarkı sözlerindeki tekrarlar, o şarkı çok dinlendikçe, kişide bir bilinçaltı programlanmasına dönüşebilmektedir. Bu yöntem kullanılarak, insanlar istenilen şekilde programlanabiliyor. Bu yüzden de Kabal, müzik sektörünü kontrolünde tutmakta ve destekledikleri şarkıcılara toplumu şekillendirmek için bilinçaltı kodlamalı müzikler yaptırmaktadır.

İnternette yayımlanan müzikler konusunda dikkatli ve seçici olmalıyız. Dinlediğimiz müziklerin doğru frekansta olmasına dikkat etmeliyiz. Doğru frekanslı müziklerle titreşimimiz çok yükselirken, yanlış frekanslı müziklerle de titreşimimiz düşebilir. Bu yüzden gençlerimizin ve çocuklarımızın zihnen ve bedenen sağlıklı olması için doğru frekanstaki müzikleri dinlediklerinden emin olmalıyız. Onları müzik konusunda bilinçlendirmeliyiz.

Dansın Faydaları

Dans etmek; zihinsel, fiziksel ve ruhsal açıdan bizi geliştirir. Dans ederken, bedenimiz rahatlar, keyfimiz yerine gelir ve titreşimimiz yükselir. Mutlu oluruz ve mutlu insan her açıdan sağlıklı olur.

Dans; kalp ritmimizi ve nefesimizi düzenler, kilolarımızı dengede tutar, performansımızı arttırır, bedenimizin sağlıklı gelişmesini sağlar, ona esneklik kazandırır. Dans etmek, kendimize olan güvenimizi arttırır, stresi hafifletir, hafızamızı güçlendirir ve zekayı etkiler. Müzik ve dans birleştiğinde ve bizler onun ritmine kendimizi kaptırdığımızda bedenen, zihnen ve ruhen şifalanmaya başlarız. Kendimizi enerjik ve iyi hissederiz. Bu yüzden birçok ülkede, huzurevlerinde dans ve müzik aktiviteleri çok yapılır. Çünkü dans ve müzik o insanları yeniden hayata bağlar, kendilerini mutlu hissettirir. Yeni enerjilere uyumlanmak, hızla şifalanmak için müzik ve danstan daha çok yararlanmalıyız.

Bilgi Karmaşasının Etkileri

Bizler hayatımız boyunca öğrenmek için çabalarız. Sorgulamak, merak, analiz, araştırma ve karşılaştırma dürtüsü, bizi hep okumaya veya öğrenmeye yöneltir. Ancak bir konuda çok fazla kaynak okumak, fikir edinmek de bazen yarar yerine zarar verebilir. Bilgi kirliliği, zihinde karmaşaya yol açar ve gerçeğe ulaşmamıza engel olabilir. Şu an yeni bir çağa doğru ilerliyoruz ve bu yeni çağ, bilgi çağıdır. İnanılmaz bir merak, öğrenme ve araştırma hırsına sahibiz. Teknoloji ve internetin getirdiği kolaylıklarla beraber, bilgiye erişmek çok kolaylaştı. Ancak, doğru bilgiye ulaşmak zorlaştı. Bir konuyu internetten sorgulamaya kalkarsanız, milyonlarca kaynağa ulaşabilirsiniz. Ama hangisi doğru, hangisi yanlış belli değil. Herkes kafasına göre yazmış, paylaşmış. Onu okuyan insanlarda nasıl bir etki yaratacağı düşünülmemiş. Yazılanlar; okuyan kişiyi ruhsal yönden veya zihnen parlatabilir de karartabilir de.

Bu yüzden internet ortamında bilgi edinirken dikkatli olmamız gerekir. Bilginin kaynağının güvenilir olması lazım. Bilgiler, mutlaka birden fazla kaynakla karşılaştırılarak analiz edilmelidir. Kaynak irdelenmelidir.

Yanlış ve gereksiz bilgiler zihni çok karıştırır ve kişi bilgi kirliliğinden dolayı, karşısına çıkan doğru bilgiyi farkedemeyip reddedebilir. Böylece doğruyu öğrenme fırsatını kaçırmış olur. Çok fazla okuyan, araştıran biriyseniz; zihin karmaşası başladığı anda geri çekilip biraz öğrenmeye, okumaya ara vermek doğru bir seçim olacaktır. Doğru ve yanlış bilgiler zamanla bizde kendiliğinden oturacaktır.

Gerçeğe, kendimiz de ulaşabiliriz. Zihinden kalbe inmeyi başardığımızda, dışarıdan gelen bilgileri kendi iç sesimizle yani kalbimizle tartmaya başlarız. O, doğruyu, güzeli ve sevgiyi en iyi bilendir.

Çabalamadan Yükselme İsteği - Mucize Bekleme

Bireysel yükselişler çabayla olur. Elbette rehberlik edecek insanlar, öğretmenler veya kitaplar olacaktır ama bizim de değişime, dönüşüme istekli olmamız gerekir. Zaman ve emek harcayarak yükselişimizin her basamağını yaşamalı ve tadını çıkarmalıyız. Birilerinin sihirli bir çubukla bizi yükseltmesini beklememeliyiz. Kimse böyle bir mucize yaratamaz. Çünkü mucize zaten biziz... O mucizeyi, çabalayarak ortaya çıkarmamız lazım. Çalışmalarımıza, egzersizlerimize odaklanmalı, hızlı yoldan yükseliş yapmanın yollarını aramamalıyız.

İçsel yolculuğumuzun büyük bir bölümü kendimizle başbaşa kalarak mümkün olur. Kendimizle olmayı sevmeliyiz. Yalnızlık ve dinginlik haliyle içe yönelebilir, oradaki çocuğu açığa çıkarabiliriz. Gerçek gücümüzün farkına vardığımızda, sorunlarımızı kendimiz çözmeye başlarız. Onlarla başa çıkmak için üstatlardan, meleklerden veya yaratıcıdan umut beklemeyiz. Yaratıcının kendimiz olduğunu ve o sorunları yarattığımız gibi yok edebileceğimizi de biliriz.

Spiritüel yolda çok fazla tuzak var. Bu yüzden dikkatli olmalıyız ve enerji alanımızı başkalarına açarken seçici olmalıyız. Kendimizi ve alanımızı, iyi tanımadığımız insanlara koşulsuz teslim etmemeliyiz. Çünkü insanlar da bitkiler gibi birbirinden enerji çekerler. Sevgiye hizmet etmeyen oluşumların içinde olmamalıyız.

Spiritüel yardım aldığımız insanlara dikkat etmeliyiz. Kendi içinde hâlâ ego savaşları yaşayan, sorunlu insanlar bize yardım edemez. Kendisine bile faydası olmayan bir insan, başkasına hiç fayda veremez. Başka bir insan, bizim bilincimiz hazır olmadığı halde bize DNA aktivasyonu yapamaz. DNA aktivasyonu, bilincimiz büyüdükçe kendiliğinden olur. Kişi öğrendikçe, bilinç büyür. Bilinç büyüdükçe DNA aktifleşir ve uyanış başlar... Yükseliş hızlanır... Mucize işte böyle olur...

Çabalamadan yükseliş olmaz. Spiritüel yol bir hobi değildir. Ciddiye alınmalıdır. Çaylarla, haplarla veya ilaçlarla kısa yoldan spiritüel sıçrayış yaşanamaz. Beden ve bilinç, dalga dalga büyüyerek buna hazır olmalıdır. "Evet diyene ücretsiz enerji aktarımı yapılacaktır" denen her ilanın, yorum bölümüne 'evet' yazarak kendimizi bilmediğimiz enerjilere ve niyetlere açmayalım. Neye evet dediğimize, alanımızı kime açtığımıza dikkat edelim. Bencil amaçlara hizmet edenlerden uzak duralım. Doğru çaba ve adımlarla emin bir şekilde büyüyerek bize ait olanın bize gelmesine tanık olalım. Her şey hayatımıza gerektiğinde gelir ve gerektiğinde gider...

Spiritüel Yükselişin Yolları

Kendimizi tanımak, örtülmüş yeteneklerimizi açığa çıkarmak ve farkındalığımızı geliştirmek için madde ve enerji bedenimizi çalıştırmalıyız. Hayat karmaşasının içine gömülmüş zihinlerimizi özgürleştirip, illüzyondan çıkıp, gerçek hayatı ve yaşam amacımızı keşfetmemiz gerekir. Bunun için de evrendeki saf enerjiden yararlanma yöntemlerini öğrenmeliyiz.

1-Zihnimizi susturmalıyız

Zihnimizi susturmayı ve onu kontrol altında tutmayı öğrenmeliyiz ki bizi yönetmesin. Zihnimizi, bir nesneye odaklanarak veya meditasyon yaparak susturabiliriz. Nefesimize odaklanarak, nefes alışverişlerini sayarak zihni susturabiliriz. Zihin sustuğunda içeriden gelen derin bir huzur hissederiz ve yüksek farkındalığa erişiriz. Kalbimizin sesini duyarız.

2-Nefes çalışmaları yapmalıyız.

Her gün 10-15 dakika nefes çalışması yapmak; zihnen, bedenen ve ruhsal gelişmemize yardımcı olur. Düzenli nefes çalışmalarıyla birçok hastalığımızdan kurtulabiliriz. Nefes 'sağlık' demektir. Nefes hücrelerimizi yeniler, organlarımızı şifalar, ağrılarımızı azaltır, içimizdeki sıkıntıları, kaygıları ve negatif enerjileri temizler, bedenimizin iyileşmesini hızlandırır. Nefes hayattır.

3-Meditasyon yapmalıyız.

Meditasyon derin trans halidir. İçimizi dinleme, derine inme halidir. Derine indikçe madde dünyayla bağlantımız kesilir ve manevi dünyaya bağlanırız. Enerji bedenimizi hissederiz ve içimizdeki gerçek bizi özgürleştiririz. Meditasyonla başka boyutlara, alemlere ulaşabiliriz. Kendi iç yolculuğumuzu güçlendirerek başka realitelere bağlanabiliriz.

Meditasyon, istenilen rahat bir pozisyonda yapılabilir. Sandalyede oturarak, yere oturarak veya uzanarak. Sınırlayıcı bir kalıp içinde meditasyon yapılmasına karşıyım. Bazı insanlar kitap okurken, bahçe işleriyle ilgilenirken bile meditasyon yapmış olurlar. Meditasyon, sessiz ve normal ısıda olan bir ortamda yapılmalı ve rahat kıyafetler giyilmelidir. Etkili bir meditasyon için tütsüler, kokular, çaylar ve müzikten yararlanılabilir. Meditasyon süresi kişinin isteğine bağlıdır. Her gün 15-20 dakikalık meditasyon, bizi zihnen, bedenen ve ruhen geliştirir.

4-İmgeleme ve yaratım yapmalıyız.

İmgeleme; hayal kurmak, yaratmak demektir. Bu yaratımı beş duyu organımızdan yararlanarak yaparız. İmgelemeler, zekamızı ve hafızamızı güçlendirir. Psişik güçlerimizi besler, kanallarımızı temizler ve bizi evrensel bilince bağlar. İmgeleme yaparken sağ beynimiz aktifleşir ve güçlenir. Sağ beynimiz duygularımızla bağlantıda olduğu için, aktifleştiğinde sevgi ve empatiyi daha çok hissederiz, mutlu oluruz ve daha çabuk şifalanırız.

5-Doğada zaman geçirmeliyiz.

İnsanoğlu doğanın bir parçasıdır ve doğası gereği doğayla iç içe olmalıdır. Birey, şehirlerde kapalı mekanlarda yaşayarak, kendini doğadan koparırsa, sağlığı çabuk bozulur. Sağlıklı olmak için bir ayağımız hep toprağa değmelidir. Bu yüzden, son yıllarda farkındalığı gelişen insanlar doğa annenin kucağına göç ediyorlar. Doğada zaman geçirmek; hafızamızı güçlendirir, yaratıcılığımızı arttırır, pozitif enerjiyle yenilenmemizi sağlar ve konsantrasyonumuzu geliştirir. Hepsinden önemlisi de daha sağlıklı olmamızı sağlar.

6-Enerjiyle şifa yapmayı öğrenmeliyiz.

Evrende serbest halde dolaşan enerjiyi kullanarak, kendimize ve başkalarına şifa yapabiliriz. Şifa yeteneği hepimizde var. Önemli olan o yeteneğimizi açığa çıkarıp nerede ve nasıl kullanacağımızı bilmektir. Enerji ile şifa yapılırken şifayı yapan ve alan kişinin istek ve inancı çok önemlidir.

7-Beslenme şeklimizi değiştirmeliyiz.

Sebze ve meyvelerin frekansı, hayvan etinin frekansından daha yüksektir. Kırmızı et frekansı çok düşüktür. Öldürülen hayvanların yaşadığı korku ve stres, kanla beraber yediğimiz etle bize geçer. Böylece frekansımız düşer. Son yıllarda genleriyle oynanmış yemlerle beslenen hayvanlardan, işlenmiş hazır yiyeceklerden, insana geçen birçok hastalık var. Hastalıklı ve frekansı düşük etleri yiyerek hem kendimize hem de hayvanlara zarar veriyoruz. Bize kodlanan beslenme şeklini değil, bize yararlı olan beslenme şeklini tercih etmeliyiz. Etten elde edilen proteinin on katı kadar protein veren birçok bitkisel besinler var. Yeni Çağda, yeni enerjilerle hızlı uyumlanmak için bizi aşağı çeken besinleri değil, bizi hafifleten, rahatlatan ve frekansımızı yükselten besinler yemeliyiz. Vejeteryan beslenme önümüzdeki yıllarda en çok rağbet edilen bir beslenme şekli olacaktır. Empati arttıkça, insanlar hayvan eti yemeyi, hayvanları katletmeyi reddedecektir. Şimdiki çocukları iyi takip ediniz. Bu beslenmenin öncüleri bizzat onlar olacaktır.

Aşağıdaki resimde; solda etin enerjisi, sağda ise elmanın enerjisinin resmi çekilmiştir. Görüldüğü gibi elmanın frekansı, etin frekansından daha yüksek çıkmıştır.

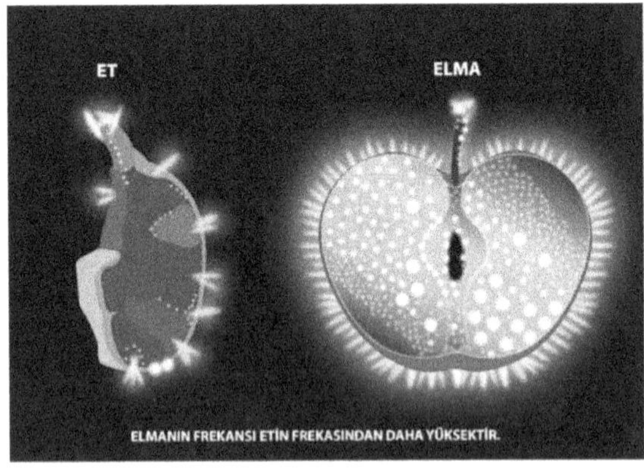

"Bitkilerin de canı var, enerjisi var. Onları da yemeyin." diyenler, bitkiler birinci boyut titreşimindedir ve duyguları henüz hayvanlarınki kadar gelişmemiştir. Ömürleri kısadır, mevsimliktir ve çoğunun sadece meyvesini koparıp yeriz. Bazılarının deyimiyle, onlar acı çekmiyorlar. Oysa hayvanlar ikinci boyut titreşiminde yaşıyorlar ve şu anda üçüncü boyuta doğru evrimleşiyorlar. Bu yüzden hayvanların duyguları daha gelişmiş ve çoğu hayvanda şu an bile insanımsı davranışlar gözlemlenmeye başlanmıştır. Onların duyguları, bitkilere göre daha gelişmiş olduğu için acıyı, korkuyu ve stresi hücrelerine kadar hissediyorlar. Kuzusu kesilen anne koyunun duygularına empati yapmayı öğrendiğinizde bir daha asla et yemeyeceksiniz… Empatinin ve koşulsuz sevginin hızla artması dileğiyle…

8-Yoga ya da günlük egzersiz yapmalıyız.

Yoga kemiklerimizin, kaslarımızın, eklemlerimizin esnek ve sağlıklı olmasını sağlar. Bedenimizi, hücrelerimizi ve organlarımızı canlandırır. Ruhsal yönden bizi rahatlatır ve pozitif bir bakış açısı benimsetir. Bedenimizdeki enerji kanallarını açarak sağlıklı enerji akışının olmasını sağlar. Öz güveni, hafızayı ve zihni geliştirir. Ağrılarımızı azaltır ve bedenin çabuk iyileşmesine yardım eder. Yoga çok faydalıdır. Günde en az 15-20 dakika yoga yapılsa iyi olur.

9-Mandala çizmeliyiz veya boyamalıyız

Mandalaların çoğu yuvarlak olduğu için 360 derecelik bir bütünü, yaşam döngüsünü temsil eder. Hayatımızın bütününü oluşturan ailemizi, arkadaşlarımızı, iş ilişkilerimizi ve bunlarla ilgili olayları kapsar. Bir mandala çizerken ya da boyarken hayatımızın bütünü üzerinde bir şifalama, dengeleme yaparız. Mandalalar sakinleştirir, stresi azaltır, yaratıcılığı ve öz güveni artırır. Mandala boyamak, her yaştan insanı şifalar ve kendi hayat yolculuğuna derin bir dalış yaşatır. Sonunda da bu dalış, dengeleme ve şifayla taçlanır. Mandala çizmek ya da boyamak meditasyon yapmakla eş değerdir.

10-An'da yaşamayı öğrenmeliyiz.

Geçmişimizde yaşadığımız her şey geçmişe aittir. "An"a veya geleceğe ait değildir. Bu durumda, "an"ın içindeyken geçmişi düşünüp, konuşup üzülürsek hem "an"da yaşama fırsatını kaçırırız hem de geçmişteki olayların enerjisini besleyerek hayatımızda daha uzun süre kalmasına sebep oluruz. Her iki durumda da kendimize eziyet ederiz. Geçmişi güçlendiren, etkili kılan ve canlandıran biziz. Biten, ölü bir şeyi sürekli besleyerek canlı tutup yıllarca bize eziyet etmesine sebep olursak "an"ı hiç yaşamadan yaşlanır ve elimiz boş gideriz dünyadan. Oysa geçmişi serbest bırakıp aldığımız tüm dersler için herkese ve her şeye teşekkür edersek hem sadeleşiriz hem de daha sağlıklı oluruz. Böylece "an"ın tadını çıkarırız ve alma-verme enerjimizi dengede tutarız.

Aynı şeyi geleceği çok fazla düşünüp kaygılandığımızda da yaşarız. "An"a değil de sürekli gelecekte neler olacağına odaklanırsak, "an"da yaşama fırsatını kaçırırız ve bize gelecek olanı sürekli geciktiririz. Oysa saatimiz ne geri kalmalı ne ileri gitmeli. En sağlıklısı tam da zamanında, "an"da çalışmalı. Böylece bize gelecek olan her şey zamanında gelir ve zamanında gider… Neler kaçırdığımıza değil, neler yaşayacağımıza değil, ne olduğumuza odaklanalım.

11-Affetmeyi öğrenmeliyiz.

Spiritüel anlamda ilermenin önündeki en büyük engel, kendimizi veya başkalarını affetmekte zorlanmamızdır. Affedemeyen insanlar ilerleyemez. Başkasını affetmekte zorlanıyorsak, bu kendimizi affedemediğimiz içindir. Başkalarını affetmek için önce kendimizi affetmeliyiz. Yaşadığımız her şey bizim gelişimimiz için gerekli olan deneyimlerdir. Onların iyi ya da kötü diye tanımlanması, bize dışarıdan yapılan bir kodlamadır. Bize öyle öğretildiği için öyle düşünüyoruz. Gerçekte doğru, yanlış, iyi, kötü, ayıp, günah yoktur. Öğrenme vardır. Biz deneyerek, yaşayarak öğreniyoruz. Bu yüzden seçimlerimiz, kararlarımız ve yaptıklarımız için kendimizi suçlamayalım, pişmanlık duymayalım, yargılamayalım. Kendimizi ve başkalarını olduğu gibi kabul edelim ve affedelim. İçeriden ve dışarıdan yapılan affetmeler, yükselişe açılan en önemli kapılardır. Affetmek, dünyadaki en şifalayıcı ilaçtır.

12- Sevgiyi, şefkati ve empatiyi öğrenmeliyiz.

Biz dünyaya koşulsuz sevmeyi öğrenmek için geliyoruz. "Ol" kıvamına gelmeyi deneyimliyoruz. Evrimleşmenin henüz başında olduğumuz üçüncü boyut realitesi, sevgi eksikliğini en çok hissettiğimiz boyuttur. Sevgi olmayan yerde, empati ve şefkat olmaz. Sevgi, empati ve şefkat birbirini besleyen duygulardır. Biri olmadan diğeri olamaz. Seven, sevilir. Şefkat duyan, şefkat görür. Empati yapan, empati görür. İçeriden dışarıya yayılan ne ise; dışarıdan da o yansır. Bu nedenle önce kendimizi çok sevmeliyiz. Biz kendimizi severken aslında yaratılmış olan her şeyi seviyoruz. Çünkü bizde yaratılmış olan her şeyin bir parçası var. Haliyle koşulsuz sevgimiz bizden yayılarak bütün varlıkları, dünyamızı ve evreni şifalayacaktır. Bunun bize geri yansıması da hızlı şekilde sevgi, şefkat ve empati şeklinde olacaktır.

Empati, başkasının sahip olduğu her şeyi kendi bedenimizde ve hücrelerimizde hissetmek demektir. Bunlar iyi şeyler de olabilir, acılar da. Uyanan insanların empatileri güçlendiği için dünyadaki tüm acıları hücrelerinde hissetmeye başlıyorlar. Bu acı, nötrleşmeyi öğrenene kadar devam ediyor.

13-Olumlu düşünmeliyiz

Konuşmalarımız, düşüncelerimiz ve davranışlarımız, yaşayacaklarımızı belirliyor. Başımıza gelen her şeyi biz kendimiz yaratıyoruz ve kendimiz sebep oluyoruz. Bu farkındalığa eriştiğimiz zaman söylediklerimize, düşündüklerimize ve davranışlarımıza dikkat ederiz. Yarattıklarımıza dikkat ederiz. Hayatımıza, sadece güzel olanı çekmek için yaratım yaparız. Güzel düşünürüz ve pozitif bakış açımızı geliştiririz. Her ne olursa olsun, olaylara olumlu yönden bakmayı öğreniriz. Görünen tablo ne kadar karanlık olsa da küçücük bir ışık bulup ona tutunuruz.

Bu yüzden de elimizdeki gücün farkına varalım ve güzel düşünerek hayatımızı güzelleştirelim.

14-Gözlemci olmalıyız

Yaşamın kendisi, koşuşturmayla geçiyor ve bizler bu yoğunlukta kaybolup gidiyoruz. Zaman öyle hızlı geçiyor ki geriye dönüp baktığımızda hep kaçırdıklarımıza üzülüyoruz. Hayatın içinde yok olurken bakmayı, görmeyi, düşünmeyi, sevmeyi ve gözlemlemeyi unutuyoruz. Öğrenmek ve büyümek için biraz da gözlemci olmamız gerekir. Olaylara dışarıdan bakmak, bakış açımızı değiştirir ve kendimiz için en doğrusunu görmemizi sağlar. Bu yüzden bazen hayatın akışından çıkmalıyız. Hükmeden ve yargılayan yanımızı bir tarafa atıp sadece izleyici olmalıyız. O zaman bütün gerçekleri daha net görürüz. Geleni ve gideni fark ederiz. Farkındalığımızın artması için gözlemci olmamız şart.

15-Spiritüel kitapları okumalıyız ve filmleri izlemeliyiz

Spiritüel alanda gelişmenin diğer bir yolu da bu konularla ilgili kitap okumak ve film izlemektir. Bazen bir kitap, bir yazı, bir film veya bir müzik bizde büyük açılımlar yaratabilir. Çünkü hepsinin bir frekansı var ve biz onlarla etkileşime girdiğimizde o frekanstan etkileniriz. Okuduğu bir kitapla hayatı değişen, uyanış yaşayan birçok insan var. Sizler de bu kitabı okurken harika açılımlar yaşayacaksınız, frekansınız yükselecek ve uyumlamalar alacaksınız. Zamanla üçüncü göz ekranınızdan geometrik şekiller, semboller ve rakamlar gelecek. Yükseliş yaşayacaksınız. Bu kitap, hayatınızda yeni bir sayfa açacak ve bilinciniz büyüyecek, farkındalığınız artacak. Uyanacaksınız!

Sevgiyle uyumlanmayı seçin ve eski enerjinizi serbest bırakıp, yeni enerjiye merhaba deyin. Işık her daim sizinle olsun. Ve öyledir…

12.BÖLÜM

Bazı Blog Yazılarım

5 Mayıs 2015 Tarihli Yazım:

Altın Çağın Kayıp Çocukları

Bu yazıyı özellikle gençler ve çocuklar için yazıyorum çünkü bir süredir altın çağa giriş yapıyoruz. Bilinçlerimiz hızla açılıyor. DNA'larımız daha fazla aktive oluyor. Bu dönemde gençlerde ve çocuklarda meydana gelen değişimlerin anlaşılamaması ve doğru rehberlik yapılamaması onlarda derin yaralar açıyor. Onları anlayamayan aileler ve eğitim sistemleri bu çocukların ve gençlerin ruhen kaybolmasına sebep oluyorlar. Bu yüzden aileler mutlaka bilinçlenmelidir.

Özellikle 2000 yılından itibaren doğan çocuklar genellikle daha önce birçok yaşam deneyiminden geçmiş deneyimli, bilge ve yaşlı ruhlardır. Çoğu görevlidir ve ışığa hizmet için dünyaya gelmişlerdir. Onlar, uyanışları esnasında bazı semptomlar yaşarlar. Eğer aileler bu belirtileri iyi anlayamazlarsa, o çocukların hayatı kararabilir.

Bu çocuklar doğdukları andan itibaren farklıdırlar. Çünkü geçmiş yaşamlarını hatırlarlar, geldikleri yerleri ve insanları bilirler. Dünyaya gelişlerinden itibaren, bazıları uyumsuzluk sorunu yaşarlar ve buraya ait değillermiş gibi hissederler. Konuşmaya başladıkları andan itibaren sürekli soru sorarlar ve uyum sağlamak için sürekli keşif yapma ihtiyacında olurlar. Bilgiye açtırlar. Onları susturmayın ve tüm sorularını cevaplayın, anlattıklarını sabırla dinleyin. Sizlere önceki hayatında başka ülkede yaşadıklarını, orada iken evli olduklarını, çocuklarını ve isimlerini söyleyebilirler. Adını duymadığınız gezegenlerden, yıldızlardan bahsedebilirler. Hatta yer mekan tarifi bile yapabilirler. Hayvanlarla ve doğayla konuşabilirler. Sakın ola ki "Neden böyle konuşuyor, delirdi mi acaba?" diye doktora ya da psikoloğa götürmeyin. Çünkü, muhtemelen şizofren teşhisi koyup sizi ilaçla beraber geri yollayacaklardır. Bu ilaçlar, çocukların uyum sağlama sorununu daha da tetikleyecek ve bunalıma girmelerine sebep olacaktır. Ayrıca bastırılmış enerjileri davranış bozukluluğuna ve aşırı hareketliliğe yol açacağından bu sefer de hiperaktif diye damgalanıp yine ilaç tedavisiyle uyutulacaktır. Tüm bunların sonunda ortaya sorunlu ve hayata uyum sağlayamayan, okulda başarısız ve yetenekleri kaybolmuş, kendine güvensiz çocuklar ortaya çıkacaktır. Bu altın çocuklar, sahip oldukları durugörü, telepatik iletişim, psişik yetenek ve üstün zeka gibi özelliklerini kaybedeceklerdir. Ayrıca gençlik dönemlerine de çok sorunlu bir giriş yapacaklardır.

Böyle bir çocukluktan gelen gençler, okulda başarısız oluyorlar, hayatlarındaki eksiklikleri ve bastırılmış duyguları yaşamak için çılgınca meraklara yöneliyorlar. Uyuşturucu ve alkolün pençesine düşüyorlar. Sürekli bilgisayar üzerinde ve oyunlar oynayarak zamanlarını tüketiyorlar. Yanlış giden bazı şeyleri, kendi çabalarıyla düzeltmeye çalışıyorlar. Bu altın çocukları bilen karanlık odaklar, onların zihinlerini teknoloji sayesinde kontrol edip uyanmalarını engellemeye çalışıyor. Müzik videoları, bilgisayar oyunları, çizgi filmler, sinema filmleriyle bilinçaltını şekillendiriyorlar ve akıllı telefonlarla, egoya odaklı yarışma programlarıyla zihinleri boşaltıp yerine sorunlu, bireyler üretiyorlar. Böylece onları düşünemez hale getirip istedikleri gibi yönetiyorlar.

İşte bu yüzden çocukların uyanışı engellenmemelidir. Çünkü o çocuklar ve gençler, bizim tek ümidimizdir. Lütfen, onları saçmaladıklarını düşündüğünüz anlarda, hayali bir arkadaşıyla konuştuğunu gördüğünüz anlarda, geçmiş hayatını ve gelecek planlarını dinlediğiniz anlarda bile destekleyin. Onları kendi kafanızdaki kalıba göre şekillendirmeye çalışmayın. Onların indigo, yıldız tohumu, kristal veya elmas ruhlar olabileceğini düşünerek yanında olun ve deli diye doktora götürmeyin. İlaçlarla yeteneklerini öldürmeyin. Onların içindeki cevherin açığa çıkmasına yardım edin. Sanata, spora ve bilime yönlendirin. Onların seçtiği yolda, arkasından koşun. Bir adım öne geçmeyin. Hep arkasında olun. Onların size öğretmenlik yapmasına izin verin. Çünkü onlar sizden daha yaşlı olabilir, hatta belki atanız bile olabilir.

Bırakın 'Altın Çağ'ın bu altın çocukları astral yolculuklar yapsınlar. Işınlanıp geri gelsinler. Galaksiler arası dolaşsınlar. Gelecekten haberler getirsinler. Resim yapsınlar, şarkı söyleyip dans etsinler. Buluş yapsınlar. Görevini inşa etsinler. Onları kısıtlamayın, çok sevin ve koruyun. Bize hizmet etmelerine izin verin. Uyanışlarını destekleyin. Lütfen sizde kimin misafir olduğuna dikkat edin!

Şimdiye kadar yerleşmiş tüm kalıpları yıkın. Hiçbir şey artık eskisi gibi değil ve olmayacak da. Değişime ayak uydurun ve onu hızlandırın. Aksi halde eski bağımlılıklarınız sizi bitirecektir.

Eski, yeni ve gelecek olan tüm altın çocuklara buradan selam olsun diyorum…Sizi seviyorum!

Sevgiler!

Aasma Estefan

8.12.2014 Tarihli Yazım

Aldığım Sesli ve Görüntülü Mesajlar

1-Ahit Sandığı diye aranan sandık gerçekten var ve zamanı geldiğinde ortaya çıkacak.

2-Mısır piramitleri ve dünyanın etrafındaki diğer tüm piramitler söylenenden daha eskidir. Piramitlerin, farklı bir gezegenden gelen ırklar tarafından yapıldığını gördüm. O dönemlerde insan- işçi kölelerle birlikte dünya üzerinde yaşayan bir ırk. Gördüğüm vizyonda piramitlerin etrafında ve üzerinde uçan altın renginde yuvarlak diskler gördüm. Dünya üzerinde farklı yerlerdeki yapılmış tüm piramitlerin yönleri gökyüzünde aynı yıldız kümesini işaret ediyor. Piramitler, enerji pilleridir. Anlatıldığı gibi mezar değillerdir. Onlar yıldızlardan gelen zeki varlıklar tarafından inşa edilmiş kristal enerji makineleridir. Dünyanın önemli enerji noktalarının üzerine yapılmışlardır. Şimdi ortaya çıkarılmış olan piramitlerin çok çok fazlası daha toprak altındadır. Onlar da ortaya çıkacak.
Mısır'daki 'Aslan' sfenksin altında tüm dünya tarihinin ve sırlarının yazıldığı kaynaklar vardı. Bunlar bulundu ve yıllardır üzerinde çalışılıyor. Bulunan bilgilerin arasında Atlantis'le ve dünyanın gerçek tarihi ile ilgili bilgiler de var. Yüksek teknoloji bilgileri ve sırları da var ama halktan gizleniyor. Onlar da tek tek açığa çıkacak.

3-Mısır piramitlerinin aynısından ayda ve Mars'ta da var. Üstelik hepsinin yönü yine aynı yıldız grubuna bakacak şekilde yapılmış. Mars üzerinde yerleşim yerleri olduğunu ve orada yaşam olduğunu gördüm ama başka boyutta yaşadıkları için biz onları, üçüncü boyut titreşimimizle göremiyoruz.

Ayda ışıkları yanan bazı binalar gördüm. Orada üsler var ama kime ait olduklarını bilmiyorum. Dünyamızın etrafındaki gezegenlerde de hayat var. Bize boş ve yaşam yokmuş gibi görünen gezegenlerde farklı bir boyutta dünyadaki gibi yaşam var ama biz bunu üçüncü boyuttan göremiyoruz. Oraları ancak yarı açık bilinçli uyku halindeyken, astral yolculuklarla veya üçüncü gözümüzle görebiliriz.

4-Dev insanların yaşadığı hikayesi doğrudur. Gördüğüm görüntülerde boyları 3-4 metre olan dev insanlar ve yanlarında çocuk gibi kalan normal insanlar vardı.

5-Binlerce yıl önce insanlar ve dev dinazorlar aynı dönemde yaşıyorlardı. Dünya dışı bazı ırklar, disk şeklinde uçan gemilerden dev hayvanlara lazer ışını gibi bir ışınla ateş ederek onları yok ediyorlardı. Çünkü bu dev hayvanlar, insanlara zarar veriyordu.

6-İngiltere'de dağlık bir yerde, uzaydan gelen galaktik federasyon üyeleri ile bazı devlet başkanları ve askeri yetkililerin gizlice toplantı yaptıklarını gördüm. Gökyüzünde, askeri helikopterler ve de puro şeklinde çok büyük bordo renkli bir uzay gemisi vardı. Geminin içinden çıkan disk şeklinde ufolar vardı. Bunlardan birinde, gelen bu federasyonun üyeleri vardı. Hepsi de insan görünümlüydüler. Toplantıda dünyamızla ilgili bazı kararlar alındı. O kararların şu an uygulamada olduğunu düşünüyorum.

7-Irak savaşının amacı, bazı Sümer kaynaklarını ele geçirme ve uzaydan yeri tespit edilen eski medeniyetlere ait önemli bir şeyi ele geçirmekti. Suriye, Irak, Türkiye üçgeninde yaşananların esas sebebi; ışık ve karanlık arasındaki portal savaşlarıdır. Ayrıca kutup kayması gerçekleştiğinde, dünyadaki en verimli topraklar buralarda olacağı için şimdiden bu toprakları ele geçirmek ve yerleşmek istiyorlar. Türkiye asıl plandaki gizli hedeftir. Etrafımızda olanlar, aslında bize bir adım daha yaklaşmak için planlanan senaryolardır. Dışarıdan ülkemiz bir çembere alındı ve bu çember yavaş yavaş daraltılarak içeriye, bize doğru yaklaşıyorlar. Türkiye'nin, geçiş sonrası üstleneceği önemli misyonunu, engellemeye çalışıyorlar. Bunun için de bölünmemizi, ekonomik olarak zayıflamamızı istiyorlar. Ülkemizdeki kesilen zeytin ağaçlarının, yok edilen ormanların, satılan tüm devlet kurumlarının ve kapatılan şeker fabrikalarının sebebi budur. Önce içeriden çöküşü sağlayıp, borç batağına sokup sonra dışarıdan müdaheleye hazır hale getiriyorlar. Bizi iç ve dış saldırılarla parçalamak istiyorlar. On beş yıldır bu plan milliyetçilik, dindarlık ve Osmanlıcılık maskesiyle çok güzel bir şekilde uygulanmaktadır. Bu görünmez tuzağa bilmeden destek olan herkes, alma verme dengesi gereği ektiğini biçecek ve kendi payına düşeni alacaktır. Maalesef 1919'da alınmayan ders bir kere daha tekrar ettirilerek bize öğretilecek er ya da geç...

8-Cern deneyinin amacı tanrı parçacığını bulmak değil, dünyada tutsak kalmış birilerinin, başka boyutlara kaçması için açmaya çalıştıkları bir portaldır. Yani bir yıldız kapısı aktif edilmeye çalısılıyor. Bu deney, başka boyuttan gelen bazı zaman yolcularınca engellenmeye çalışılıyor.

9-Büyük bir gök taşının Atlantik okyanusuna düştüğünü ve dev dalgalara sebep olduğunu, şehirlerin sular altında kaldığını gördüm.

10-Atatürk ile ilgili çok gizli kalmış bazı şaşırtıcı sırlar ortaya çıkacak. Gelecekle ilgili söylemleri ve Balkanlardaki bir Türk devletiyle ilgili verdiği önemli bilgiler var. Onun gelecekten gelen bir üstat ve zaman yolcusu olduğu anlaşılacak.

11-Tamamı beyaz giyinmiş, ellerinde beyaz bayraklar olan bir ordu gördüm. Dünyaya barışı getirecek ışık işçileriydiler.

12-Gökyüzünde, hangi ülkeye ait olduğunu bilmediğim bir uydunun, bir uzay gemisi (ufo) tarafından taşınarak götürüldüğünü gördüm. Sanırım ya yerini değiştiriyorlardı ya da yok ediyorlardı. Başka bir görüntüde de birçok uydunun ufolar tarafından yok edildiğini görmüştüm.

13-Dünyaya doğru yaklaşan büyük bir gezegen ya da uzay gemisinin gölgesinin, tüm dünyayı kapladığını gördüm. Bu gölgeyle birlikte etraf aniden karardı. İnsanlar evlerin ve binaların içlerine kaçıyordu.

14-Yahudilerin ilkel at arabalarıyla göç ettiğini gördüm. İngiltere'den göç ediyorlardı. Nereye gittiklerini bilmiyorum. Neden at arabalarıyla göç ettiklerini de bilmiyorum ama İngiltere yerle bir olmuş gibiydi. Her taraf yıkıntılar içindeydi. Onlar da sefalet içinde terk ediyorlardı orayı.

15-Türkiye'nin bir savaşa gireceğini gördüm. Müslüman ülkelerle, yani komşularıyla yaşadığı bir savaşı. İçeride de dinci ve bölücü bir ayaklanma olmuştu. Kadınlar bu savaşta, en önde mücadele ederek ülkenin aydınlanmasına hizmet ediyorlardı.

16-Uzaylı dediğimiz ama aslında bizim atalarımız olan varlıkların çoğu zaten hiçbir zaman bizi terk edip gitmediler. Hep burada bizimleydiler. Şu an hâlâ onlarla birlikte yaşıyoruz. Onlar, çoğunlukla bizlere öğretmenlik ve rehberlik yapan insan bedenli, gönüllü varlıklardır. Bilim adamları, devlet adamları, sanatçılar, ressamlar, yazarlar. Kısacası insanlığa büyük katkıda bulunanların çoğu onlardır.

17-Dünyamız, yapısı bakımından insan modelinin büyük halidir. O da canlı bir organizmadır. Bizim gibi nefes alıp veriyor ve yaşıyor. Üzerinde milyonlarca tür canlı barındırıyor ve onları çok seviyor, onları kendi çocukları gibi görüyor. Tıpkı bizim çoğalıp çocuklarımızı sevmemiz gibi. Ondaki her maden ve mineral, üzerinde barındırdığı insanlarda, bitkilerde ve hayvanlarda da mevcuttur.

18-2019'dan sonra dünyada doğacak çocukların hepsi özel çocuklar olacak. DNA'ları değişmiş, yeni bir tür insan.

Bu çocuklar çok güçlü titreşimleri olan enerjiyle doğdukları için daha zeki, daha spiritüel, daha sevgi dolu olacaklar. Her biri; birer dahi, birer medyum, birer fizikçi olacaklar. Onlar geldikten sonra 'sevgi' yaşamın tek amacı olacak. Teknoloji ve uzay alanında hayal edilemeyecek değişiklikler olacak.

Teknolojiyle beden parçaları üretilecek. Ölmüş hücreler yeniden canlandırılacak. Hastalık, ölüm diye bir şey kalmayacak. Her alanda çağ atlanacak. Ölümsüzlük keşfedilecek ve yaratıcıyla iletişim kurulacak. Diğer boyutlardan varlıklarla birlikte yaşama, birlikte uzayda yolculuklar yapma mümkün olacak. Şu an dünyamız ve üst boyuttaki gezegenler birbirlerindeki yaşam formlarını taşıyacak durumda değiller. O yüzden dünyamız bir üst boyuta geçiyor. Bu geçiş tamamlandığında enerji olarak yükseleceğimizden bizler onların ortamına, onlar da bizim ortamımıza rahatça girebilecektir. 'Altın çağ' dedikleri budur. Bizim uzaylı dediğimiz bu varlıklar bir zamanlar bizim gibiydiler. Üçüncü boyut tekamüllerini tamamlayıp evrimleşerek üst boyutlara geçtiler. Şimdi biz onların yaşadıklarını yaşıyoruz. Bu evrenin kanunudur. Her ruh bir üst boyutta yeniden şekilleniyor, öğreniyor. Her seferinde farklı formlarda…

Bizler 5.boyuta geçerken orada bulunan varlıklar da evrimleşerek 6.boyuta geçmeye çalışıyorlar. Her boyuttaki varlıklar, bir alt boyuttaki varlıklara yardım ederek hem kendi yükselişine hem de onların yükselişine yardım ediyor. Bu yardımlaşma onların tekamülünün bir parçasıdır.

19- 2010-2025 arası, dünyamızın değişimi ve bir üst frekansta yeniden doğmasının gerçekleşeceği bir dönemdir. Bu dönemde büyük depremler, seller, savaşlar, volkanik patlamalar ve meteor yağmurları her yıl kademe kademe artarak olabilir. Bunlar, onun başka bir boyutta yeniden doğma sancılarıdır. Kalbiyle hareket edip aklıyla önlem alan herkes bu süreçten kolayca kurtulabilir.

20-Dünyamızda değişik gezegenlerden gelen yaşam formları vardır ve bunlar tohumlama şeklinde bazen yağmurlarla bazen göktaşlarıyla dünyaya indirilerek yapılmaktadır.

21-Atatürk gelecekten gönderildi ve O, yüksek boyuttan gelen çok değerli bir ruhtu. Geleceği görüyordu ve nereden geldiğini biliyordu.

Not: Üst boyutlarda olan ruhlar, enerjilerini bölerek ayrı bedenlerde, aynı anda hem geçmişte hem de gelecekte yaşayabilirler. Çünkü geçmiş ve gelecek, "an"da mevcuttur. Belli bir titreşim seviyesine gelen herkes bunu yapabilir.

22- 2025'te Türkiye'de, Atatürk gibi yeni bir kurtarıcı ortaya çıkacak.

23-Dünya üzerindeki yaşama sebebimiz, evrimleşerek bir üst boyuta geçmektir. Bazı ruhlar bunu kısa sürede, bazıları da yüzlerce, binlerce defa reenkarne olarak öğreniyorlar. Bizler burada anaokuluna giden küçük ışık toplarıyız. İçimizdeki gerçek kendimizi keşfettiğimizde esas hayatımıza başlamak için buradaki bedeni atıp üst boyutta doğuyoruz. Ne kadar çabuk tekamülümüzü tamamlarsak o kadar çabuk gerçek hayatımıza kavuşuyoruz.

24-Siyah ırk, sarı ırk ve beyaz ırk olan insan türünün yanında, başka bir gezegenden farklı bir gen, insan bedeninde dünyaya yerleştirildi. Yüzlerce yıldır bu genin soyundan gelenler gücü ele geçirdiler ve dünyayı yönetiyorlar. Bunlar kendi atalarıyla birlikte hareket ediyorlar. İletişim içindeler, yardımlaşıyorlar ve sürekli gizli toplantılar yapıyorlar (Anunakiler'den bahsediliyor olabilir.).

25-Dünyamıza verdiğimiz zarardan dolayı insan ırkı yok edilecekti ama son anda vazgeçildi ve insanlığa bir şans daha verildi. Dünya anne geçişini, üzerindeki canlılarla yapma kararı aldı.

26-İsrail lideri Netanyahu ile ilgili önemli bir gelişme olacağını ekrandan okudum.

27-Dünyanın Kuzey ve Güney kutupları arasında dikey olarak büyük bir oyuk var. Bu oyuktan giriş çıkış yapan yer altı medeniyetleri var. Mu (Lemuria) kökenli olan bu gelişmiş medeniyetliler bizim gibi insan görünümündeler. Bazı önemli liderlerin buradan yüzeye gönderildiğini düşünüyorum.

28-Büyük bir deprem sonrası, şu anda suda bulunan bir ada ortaya çıkacak. Bu adayla birlikte eski bir medeniyet ve birçok yeni bilgi bulunacak. Bu bilgiler, tüm dünyanın tarihini değiştirecek.

29-Ekrandan, insan ve hayvan plasentası ile tüm hastalıkların iyileşebileceğini okudum.

30-İnsan ruhunun tenis topu büyüklüğünde bir ışık topu olduğunu ve bu ışığın; titreşimimiz yükseldikçe kristalize olacağı söylendi. Görüntü olarak da gösterildi. Görüntüde ışık topu, bildiğimiz kristal bir küreye dönüşmüştü. Gelecekte olacağı kesindi ama zaman olarak bir bilgi almadım.

31-Lübnan'daki 'Baalbek'; gemilerin iniş kalkış yaptıkları bir uzay üssüdür. Meksika'da bulunan bazı piramitler, gemilerin kalkmasını sağlayan 'itici güç' görevindeki enerji merkezleriydi.

32-Dünyadaki piramitlerin çoğu ley hatları üzerinde, önemli enerji noktalarına inşa edilmiş enerji pilleridir. Bir çeşit kablosuz elektrik üreticisi ve dağıtıcısı gibi. Bazı yüksek piramitler de gemilerin rahat inip kalkması için yapılmışlardır.

33-Ekin çemberleri, dünyaya indirilen kodlar ve yüklemelerdir. Mandala gibidirler ve enerji yayarlar.

Yapıldığı alandan tüm dünyaya yükleme, ayarlama, uyumlama ve şifa yaparlar, dünyanın frekansını yükseltirler.

34-Dünya başlangıca gidiyor. Sıfıra gidiyor. Camelot'a doğru gidiyor (Ekim-2016).

35-2018 yılında 'Kabal' tamamen bitirilecek. Bir güç savaşı olacak.

36-00:00 resetlenme, yeniden başlama şansı. 2017'de dünyaya bu sıfırlanma şansı verildi.

37-8 Kasım 2016'daki ekran okuması: Din yok, cezalandırma yok, seçimler var. Seçimlerin sonuçlarını yaşamak var. Kendinize iyi kötü her şeyi yaratan, yaşatan sizsiniz.

38-Doğup büyüdüğünüz topraklardan uzaklaştığınızda çabuk hasta olursunuz. DNA'nız doğduğunuz yerdeki toprak, su, hava ve orada yetişen bitkilerle geliştiği için; başka yerlere gittiğinizde uyum sağlayamayıp hasta olabilirsiniz. Bu durumda çabuk iyileşmek için doğduğunuz topraklara gitmeniz daha uygun olur.

39-Laboratuvarlarda üretilen virüslerle insanlığın hasta edilmesi, havadan püskürtülerek yayılan ve solunum yoluyla bulaşan hastalıkların üretilmesi, kısırlığı yaygınlaştıran çalışmalar yapılması, DNA'larıyla oynanmış gıdalar, hibrit tohumlar, hazır gıda, kafeinli içecekler, içki, sigara, tedavi için kullanılan aşılar, ilaçlar ve hap türü uyuşturucuların yaygınlaştırılmasının asıl amacı, nüfus kontrolüdür. Kabal tarafından organize edilmektedir.

40- 4 Nisan 2018'de üçüncü göz ekranıma "Dünya, 44 milyon insanla geçiş yapacak" cümlesi geldi. Ben bu 44 milyonun, ilk geçiş yapacak insan dalgası olacağına inanıyorum ve bu ilk geçiş 2018'de olacak. Sonrasında, arkadan yükselenlerle yapılacak birkaç geçiş dalgası daha olacaktır.

41-Dinler dönemi kapanıyor. Yeni Çağda bilim ve bireysel (Tanrısal) güçlerimiz daha çok öne çıkacak.

42-Hint astrolojisi ve Çin astrolojisindeki bilgiler gerçeğe en yakın bilgilerdir.

Sevgiler!

Aaasma

6 Aralık 2014 Tarihli Yazım

Kutup Kayması Gerçekleşiyor. Hayatta Kalmak için Neler Yapmalıyız?

Bir süredir dünyamızın kutuplarında yön kayması gerçekleşiyor. 2010'da başladı ve her yıl hızlanarak devam ediyor. Bu nedenle doğada, insanlarda, bitki ve hayvanlarda inanılmaz değişiklikler oluyor. Yerküre kendini yenileyerek bir üst boyuta geçiyor. Yani yeniden doğuyor. Bu yüzden de dünyamıza yüksek dozda bir enerji geliyor. Bu enerji insan bedenine zarar vermiyor ama insan zihni üzerinde çok etkili oluyor. İnsanlar foton enerjisi denilen bu enerjiyle daha zeki, daha sevgi dolu ve daha duygusal olmaya başlıyorlar ya da bu değişime uyum sağlayamayarak daha kızgın, daha saldırgan ve daha mutsuz olup depresyon geçiriyorlar. Foton enerjisine bağlı bu değişime uyum sağlamak için kalbimizle yaşamayı öğrenmemiz lazım. Aksi halde bunalım geçirip kendimize veya başkalarına zarar verebiliriz. Zihnimizi susturmayı öğrenmemiz lazım. Zihinde yaşama dönemi kapanıyor. Kalbe, sevgi frekansına geçiş yapıyoruz artık.

Son yıllarda gittikçe artan cinayetlerin, intiharların, tecavüzlerin, depresyonların, savaşların ve tahammülsüzlüklerin sebebi de budur. Aynı değişim bitki ve hayvanlarda, yani tüm doğada olmaktadır. Enerji dozu arttıkça insanların ilişkilerinde felaketler olabilir. Uyum sağlayamayan zayıf insanlar; evlerini, işlerini, evliliklerini kaybedebilirler. İnsanlar bu dönemde tüm duygularını en üst düzeyde yaşarlar. Sevgi en üst düzeyde, nefret en üst düzeyde olur. En şiddetli kin ve nefret, en şiddetli bunalımlar, en şiddetli sevgi ve duygu hassaslığı yaşarlar. Bunun farkına varanlar uyanmalı ve kalplerine dönüp onun sevgi enerjisiyle yaşamalıdırlar. 2012'den itibaren doğan yeni nesil çocuklar, bu enerjinin etkisiyle hem zeki hem de sevgi dolu olacaklar. Zamanla insan DNA'ları da yine bu yeni enerjiye bağlı olarak değişecek. Olağanüstü yetenekleri olan insanlar doğacak. İnsan ömrü uzayacak ve farklı boyutlardan varlıklarla birlikte yaşama imkanı doğacak.

Artık eskisi gibi yaşayamayız. Eski dünyanın sonu geldi. Dünya ile birlikte üzerindeki tüm canlılar kendini yenilemek zorundalar. Aksi halde yerküre bir üst enerji boyutunda yeniden doğarken, üzerinde yaşayan tüm canlılar kendisiyle birlikte kendini yenilemezlerse zarar görebilirler. Çünkü değişimle beraber tetiklenecek depremler, seller, volkanik patlamalar ve gökyüzünden gelecek felaketler, tüm negatif titreşimli varlıkları çok etkileyecek. Onların bedenlerinde ve düşüncelerinde de benzer depremler olacak. Dünyamız eksen kaymasından sonra yeni pozisyonuna geçtiğinde sadece pozitif enerjiyle yaşayanlar yeni frekanstan devam edebilecek ve kendi alanında yeni dünyasını, realitesini oluşturacaklar. Çünkü dünyaya gelen yeni enerji yüksek frekanslı bir enerjidir, pozitifir ve dişil enerjidir. Pozitif enerji, negatif enerjiyi dönüştürür. Ancak siz hâlâ negatif olmaya devam ederseniz, değişime direnirseniz o zaman acı sonuçlar yaşayabilirsiniz. Buna ayrılıklar, çöküşler, kayıplar, hastalıklar, savaşlar ve doğal felaketler vesile olur.

Kötü ilişkiler, kin, nefret, kızgınlık, hastalık ve savaşlar sizi daha da kötü duruma sokarak negatifleştirir. Bu da kötü sonuçlar getirir. Bazı ülkelerin bilerek tüm Ortadoğu ve Afrika'yı kaosa sürüklemesi de bundandır. Buralarda negatif enerjiyi çoğaltarak dünyadaki bu değişimle beraber düşük titreşimdeki canlıların zarar görmesini ve yok olmasını istiyorlar. Geriye kalacak az nüfusla kölelik sistemine devam etmeyi planlıyorlar.

Georgia Rehber Taşları'nda tüm dünyaya yazılmış bir mesaj var. Dünyadaki büyük bir değişimden sonra hayatta kalacaklar için yazılmış bu mesajda, yeryüzü üzerindeki nüfusun 500 milyondan daha az olmasına dikkat çekilmiş. Bu da gösteriyor ki planladıkları olaylarla, dünyada daha az sayıda insanın yaşamasını hedefliyorlar.

Bu nedenle sizin enerjinizi aşağı çekmelerine izin vermeyin. Kendinizi nefretten, kinden, saldırganlıktan, aşırı hırstan, din ve mezhep çatışmasından uzak tutun. Doğaya açılın, hayvanları ve insanlar sevin. Bitkilere, toprağa ve hayvanlara dokunarak arının. Karşınıza çıkan zorluk ve olumsuzluklarla savaşmayın. Geri çekilin, bırakın geçip gitsinler. Siz onlarla savaştıkça, enerjisini beslersiniz ve hayatınızda daha uzun süre kalırlar, güçlenirler.

Sizi mutsuz eden kişilerin listesini yapın ve onlardan uzak durun. Sizi mutlu eden kişilerle ve şeylerle zamanınızı geçirin ki kalbinizde daha çok sevgiye yer açılsın.Yeni enerjiyle birlikte pozitifleşip arının ve yükselme şansı edinin. Kendinizi ve başkalarını affedin, yapabildiğiniz kadar özür dileyin. Kalbinizi açın ve sesini dinleyin. Ona yaptığınız yanlışları sorun; kalbiniz sizi tek tek cevaplayacaktır.

Yanlışlarınızı görün ve iyi bir insan olun. İnsanlara ve hayvanlara yardım edin. Sokaktan veya barınaktan hayvan sahiplenin. Hayvanlar size sevgiyi öğretirler. Sevgi, evrendeki en güçlü enerjidir. Bu sevgi enerjisi, yaratıcının var etme ve dönüştürme enerjisidir. Titreşimi en güçlü olan enerjidir ve kurtuluşun tek yoludur. Ayrıca tavsiyem; babadan kalma eski tohumları stoklayın, kirli suları temizleme yöntemlerini öğrenin. Olası bir zorluktan kurtulmak için kendinize şimdiden uygun bir toplanma ya da yaşam alanı belirleyin .Bir süre güneş ışınları bize ulaşamayabilir ve kısa bir buz devri yaşanabilir. Buna hazırlıklı olun. İklimlerde büyük değişimler geliyor.

Kalbimden hepinize kocaman sevgiler gönderiyorum!

Aasma

22.8.2014 Tarihli Yazım

Rh Negatif Kan Grubundaki İnsanların Gizemi

Dünyadaki ilk kan grubu '0' dır. Herkes '0' grubuyken insanlar çok küçük bir alanda yaşıyorlardı, aynı yemeği yiyor, aynı hayatı yaşıyorlardı ve bu yüzden değişim gereksizdi. Ancak nüfus arttığında ve göçler hızlandığında değişimler ivme kazandı. Sonrasında gelişen A ve B gruplarının geçmişi ancak 20 bin – 30 bin yıl öncesine uzanıyor. AB grubu ise daha çok yenidir. ' O' grubu "avcı", 'A' grubu "çiftçi", 'B' grubu "göçebe" ve 'AB' grubu "modern" olarak değerlendiriliyor. Tabi tüm bu gruplar kendi içlerinde de negatif ve pozitif olarak ayrılıyorlar. Dünyadaki kan grubu dağılımı şöyledir:

0 RH pozitif her 100 kişiden 40´ı

0 RH negatif her 100 kişiden 7´si

A RH pozitif her 100 kişiden 34´ü

A RH negatif her 100 kişiden 6´sı

B RH pozitif her 100 kişiden 8´i

B RH negatif her 100 kişiden 1´i

AB RH pozitif her 100 kişiden 3´ü

AB RH negatif her 200 kişiden 1´i

Benim dikkat çekmek istediğim konu Rh (-) negatiftir. Rh negatif kanın mutasyonu bilinmeyen bir kökten olup Avrupa'da 10.000-15.000 yıl öncesine dayanmaktadır. Daha sonra şimdiki İspanya, İngiltere ve İrlanda dolaylarına yayılmıştır. Avrupa'da "Basques people" Basklar diye bilinen bir ırk, içlerinde en çok Rh negatif kanı olan insanlardan oluşmuştur. İspanya'da Bask Özerk Bölgesi adında ayrı bir bölgeleri var ve genel olarak çok zenginler. Çoğunluğu, zamanla Güney Amerika ülkelerine dağılmışlar.

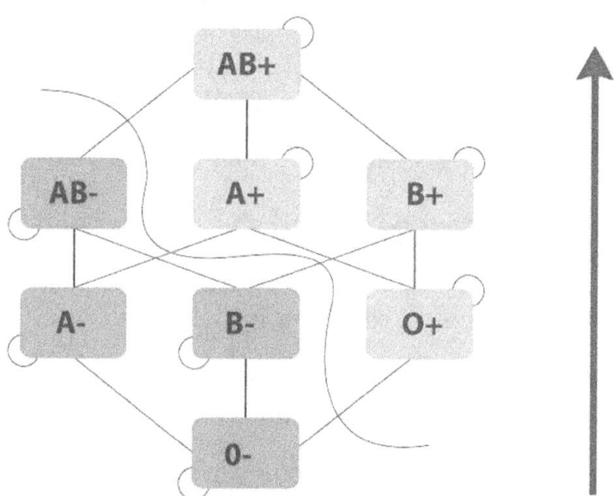

Bir kısmı da Avrupa ülkelerine, Amerika ve dünyanın dört bir yanına yayılmışlar. İncil'de 'Tanrı' kelimesinden sonra en çok kan kelimesi geçiyor. Kan ile Tanrı arasındaki bağa hep dikkat çekiliyor. Mesela İsrailli bazı gruplar, kan bağlarının bozulmaması için sadece İsrail soyundan gelenlerle evlenmeyi uygun görüyorlar. Çünkü Tanrı'nın soyundan geldiklerine ve farklı bir kana sahip olduklarına inanıyorlar.

Gelelim şimdi Rh negatif kan grubunda olan insanların özelliklerine:

1-Çok nadiren bazılarının kuyruk sokumu kemikleri büyük olabilir ya da başkalarına göre daha belirgin olabilir.

2-Vücut ısıları normal insanlarınkine göre daha düşüktür.

3-Kan basınçları normal insanlara göre daha düşüktür

4-Yüksek zihinsel analitik yetenekleri vardır.

5-Virus, bakteri ve hastalıklara karşı dirençleri yüksektir. Kolay kolay hastalanmazlar.

6-Hisleri ve algılamaları çok kuvvetlidir.

7-Psişik güçleri çok kuvvetlidir.

8-Uzaylılar tarafından kaçırıldıklarını söyleyenlerin içinde en çok Rh negatif kanı olanlar bulunmaktadır.

9-Uzaya, bilime ve fene çok ilgi duyarlar.

10-Genellikle uzaylı veya UFO görme, gökte ışık görme deneyimi yaşarlar.

11-Gelecekle ilgili rüyalar görürler.

11-Farkındalıkları çok yüksektir ve kendilerini normal insanlardan farklı hissederler.

12-Vücutlarında açıklanamayan leke veya morluklar belirebilir.

13-Yüksek boyutlarla iletişim kurabilirler.

14-Doğaya ve hayvanlara karşı çok hassas olurlar.

15-Mavi, yeşil, gri veya ela gözlülerdir. Gözleri ışığa karşı çok duyarlı olur.

16-Genelde sarışın, kızıl veya açık renkli saçları olur.

17-En önemlisi ise pozitiften asla kan alamazlar. Hatta negatif kanlı anne pozitif kanlı erkekten hamile kalırsa, vücut karşı reaksiyona geçerek fetusü anne karnındayken zehirleyip öldürüyor (Ancak teknoloji gelişince, tıbbi destekle kurtarılabiliyor bu bebekler.).

18-Dünya üzerindeki insanların yüzde 84'ü Rh pozitif kan taşıyor ve maymun genine sahip. Geriye kalan yüzde 16'sı ise Rh negatif olup, maymun geni taşımıyor. Peki bunlar nereden geldiler? Neden farklılar?

Yakınınızda Rh (-) kan grubunda olan kimseler varsa, onları dikkatle takibe alın ve hayat hikayelerini dinleyin. Olağanüstü özellikleri var mı diye gözlemleyin. Çünkü bu kan grubunda olanlar bir şekilde diğer gruptan olanlara göre daha üstünler. Hibrid (melez) olabilirler. Yani genlerinde dünya dışı izler taşıyor olabilirler.

Ben kanımızda yaratıcımızın kodlarını taşıdığımıza inanıyorum. Tıpkı bedenimizin her ayrıntısında olduğu gibi...

Sevgiler!

Aasma

13.5.2017 Tarihli Yazım

Zihinden Kalbe İniyoruz

Bizler, egoya ve zihne hitap eden bir sistemin içine doğduk. Saf bir sevgi ve masumiyetle giriş yaptığımız bu hayatta, dışarıdan bize öğretilenlerle bencilleştik, egolarımızın kölesi olduk. Bırakın birbirimizi sevmeyi, kendimizi bile sevmeyi unuttuk. Bize günahkar, suçluluk duygusu, korku ve güvensizlik tohumları ekildi. Günlük yaşamlarımız para, güç, hırs ve cinsellik ekseninde geçmeye başladı. Egolarımızla yaşamak kafamızın arkasındaki sürüngen beynimizi besledi ve yeniden sürüngenleştik. İstediğimizi almak için dövdük, parçaladık, öldürdük, tecavüz ettik, çaldık, yalan söyledik, aldattık...

Zihin bizi maddi dünyayla meşgul eder ve egolarımızdan beslenir. Hayatımızı bugüne kadar zihin yönetti. O kendisine dışarıdan ne yüklendiyse, bize de onu yaşattı. Gerçekte var olmayan şeyleri varmış gibi gösterdi. Bizi, insan yapımı kurallarla ve dinlerle meşgul etti. Materyalist ve bencil yaptı. Robotlaştırıp hissizleştirdi. Zenginliği, güzel kıyafetleri, gösterişi bize mutluluk olarak gösterdi. Hep konuştu. Hiç susmadı. Öyle ki zihnimizin sesinden, vicdanımızın (kalbimizin) sesini duyamaz hale geldik.

Bu durum artık değişmeye başladı. İnsanlar zihinlerini susturup kalplerini dinlemeye başladılar. Zihnini susturabilen insanların sezgileri çalışmaya başladı ve yaratıcılıkları arttı. Dışarıdan içeriye yönelmek, oradaki gizli kapıları açtı. İnsanlar, ilmi ve sevgiyi ruhsal enerjiyle beslenen kalpten almaya başladılar. Bu da onları; dışarıdan öğrendiklerine karşı sorgulayıcı yaptı. Örtülmüş tüm gerçekler artık kendiliğinden açığa çıkıyor. İnsanların maddi, manevi tüm bağımlılıkları bitiyor. Şimdiye kadar çok önem verdikleri her şey, gerçek değerine ulaşıyor. Onlar özgürleşiyorlar ve sevgiyi hissediyorlar. İlk defa hayatı kendisi için değil, başkası için yaşamaya başlıyorlar.

Çünkü artık yalnızlaşmış 'ben'i değil, bütünleşmiş 'biz'i keşfediyorlar. Yargısız, koşulsuz sevginin huzurunu yaşıyorlar. Bugüne kadar bize yaratıcıyı hep dışarıda aramayı öğrettiler. Oysa O, hep bizimleydi…Kalbimizde…

Kalp enerjisi saf sevgidir ve geldiğimiz kaynağa aittir. Ona inenler, koşulsuz sevgiyi ve aşkı tanırlar. Kalbiyle yaşayan bir insana, kimse bir daha korkuyu, egoyu, nefreti, ön yargıyı ve bağımlılığı öğretemez. Çünkü orada buldukları sevgiyi, huzuru bir daha asla terketmezler. Hayata bakış açıları değişir ve başkalarının kendileri hakkında ne düşündüklerine de aldırmazlar. Çocuklar böyledir. Bizler yeniden çocuk olmayı öğrenmeliyiz. Onlar korkusuz, yargısız, plansız, egosuz, sevgi ve şefkat dolular. Çünkü küçük masum kalpleriyle yaşarlar. Biz de kalbimizle yaşayarak frekansımızı yükseltebilirsek hem hayatımız güzelleşir hem de yaratıcılığımız artar.

"Tertemiz duygularla sevin. Çocuklar gibi sevin. Melekler gibi sevin. Kar taneleri gibi sevin. Benim gördüğüm yerlere, bir tek sevenler gidiyor..." **Mevlana**

Kalbe iniş, sevmekle başlar. Eğer sevgiyi hayatımıza çekmek istiyorsak önce kendimizi sevmeliyiz. Kendimizi sevmezsek başkalarını sevemeyiz. Zihnimiz sürekli bize insanları yargılamayı, yanlışlarını görmeyi telkin ederken; kalbimiz ise sevmeyi, affetmeyi ve hoş görmeyi öğretir. En hızlı sevgi öğrenimi, kendini ve başkalarını affetmekten geçer. Ayrıca çocuklardan, hayvanlardan ve doğadan da sevgi öğrenilebilir. Doğada zaman geçirmek, bizi zihinden uzaklaştırır ve kullanmadığımız tüm duyularımızın aktif olmasını sağlar. Böylece sezgilerimiz artar ve diğer canlılarla bağlarımız güçlenir. Ayrıca zihnimizi besleyen televizyon, film, dizi, müzik, politika, haberler, din, dil, ırk renk ayrımı gibi illüzyon tuzaklarından da uzak durmak zihnimizi susturmamıza yardımcı olur.

"İnsan tabiattan uzaklaştıkça kalbi katılaşır."

"Gözünle değil kalbinle karar ver." **Kızılderili atasözü**

Dünya annemize yükselişinde eşlik etmek istiyorsak, onunla beraber gitmek istiyorsak; zihinden çıkıp kalbe inmeliyiz. Aksi halde bu büyük fırsatı kaçırabiliriz.

Yazımı geçen ay gelen bir mesajla bitirmek istiyorum:

"Dışarıda aradığın her cevap aslında içeride. Soruları başkasına değil, kendine sor. Hiç kimse senden daha fazla bilge değildir. Gerçek kendini gördüğünde, senin dışındaki her şey yok olacaktır. Varmak istediğin asıl kaynak sensin! Güneş de yıldız da ay da sensin! Sen her şeysin, gör artık!"

Sevgiler!

Aasma

11.7.2017 Tarihli Yazım

Benimle Bir Düş Kurmaya Var mısınız?

Bir düş gördüm bugün. İnsanların erkek ya da kadın diye tanımlanmadığı, kötü veya iyi diye ayrışmadığı, fakir ya da zengin diye etiketlenmediği bir dünyadaydım. Bir şehre inmiştim havadan... Usulca yere kondum. Evler bembeyazdı ve sokaklar oldukça sakindi. Etrafta taşıt gürültüsü ve egzos kokusu yoktu. Çöp tenekeleri yoktu. Evlerin önlerinde, saksılarda yetişen beyaz ve pembe güller vardı. Her iki yüz metrede bir çocuk parkı ya da hayvan parkı vardı. Çocuklar özgürce, korkusuzca parkta oynuyorlardı. Hayvanlar yemek ve su tanklarıyla çevrili parklarında özgürce ve korkusuzca yaşıyorlardı. Herkesin yüzünde huzur ve sevgi vardı. Havada derin bir gül kokusu yayılıyordu... Pembe gül kokusu...

Biraz sokaklarda yürümeye karar verdim. Pencereden gördüğüm kadarıyla insanlar evlerinde huzurla oturuyor ve iş, para korkusu yaşamıyorlardı. Yüzlerinde hiçbir endişe, suçluluk ve korku duygusu yoktu. Bir şeyler olmuştu... Büyük bir şey... Ama kimse konuşmuyordu. Az daha ilerleyince karşıma bir hastane binası çıktı. Hiç hastası olmadığı için evsizlere, barınma yeri olmuştu. Çok sevindim. Demek ki herkes sağlıklıydı. Bu sevinçle yürümeye devam ederken, karşıma bir de okul çıktı. Öğretmeni, idarecisi olmayan bir okul. Kapıları ardına kadar açıktı ve sınıflarda sadece bilgisayarlar, kitaplar ve oyuncaklar vardı. Yerler minderlerle doluydu. Çocuklar istedikleri zaman oraya gidip oynuyor ya da kendi kendilerine öğreniyorlardı. Eğitimde bir zorunluluk yoktu. Çanta yoktu, defter kalem yoktu, ödev yoktu... Onlar sadece çocukluğunu yaşıyorlardı.

Yerde bir kitap gördüm ve alıp okumaya başladım. Kitapta anlatıldığına göre dünya büyük bir değişim yaşamış, ülkeler arasında sınırlar kalkmış, ordular ve polisler dağıtılmış, bütün silahlar yok edilmişti. İnsanlara eşit miktarda maaş bağlanmış ve sadece isteğe bağlı olarak günde dört saat çalışma imkanı verilmişti. Herkes kendi istediği işte çalışıyordu. Makam, mevki farkı yoktu. İmece usulü yardımlaşma çığ gibi büyümüştü. Gıda ve ilaç terörü bitmiş, insanlar sağlıklarına kavuşmuştu. Her şehirde organik gıda üretim alanları yaratılmış ve oradan halka ücretsiz dağıtım yapılıyordu. Dünyada savaşlar bitmiş ve her yere barış hakim olmuştu. Cinsiyet farkı kalkmış ve ilk defa insan sadece 'insan' olmuştu. Dağlar, madenler için sömürül-müyor; ormanlar, ağaçlar bina için yakılıp kesilmiyordu. Bütün evler doğa annenin kucağında, onunla barışık şekilde yapılıyordu. Modern toprak evler en cazip olanlardı. Bazı evlerin çatılarında bile sebze yetişiyordu. Böyle güzel bir dünya yaratılmıştı. İnsanlık bunu başarmıştı.

Yeni düzende kimse suç işlemediği için, bütün hapishaneler kapatılmıştı ve binalar, ücretsiz eşya dağıtılan merkezlere dönüşmüştü. En büyük özgürlüğü de etleri için öldürülen hayvanlar yaşıyordu. Çünkü teknoloji ile yapay hücrelerden et üretimi yapılıyordu. Lezzeti ve görünüşü aynıydı. Böylece hayvanlar, etleri için katledilmekten kurtulmuştu. Onlar doğada kendi doğal yaşam ve ölüm döngüsüne bırakılmıştı. Su kenarlarına yapılmış geniş meralar onlar için özellikle ayrılmıştı... Sevgi, barış, sağlık ve huzur bütün dünyaya hakim olmuştu.

Kitabın sonuna geldiğimde şu cümle yazılıydı: Böyle bir dünya var. Evet... Bunu şimdi, şu an siz yarattınız... Bu yazıyı okuyarak...

Sevgiler!

Aasma

2.5.2017 Tarihli Yazı

Büyük Değişim Geliyor- Tarih Tekerrür Eder

12 Nisan 2017 gecesi gelen mesaj: 'İnsanlar, sevgiyi ve sevmeyi öğrenmek zorunda. Büyük bir değişim geliyor. Bütün canlılar sevgiyle birleşmeli. Sevmeyi öğrenemezseniz, sizi zor günler bekliyor.'

Bu mesaj bütün dünya için gelen bir mesajdı. Anladığım kadarıyla bundan sonraki olacaklar bize, birbirimizi sevmeyi ve birlik olmayı öğretecek türden gelişmeler. Daha önce birkaç yazıda yazmıştım. Dünyamız bir süreden beri kademeli olarak artan bir kutup kayması yaşıyor ve bu kaymanın en geç 2030 yılına kadar tamamlanması bekleniyor. Kayma her yıl biraz daha hızlanarak devam edeceğinden doğal felaketlerin de artması olasıdır. İklim değişikliği, ısı artışı ve düşüşü beklenen diğer etkilerdir. Bu büyük değişim bütün halinde gerçekleştiği için, nasıl ki dünyamız üzerinde depremler, felaketler oluyorsa, bizlerin yaşamlarında da depremler ve değişimler oluyor. Bunlar

yaşam şeklimizle, duygu ve düşüncelerimizle ilgili büyük değişimlerdir. Kendimizi yeniden keşfedeceğiz. Fiziksel ve ruhsal olarak da değişime uğrayacağız. Çünkü fizik bedenimizin zerresinde dünya annemizin emeği var. Enerji bedenimiz ise kaynaktan (Yaratıcı-Allah-Tanrı- Büyük Ruh, Öz, Sonsuz Enerji diye tanımlanan) gelmektedir. Bizler dünya anneden beslendiğimiz için ondaki en ufak bir değişiklik bizi, bizdeki değişikliklerse onu etkiliyor. Birbirimize kökten bağlıyız.

Dünya anne 26.000 yıllık çağ döngüsünü tamamlarken demirleneceği yeni frekanstaki dişil enerjisiyle, tüm gücünü Afrika'ya Ortadoğu'ya, Antartika'ya ve Türkiye'ye yansıtacak. Bu alanlar dişil enerjiyle şekillenmeye başlayacak ve şu an içinde bulundukları düzen ya da sistemler değişecek. Çünkü bundan 26.000 yıl önce böyleydi. Şimdi eski haline, yani yeniden döngünün başına geçiyor alınamayan derslerin tekrarı için. Bu sürekli tekrarlanan bir döngüdür. Güç belli bir alana kayıyor ve oralar daha çok gelişiyor, güçleniyor. Sonra döngü tamamlandığında da tam tersi oluyor. Güç diğer tarafa geçiyor. Eskilerin dediği gibi 'tarih tekerrür ediyor.' Her döngüde, bir öncekinden alınamayan dersler tekrar ediyor. Dünya annenin bu 26.000 yıllık döngülerini, üzerinde yaşayan canlılar da onunla birlikte yaşıyorlar. Yani onların da hayatları aslında hep tekrar ediyor.

Zamanı, üzerinde geçmiş, şimdi ve geleceğin hizalandığı düz bir çizgi olarak düşünelim. Sonra zaman çizgisinin her iki ucunu birleştirip bir çember elde edelim. Oluşturduğumuz bu çemberde, zaman çizgisi bükülmüş olacağından, kendimizi sürekli tekrar eden bir yaşam döngüsünün içinde buluruz. Bir zamanlar geçmişimizde kalan ve ders alınmamış olaylar, döngü içerisinde yaşamamız gereken geleceğe dönüşürler. Her seferinde geçemediğimiz dersleri yeniden yaşarız. Ama aynı ya da farklı kişilerle, farklı mekan veya olaylarla... Asıl olan derstir. Reenkarnasyon da bu yüzdendir alamadığımız dersleri almak için...

Tüm dersler alınınca ne oluyor peki? Oyun similasyonundan çıkıyoruz ve kaynağa geri dönüyoruz. En baştan, zerre olarak kopup geldiğimiz kaynağa... O'na büyümüş, gelişmiş ve Ol'muş olarak geri dönüyoruz. Böylece yuvaya dönüş hikayemiz de tamamlanmış oluyor. Mezun olmuş küçük tanrıcıklar olarak...

Bizim yaşam kaynağımız 'sevgidir'. Bütün derslerin amacı koşulsuz sevmeyi öğrenmektir. Sevmeyi ne kadar erken öğrenirsek illüzyondan o kadar çabuk kurtuluruz. Bu yüzden karanlık bizi sürekli ayrıştırarak, egoyla besleyerek birbirimizi sevmemizi engelliyor. Çünkü similasyonda ne kadar uzun kalırsak bizim enerjimizden beslenen karanlık, o kadar güçlü oluyor. Koşulsuz sevmeyi öğrenmedikçe alınacak derslerimiz bitmez ve sürekli tekrar döngüsüne takılır, reenkarnasyon yaşarız... Kaynaktan uzak durdukça da acı çekeriz. Bizi bundan kurtaracak olan tek şey ise koşulsuz sevgidir.

Dünya üzerindeki güç, binlerce yıldan beri eril enerjiyle beslenen elit bir tabakanın elindeydi ve dişil enerji tüm dünyada bastırılmıştı. Bu yüzden kadınlarımız çok acı çekti. Dünya annemiz de bir kadın olduğu için o da insanoğlu tarafından çok hırpalandı ve acı çekti. Onun da bir ruhu ve bilinci var. İsmi Gaia'dır. Hissediyor ve acı çekiyor. Üzerinde yaşayan canlıların acısını da sevincini de paylaşıyor. Bir yerlerde ağaçlar kesilse, madenler kazılsa, savaşlar olsa, canlılar yok edilse o günlerce ağlıyor ve üzülüyor. O alanda yaşanmış her acıyı ve negatif enerjiyi fazlasıyla hissediyor. Onu en çok üzen şey ise bunu yapanın kendi çocukları olması. Çocuklarının hem kendilerini hem de annelerini yok etmelerini üzüntüyle izliyor ve bir gün onu sevmemizi sabırla bekliyor (Eğer Gaia anne ile tanışmak isterseniz onu çağırın. Sizin bilinç seviyenize göre size kendini gösterecektir.).

Dişil enerji, sürekli daha da artarak dünyamıza geliyor ve bu da kitlelerin uyanışını hızlandırıyor. Bilinçler büyüyor ve buna bağlı olarak farkındalıklar da büyüyor. İnsanlar 'madde dünyası' illüzyonundan çıkıyorlar. Eşyalara ve kişilere bağımlılık azalıyor. Büyük evlerin yerini 'tiny home' (küçücük evler) çılgınlığı alıyor. Şehirlerden, doğa annenin kucağına kaçış artıyor. Teknolojik aletler terk ediliyor. Eril ve dişil enerji dengelendikçe erkekler daha feminen duygularla hassaslaşıyorlar. Bloke ettikleri sevgiyi, merhameti geri almaya başlıyorlar.

Bütün bu gelişmeler, yeni döngünün başlamasını hızlandıracağından bazıları tüm güçlerini kaybedecekler ve mevcut düzenleri de yıkılacak. Bu yüzden bu ülkelerin Ortadoğu'da, Afrika'da, Antartika'da ve Türkiye-Suriye-Irak üçgeninde neler yaptıklarına dikkat etmek gerekir. Arka planda dişil enerjinin gelişini engellemek için büyük bir 'portal savaşı' gerçekleşmektedir. Geleceğin verimli topraklarına şimdiden el koyup kendilerini kurtarmak istiyorlar. Bunu da ürettikleri savaşlarla, terörle ve dinlerle yapıyorlar. Gidene kadar çarpışacaklar ve son hamleleri yakındır. Onların oyunlarına gelmeyelim. Kendi içimizdeki farklılıklara o kadar odaklanmışız ki dışarıda bize yaklaşan tehlikeyi görmüyoruz bile. Bizi içeriden çarpıştırırken, onlar adım adım sınırımıza yerleşiyorlar. Tehlikeyi içeride ararken dibimizde olanları fark etmeyelim diye bizi sürekli planlı bir endişe ve korkuyla besliyorlar. Böylece düşük titreşimde kalıp illüzyonda yaşamaya devam edeceğiz ve uyanmayacağız. Lütfen farklılıklarımıza değil, ortak yanlarımıza odaklanalım. Hepimizin ortak yanı, kardeş olmamız, 'bir' olmamız, aynı topraklardan besleniyor olmamız. Bizi ayırmaya çalışanlara en güzel cevabımız birbirimizi sevmek olmalı. Farklı bilinç seviyelerinde de olsak yine de birbirimizin parçasıyız. Binlerce kilometre uzaklıktan gelip de kardeşi kardeşe kırdırtanların tuzaklarına düşmeyelim. Bütün dinler, mezhepler, politikalar, eğitim sistemleri, hepsi bizi birbirimizden ayırmak için hazırlanmıştır. Bu düzeni bozmak ve onlara istediklerini vermemek bizim elimizde. Yeter ki koşulsuz sevmeyi öğrenelim...

Sevgiler!

Aasma

15.2.2017 tarihli Yazım

Almadığımız Dersler Hep Tekrarlanır

Hayatımız çok değerlidir. Ona bu değeri veren ise yaşadığımız acılar ve sevinçlerdir. Bunlar hayatımızın tuzu ve biberidir. İkisi olmadan nasıl yemeğin tadı yoksa, onlar olmadan hayatımızın da tadı olmaz. Acıları, en az sevinçlerimiz kadar sevmeyi öğrendiğimizde hayatımız gerçekten anlamlı olmaya başlar. Emek vermeden ekilen üründen, gözyaşı dökmeden yaşanan hayattan verim alınmaz.

Yaşama dair bütün istediklerimizin gerçekleştiğini düşünün... Sonsuza dek mutlu olmamız gerekir değil mi? Ama olmayız. Bu büyük mutluluk kısa bir süre sonra yerini büyük bir boşluğa bırakacaktır. O boşluğu, başka başka istekler peşinden koşarak doldurmaya çalışsak da asla dolmayacaktır. Hep bir eksiklik ve daha fazlasına sahip olma duygusu hissedilecektir. Çünkü yaşayamadığımız acılar, dökemediğimiz gözyaşlarının yeri henüz dolmamıştır. Yaşanılan, bunun eksikliğidir.Hayat negatif ve pozitifin dengesiyle tamamlanır. Birinin olmaması yaşamı eksik kılar. Kişiyi hasta eder. İnsanı gerçek anlamda insan yapan yaşadığı acıların ve sevinçlerin dengesidir. Yalnız bu sevinçlerin ve acıların geçici olduklarını bilip almamız gereken dersleri alıp sonra da salıvermemiz gerekir. Aksi halde onlara aşırı tutunmak, bağımlı olmak hem an'ı kaçırmamıza sebep olur hem de sonraki gelecek olanların gecikmesine sebep olur. Yani bu durum her açıdan bizde kayıplara sebep olur. Beş yıl boyunca giden sevgiliye üzülürsek, bize bir yıl içinde gelecek olan yeni bir sevgilinin gelişini beş yıl geciktirmiş oluruz. Her şeyi dozunda ve dengede yaşamayı öğren-meliyiz. Kişilerin ve olayların, bize getireceklerine ve bizden götüreceklerine sevgiyle izin vermeliyiz. Bu yaşamın doğal bir döngüsüdür. Bardak dolar ve boşalır. Geleni al, gideni salıver. Onlara aşırı bağlanıp bizde iyice yerleşip kök salmasına ve kronikleşmesine izin vermemeliyiz. Çünkü zamanla egoya dönüşürler.

Hayatımızdaki her şeyi, bir ders almak için yaşarız. Reddettiğimiz, kaçtığımız ya da almamakta direndiğimiz tüm dersler belirli döngülerde hep tekrarlanır. Bugün Ahmet'le almadığımız ders, üç gün sonra Ayşe'yle yeniden karşımıza çıkar. Onunla da almazsak başkasıyla çıkar. Ta ki biz o dersi alana kadar. Bunu bilirsek yaşadıklarımızın önemini kavrarız. Nedenlerimiz ve niçinlerimiz anlam değiştirir. Hayatımızın kontrolu elimizde olur. Nötr oluruz. Böylece bizi eskiden aşırı etkileyen olumlu-olumsuz kişiler ya da olaylar, bizdeki gerçek değerine kavuşur ve rahatlarız. İllüzyon biterse, ego biterse geriye 'hiç' kalır. Yani gerçekte olan...'O' kalır.

Hatalarından dolayı kendini asla suçlama. O hatalar ders almak için yapıldı. Kendini affet ve sev. Yeni hatalar yapmaktan da korkma. Çocuk kadar masum, önyargısız ve cesur ol hayata karşı. Burası sadece yolun başıdır. Daha gitmen gereken çok okul ve alman gereken çok ders var. Dünya hayatına takılı kalmak gitmen gereken yolu daha da uzatır. Yerinde dur! Bir liman ol, gelene geçene... Onlara kucak aç, sevgiyle taşı ve zamanı geldiğinde gitmesine de izin ver. Bil ki hepsi senin gelişimin için senin çağırdıkların idi... Bu kadar da ciddiye alma her şeyi... Bugün varsın... Yarın yoksun!

Baştan sona hayatınızda neler olacağını bilseydiniz, onları değiştirmeye çalışır mıydınız? Yoksa neler olacağını bilmenize rağmen hepsini o an'da yaşamayı mı tercih ederdiniz?

Sevgiler!

Aasma

4.9.2017 Tarihli Yazım

Yeni Dünyaya Doğru

Aşağıdaki cümleyi mayıs ayında, üçüncü göz ekranından okumuştum. Bloga taslak halinde yazdım ama kısa bir yazı olduğu için paylaşmadım. Dün sabah yeni bir cümle okudum ve her iki mesajı aynı yazıda paylaşma kararı aldım.

1- Düşük Frekansa Takılanları Zor Günler Bekliyor: (Okuma tarihi: Mayıs-2017)

Dünyanın titreşimi kademeli olarak arttığından dolayı, ona bağlı olan bizlerin de titreşimimizin aynı orantıda artması beklenir. Ancak eğer bedenimiz üzerindeki enerji kanallarımız açık değilse, bu yüksek titreşimli enerjilerden gerektiği gibi yararlanamayız. Bunun yanında korku, şüphe, nefret, maddesel hırslar ve radikal dini inançlara takılırsak, frekansımız düşük kalacağından yükselmemiz daha da zorlaşabilir. Madde bedenle enerji beden arasındaki bağ zayıf olduğu zaman, ağır bir enerjinin etkisiyle derin uyku halimiz devam eder, birçok hastalık ve sıkıntıyla yüzleşmek zorunda kalabiliriz. Ayrıca dünya anneyle birlikte yükseliş fırsatını da kaçırmış oluruz.

Dünyanın rezonansı yükselirken, manyetik alanı da değişiyor ve onun bu yeni konumu bizi sevgi frekansına doğru götürüyor. Sevgi, şifalayıcı ve yaratıcı bir enerjidir. En yüksek titreşimli enerji olduğundan bütün negatiflikleri, hastalıkları hızlıca dönüştürebilir. Bu yüzden çaba gösterip yeni enerjilere fiziken ve ruhen uyumlanmalıyız.

Gelen cümle ile alınacak mesaj şudur: Yukarıda saydığım sebeplerden dolayı yeni enerjilere uyumlanamayıp hâlâ eski enerjiye takılı kalanlar varsa, onları zor günler bekliyor. Çünkü onlar seçimini eskiden olduğu gibi devam etmekten yana yaptılar. Eski enerjiye bağlı ve uykuda kalmayı seçtiler. Bu yüzden hem fiziksel hem de ruhsal olarak bazı etkiler yaşayacaklar. Mümkün olduğunca yumuşatarak yazıyorum.

Mevcut hastalıkları daha hızlı ilerleyebilir ve ruhsal yönden de tanımlanamayan depresif hallere girebilirler. Eklem ve kemik ağrıları, baş ağrısı, mide sorunları, kanser, solunum problemleri, kalp ritminde bozukluk ve kontrolsüz duygu halleri bazı görülebilecek etkilerdir.

Yeni enerjilere yavaş yavaş uyumlanarak titreşimlerini yükseltenler ise diğerlerinin aksine, hastalıkları varsa daha çabuk iyileşecek, fiziksel ve ruhsal değişimleri hızlı olacak. Frekansları hızla yükselecek. Hücreler, çabuk yenilenecek ve bedende gençleşme başlayacak. Üçüncü gözleri açılacak ve oradan bireysel eğitimleri başlayacak. Bu harika süreçte sevdiklerimize yardım edemediğimiz için, uyanışlarını sağlayamadığımız için üzülebiliriz. Ama bilmeliyiz ki, herkes kendi mucizesini kendisi yaratır. Bilinç olarak uyanmaya hazır değilse, onları rahat bırakmak en iyisidir. Ancak hazır olduklarında bu yola girebilirler.

2- Dünya Birikmiş Negatif Enerjisini Yüzeye Çıkararak Arınacak (Okuma tarihi 3/9/2017).

Dünya annenin, içinde biriktirdiği ne kadar negatif enerji varsa hepsini derinlemesine dışarı atacağı bir döneme girdik. Bu negatif enerji, üzerinde beslediği biz canlıların yaratmış olduğu zararların yol açtığı bir enerjidir. O bizim yüzümüzden hasta oldu ve artık bu hasta enerjiyi kendi içinde taşıyamayacak seviyeye geldi. Bu yüzden yüzeye atıp rahatlaması lazım.

O da canlı bir organizma olduğu için, tıpkı bizim gibi sorunlarını, hastalıklarını bulup kendini şifalayacak ve yeni manyetik alanına yerleşecek. Volkanların yanan külleriyle ateşi yükselecek, yağmurlarla ateşini düşürecek, sellerle kendini yıkayacak, fırtınalarla fazlalıklarını atacak, depremlerle kırık-çıkıklarını düzeltecek ve sonra da yavaş yavaş ayağa kalkıp yenilenecek. Böylece bütün negatif enerjisinden arınmış olacak. Onun arınması bu şekilde oluyor. Yeni frekansına doğru yükselişi hızlandıkça, doğal felaketler daha da artacaktır. Çocukları olarak bizler bu olaya saygı duymalı ve o kendini düzeltirken, biz de bu dönemin en az zararla atlatılması için elimizden geleni yapmalıyız.

Bu arınmayı sadece o değil, üzerinde yaşayan bütün canlılar da yaşayacaklar. Yani bizler de bireysel olarak kendimizle son bir yüzleşme ve arınma yaşayacağız. Bedenimizde biriken negatif enerjinin sebep olduğu olayları, hastalıkları ve sorunları yüzeye çıkarıp yüzleşeceğiz. Sonra da gerekli şifayı ve temizliği yapacağız. Aynı olayı, ülkeler de yaşayacak. Hem içlerindeki sorunlarla hem de birbiriyle olan sorunlarla uğraşacaklar. Bu dönemde bütün haksızlıkları ve eksiklikleri belli eden olaylar olacaktır. Böylece yanlışları düzeltmek için adımlar atılır ve gerekli şifalanmalar yapılır.

Her ne olacaksa veya nasıl olacaksa, bir an önce olsun. Çünkü bu büyük arınmanın sonucunda insanlık, nihayet sevgiyi ve birlik olmayı öğrenmiş olacak.

Bu iki mesaj moralleri bozmak için değil; aksine, güzel şeylerin yaklaştığını müjdelemek için yazılmıştır. Bilgiyi alıp ve pozisyonlarımızı belirleyelim diye... Dünya annenin kendi içsel arınmasını ve gezegensel yükselişini tamamlaması için bize her zamankinden çok ihtiyacı var. Ona sevgiyle destek olalım ve hep şifa yollayalım. Bunun çok faydası olacaktır. Bizlerin düşünceleri ve seçimleri, bu gezegensel yükselişin kolay olmasına yardım edecektir. Birikmiş negatif enerjisini yumuşakça atmasına yardım edecektir. Sevginin gücünü asla hafife almayın. Onu hep pembe sevgi enerjisiyle sarıp temizlediğinizi, şifaladığınızı imgeleyin.

Sevgiler!
Aasma

9.12.2014 Tarihli Yazım

Zümrüt Tabletteki Sırların Sırrı

Hermes'in mezarında, elleri arasında bulunduğu iddia edilen zümrüt tablet, yıllarca okültistlerin ilgisini çekmiş ve defalarca yorumlanmıştır. Hermes'in mezarında bulunduğu için 'Hermesin Sırrı' olarak kayda geçilmiş ve simyada kullanılmıştır. Bu tablette geçen küçük bir bölümü değerlendirmek istedim.

Zümrüt Tablet'teki Sırlar

1-Hiç yalan olmadan doğrudur, kesindir ve çok gerçektir.

2-Aşağıda olan yukarıda olan gibidir, yukarıda olan da aşağıda olan gibidir ve birlikte tek bir şeyin mucizesini gerçekleştirirler.

3-Ve bütün her şey bir olandan geldiğinden, bir olanın düşüncesinden gelmiştir. Böylece her şey bu tek olandan uyum sağlayarak çıktı.

4-Güneş onun babasıdır.Ay annesidir. Rüzgar onu karnında taşımıştır. Toprak beslemiştir.

5-Dünyanın bütün gücünün babası budur. Onun gücü eğer toprağa dönerse her şeye yeter.

6-Toprağı ateşten ayıracaksın, süptil olanı kalın olandan. Bu büyük bir maharetle olmalı.

7-Topraktan gökyüzüne çıkacak ve yeniden toprağa inecek, yukarıda ve aşağıda olanın gücünü alacak. Bununla bütün dünyanın zaferi senin olacak; bunun için bütün karanlık senden uzaklaşacak.

8-Bu bütün kuvvetlerin en kuvvetlisi. Çünkü her süptil şeyi yenecek, her katı şeyin içine girecek.

9-Dünya da böyle yaratıldı.

10-Hayranlık verici biçimler bundan çıktı, bunların ortamı buradadır.

11-Bu yüzden bana 'Üç Kere Büyük Hermes' denir, çünkü bütün dünyanın felsefesinin üç bölümü de bana aittir. Güneşin yaptıkları hakkındaki söylediklerim böylece bitiyor ve tamamlanıyor.

Değişik kaynaklardan bu maddelere ait birçok tercüme okunabilir. Her yazılanın bir enerjisi olduğuna ve bu enerjinin her frekansta değişik anlamlar kazandığına inandığım için, ben kendi anladığımı yazmak istedim:

Bence bu tablette evrenin, yaratılışımızın ve Tanrı'nın ne olduğu anlatılmaya çalışılmış. Tanrı'dan 'Bir', 'Tek' olan diye bahsedilmiş. Gökte ve yerdekilerin de aynı şekilde yaratıldığı, birbirlerine benzedikleri ve hepsinin yaratılış sebebinin aynı olduğu açıklanmış. Bunlar, birlikte mucizevi bir amacı gerçekleştiriyorlar. Bahsedilen mucize, içlerindeki Tanrı'yı bulmaktır. Evrendeki her şey Bir'den yani Tanrı'dan ortaya çıktı ve Tanrı'dan gelen yine gelişerek yükselip Tanrı'ya geri dönecektir. Tüm varlıklar Bir'e yani kaynağa 'Tanrı' olarak geri dönüş yapacaktır.

Güneş, hayat verendir. Tanrı enerjisidir. O'nun nurudur. Kısacası hayatın başladığı kaynaktır. Bu yüzden güneş enerjisi toprağa değdiği zaman hayat başlar. Her şey var olur. Ay da Tanrı'nın (Güneş'in) bu enerjisini bir anne gibi içinde taşır. Böylece gece olsa bile tüm varlıkları, içindeki güneş enerjisiyle beslemeye devam eder. Rüzgarlar bu Tanrı enerjisini, yani yaşam tohumlarını tüm evrene savurarak dağılmasını ve çoğalmasını sağlar. Toprak, rüzgarlarla püskürtülen bu enerjiyi içinde barındırdığı başka canlılara geçirerek, yayılmasını sağlar. Topraktan doğan her varlık ise; içindeki bu Tanrı enerjisini kendinden yarattığı varlıklara geçirir. Böylece Tanrı enerjisi, ışığı, nuru tüm evreni sarar. İşte budur hayat.

Daha sonra olgunluk devresine giren bu enerji katı olan yani fizik olandan çıkarak gökyüzüne yükselir. Bunun için spiritüel olmayı öğrenmemiz lazım. Ruh enerjimiz bir gün gökyüzüne çıkacak oradan yeniden yeryüzüne dönecek (Reenkarnasyon tarif ediliyor.). Bahsedilen bu her çıkış ve inişte, gökyüzünden ve yeryüzünden daha fazla enerji alarak, deneyimleyerek kendimizi geliştiririz ve daha spiritüel oluruz. Böylece karanlıktan kurtularak aydınlanırız. Aydınlandıkça kendimizdeki Tanrı enerjisini ve gücümüzü görerek zafer kazanırız. Koşulsuz sevmeyi öğreniriz.

Bu zafere erişince, Tanrı'ya geri döneriz ve onun gibi evrendeki en üst enerji oluruz. Kısacası Tanrılaşırız. Sonra da her birimiz 'Bir' olarak evrendeki her şeyde yeniden var oluruz. İşte Dünya böyle yaratıldı.

Bu yüzden de kendisine üç kere Büyük Hermes denmesini istiyor. Çünkü kendisi bu görevini tamamlamış ve Tanrılaşmıştır.'Güneşin yaptıkları hakkındaki söylediklerim bu kadar' derken aslında bahsettiği güneş,Tanrı enerjisidir.

Hayatın kaynağı ve Tanrı'nın nuru olan güneş.

Sevgiler!

Aasma

11.11. 2015 Tarihli Yazım

Tekâmül ve Yükseliş

"Biz sizi önce kalabalıkla sonra yalnızlıkla imtihan ederiz. Bu yol öyle dikenli bir yoldur ki ayaklarınız kanaya kanaya yürürsünüz. 'Yolun sonuna geldim' dediğiniz anda bile, küçücük bir sınavla elenirsiniz. Elene elene özünüze kavuşursunuz. Bir gün arkanıza baktığınızda yanınızda kimseyi göremiyorsanız, bilin ki doğru yoldasınız. Çünkü ancak bizden uzak olanın etrafı kalabalık olur. Bırakın herkes kendi sınavını kendi yaşasın. Onları yollarından alıkoymayın..."

Bu sözler bana 16 Ekim 2015 tarihinde gece yarısı yazdırıldı. Ses kalbimin derinlerinden geliyordu. Kalp konuşuyordu... Hem de gözyaşlarim eşliğinde... Mesajın ana teması; yalnızlık, içe dönüş için gereklidir ve tekamülde herkes kendi sınavını yaşar.

Hasat Nedir?

Boyutlar hep iç içedir ve frekans perdesiyle birbirinden ayrılırlar. Her boyutun içinde de çeşitli eğitim alanları vardır. Bizler o alanlarda kademe kademe yükselerek hep ileriye doğru bir öğrenme bir değişim yaşıyoruz. Asla gerileme olmuyor. Alan yükselişlerini dünya yaşamı boyunca deneyimliyoruz ve titreşimimizi (frekansımızı) yükselterek boyut atlıyoruz. Beden terki gerçekleşeceği zaman da önce ara boyuta gidip (araf) orada tekamül (titreşim) ölçümüne maruz kalıyoruz. Durumumuza göre de ya bir üst boyuta ya da aynı boyut içindeki alan sınavlarımıza geri dönüyoruz.Tekâmül boyunca bilincimiz büyür ve ruhsal yükselişten dolayi düşüncelerimiz değişir, yaşam şeklimiz değişir. Daha önce yaptığımız şeylerden artık zevk almayabilir; işlerimizi, çevremizi değiştirebilir hatta evlenme ya da boşanma olayları yaşayabiliriz. Çünkü biz artik o eski biz değilizdir. Ruh, sınavlarının bir bölümünden başarıyla geçmiş ve yeni alanına geçiş yapmıştır. Bu nedenle yeni alanındaki çevresiyle bir sınava tabi olacağından bir önceki alanında olanları ya tamamen terk ediyor ya da bağlarını kesmeyip iki alan arasında zorluklarla yaşamaya devam ediyor. Bu durumda da alan farklılıklarından dolayı çevresindekilerle aralarında fikir çatışmaları ve uyumsuzluklar başlıyor. İlişkiler sorunlu bir hale geliyor. İşte alanlar içinde yaşadığımız bu ruhsal yükselişe **"hasat"** deniyor. Hasat hayatımız boyunca hep olmaktadır.

2012'de yeni bir döneme geçildiği için bu hasat, ilahi sistem tarafından hızlandırıldı. Çünkü dünya yeni bir değişim döngüsüne girdi. Plan değişti. Artık eski sistemlerle devam edilemeyecekti. İnsanlık kötü bir sona doğru gidiyordu. Evrensel hiyerarşi gidişata müdahele etme kararı aldı ve bizler, hızlı bir değişim (uyanış) programına alındık. Bu yüzden de bir an önce değişmeliyiz. Önce biz değişeceğiz ki tüm dünya değişsin.

Tekâmül Nedir?

Tüm yaşamımız boyunca yaptığımız öğrenmelerin tamamina **'tekâmül'** denmektedir. Normal bir dünya yaşamında, tekâmül yolculuğu altmış sene kadar sürüyor. Altmış senenin sonunda ruhun 'ol' kıvamına gelmiş olması bekleniyor. Bu süreçte 'ol' kıvamına gelemeyenler, yeni bir program için beklemeye alınıp dünya sınavına bir kere daha gönderiliyor. Buna, ruhun kendisi karar veriyor. Her gelişte de öğrendiklerimiz ruh bilincimizde saklı kalıyor ama biz onları, doğarken unutuyoruz. Bu birikimler, bizim her bir sonraki gelişimizde yeteneklerimize, korkularımıza, inançlarımıza ve yaşam şeklimize yansiyor. Bazen bu tekamülü hep aynı ailede, bazen farklı ailede, farklı kültür veya devletlerde yapabiliyoruz.

Birkaç yıldır hepimiz bazı zorlu sınavlardan geçtik ve yeni alanlarımıza geçiş için hazırlıklar yaptık. İçinde bulunduğumuz alanlarda dostlarımız, ailemiz, iş arkadaşlarımız ve çocuklarımızla, öğrenme sınavlarından geçtik. Bu deneyimlerimizin sonucunda ya bir üst alana yükseldik ya da geri kaldık. Yükselenlerimiz, kendi gibilerle buluşarak tekamülüne kaldıkları yerden devam ettiler.

Bu süreçte, yakınlarımızdan yükseliş yapamayanlar varsa onlarla ilişkilerimiz kopabilir veya bozulabilir. Taraflar, kendisini anlaşılmaz veya yalnız hissedebilir. Çünkü aralarındaki frekans farkı artık sorun yaratmaktadır. Eskiden çok iyi anlaşırlarken, birden birbirlerini anlayamadıklarını fark edebilirler. Bunların hepsi normaldir, gelişimimizin bir parçasıdır.

Tekâmül Boyunca Alan Geçişleri Nasil Olur?

Din Alanı:

Bu alanda iken; insanlar inandığı dinin kitabını, ibadet şeklini, yaratilişi, peygamberleri, dini sembolleri ve dinsel uygulamaları merak ederler. Dinsel temaları araştırıp öğrenir ve uygulamaya başlarlar. Dinin gereklerini yerine getirirler, çeşitli gruplara katılırlar veya kendi içlerinde deneyim yaşarlar. Mensubu olduğu dinin, kitabına ve uygulamalarına koşulsuz inanırlar. Uzunca bir zamandan sonra, merak ettikleri her şeyi öğrenir ve dini doyuma ulaşmış olurlar. Bu safhada artık kafalarında dinle ilgili bir soru işareti kalmaz. Her şeyden sorgusuzca emindirler ve huzurludurlar. İşte bundan sonrasında ruh yeni şeyler öğrenmek ister. Yeniden merak başlar.

Teknolojik Alan:

Din alanında doyuma ulaşan bilinçlerin ilgisi tarihe, bilime, astronomiye ve doğaya kayar. Dünyanın oluşumuna, diğer gezegenlere ve evrenlere merak artar. Ruh, bu alanda yeni bilgiler öğrendikçe, din alanında öğrendikleriyle bu yeni öğrendiklerini karşılaştırıp, bu sefer dine farklı bir açıdan bakmaya başlarlar. Bilimsel açıdan dini bilgileri açıklamaya ve anlamaya başlarlar. Karşılaştırma ve sorgulamalar artar.

Bu safhada fikirlerde değişimler ve hızlı gelgitler olabilir. Çünkü henüz teknolojik alana giriş yapılmıştır.

Teknolojik alana giriş tamamlanınca, eğer üçüncü göz açık ise holografik dünya ve içinde bulunduğumuz matriks keşfedilmeye başlanır. Çevremizi saran enerji duvarları görülür ve hissedilir. İnsanların, bitkilerin ve hayvanların auraları görülmeye başlanır. Gözler kapatıldığında tv ekranı gibi ekran görülmeye başlanır. Bu ekrandan bilgiler okunabilir ve görüntüler izlenebilir. Duruma göre bu görüntüler, siyah beyaz, yağmurlu ya da renkli olabilir. Yine ekrandan akaşik kayıtlar okunabilir. Gözler kapalı iken veya rüyada iken geometrik şekiller, yazılar, renkler veya rakamlar görülebilir. Solucan deliklerinden geçişler yapılabilir. Diğer boyutlardan iletişime telepatik görüşmeler yapılabilir, eğitimler alınabilir.

Teknolojik alandan bir üst frekansa yükselen kisilerde din olgusu tamamen biter. Evrenle bütünleşme başlar. 'Tamamlanma' anlamına gelen 9 enerjisi alırlar. Bu insanlar tamamen evrene ait bir parça olarak görürler kendini ve her şeyle 'bir' olduğunu, tek olduğunu fark ederler. İllüzyondan çıkarlar ve onlar için dünya hayatının bir anlamı kalmaz. Hiçlik içinde her şey olduğunu anlarlar.

Ve öyledir…

Sevgiler!

Aasma

17.11.2016 Tarihli Yazım

Sözlerimiz ve Davranışlarımız Bizim İç Yansımamızdır

Sözlerimiz ve davranışlarımız tamamen bizim iç yansımamızdır. Yaşadığımız olumsuzluklar için başkalarını suçlamayı bırakalım. İnsan, insanda kendini görür. Hayatımızdaki olumlu ve olumsuz olaylar, bizdeki olumlu ve olumsuz duyguların dışa yansımasıdır. Bizden dışa çıkarlar ve aynaya çarpar gibi kişilere çarpar, bize geri dönerler. Dışarıya yaptığımız her iyi ya da kötü tohumlama, inci tanesi gibi yan yana dizilir ve zamanla sonuçlarını bize yaşatırlar. Yaşadıklarımız için kimseyi suçlamayalım. Her yaşadığımız olay aslında bizim yüzümüze çarpan gerçekliğimizdir. İçimizdekiler dışarı çıktıkça biz onları yaşayıp bitirdikçe zamanla arınırız. Tıpkı yeni açılan bir su kuyusu gibi... Kuyudan önce kirli su, taş ve kum gelir, sonra temiz su. İşte bizim arınmamız da böyledir. İçimizdeki negatif ve pozitif birikimi, söz ya da davranış olarak dışarı akıtıp bize geri dönüşünü bekleriz. Bize dönenleri, 'ektiğini biçme' yöntemiyle iyi kötü yaşarız ve sonunda şifalanırız, temizleniriz. Ta ki içeride bir tek saflık kalana kadar...'Öz' kalana kadar... Bir tek 'O' kalana kadar… 'Aşk' olana kadar...

"İnsanı ateş değil, kendi gafleti yakar. Herkeste kusur görür, kendisine kör bakar. Neye nasıl bakarsan, o da sana öyle bakar."

"İnsanlar seni yanlış anladığında dert etme, duydukları senin sesin, fakat aklından geçirdikleri kendi düşünceleridir."

"İnsanlarda güzel olan yüzdür, yüzde güzel olan gözdür...
Ama insanı insan yapan aslında ağızdan çıkan sözdür!"
Mevlana

Karşımızdakine söylediğimiz bir güzel söz, bir güzel bakiş, bize kat kat güzel döner. Ama kötü söz, kötü davranış da aynı şekilde kötü döner. Yani biz, bize nasıl davranılmasını istiyorsak, başkalarına da öyle davranmalıyız. Nasıl sözler duymak istiyorsak başkalarına da öyle sözler söylemeliyiz ki yansıma yasası gereği, verdiğimizi geri alabilelim. Sevgi dolu güzel düşüncelerimiz ve davranışlarımız bize güzel bir dünya yaratır ve hayatımız 'cennet'e dönüşür. Kötü söz ve davranışlarımız da bize 'cehennem' gibi bir dünya yaratır. Bizler yaptığımız seçimlerle hem dünyada hem de diğer tarafta kendi cennetimizi ve cehennemimizi kendimiz yaratırız. Bence din kitaplarındaki 'cennet' ve 'cehennem' kavramları birer yer adı değil, birer yaşam şeklidir. İkisi de seçimlerimizle yarattığımız realitelerdir. Maalesef bu kavramlar yanlış anlaşılmıştır. Yaratıcı cezalandıran, yakan, yıkan birisi değildir. Kendisinden geleni, yani kendisini neden cezalandırsın ki!

"Sen tasdik etmesen de cümle alem bunu bilir ki her ne ekersen, günün birinde o ektiğini biçersin." *Mevlana*

Sevgiler!
Aasma